하 느 님 의 뜻 으 로 이 땅 에 왔 도 다

콜럼버스 항해록

하느님의 뜻으로 이 땅에 왔도다

콜럼버스 항해록

초판 1쇄 발행 2004년 6월 15일
초판 2쇄 발행 2007년 7월 25일

지은이   크리스토퍼 콜럼버스
옮긴이   이종훈

펴낸곳   서해문집
펴낸이   이영선

편집주간   고혜숙
편집장   강영선
편집   김정민 김문정 우정은 최수연 김정현
디자인   이우정 전윤정 김민정
마케팅부   김일신 박성욱 임경훈
관리부   홍일남 이규정

출판등록   1989년 3월 16일(제406-2005-000047호)
주소   경기도 파주시 교하읍 문발리 파주출판도시 498-7
전화   (031)955-7470
팩스   (031)955-7469
홈페이지   www.booksea.co.kr
이메일   shmj21@hanmail.net

ⓒ 2004, 서해문집
ISBN 89-7483-217-8 03900
값은 뒤표지에 있습니다.

SC 서해클래식 001

하 느 님 의 뜻 으 로 이 땅 에 왔 도 다

콜럼버스 항해록

크리스토퍼 콜럼버스 지음 | 이종훈 옮김

서해문집

•• 콜럼버스의 생애 ••

크리스토퍼 콜럼버스는 1451년 이탈리아 제노바에서 태어났다. 그의 아버지 도미니코 콜럼버스와 어머니 수산나 데 폰타나로사는 양모 직조공이었다. 콜럼버스의 어린시절에 대해서는 거의 알려지지 않았다. 그는 제노바와 제노바 서쪽의 항구도시 사보나에서 20대 초반까지를 보낸 것 같다. 나날이 어려워지는 아버지의 사업을 위해 콜럼버스는 여러모로 노력했으나 1473년 무렵부터는 자신만의 인생을 개척하기 시작했다.

그는 제도학과 천문학, 라틴어에 능통했으나 제대로 된 교육은 받은 적이 없었던 것으로 보인다. 그 스스로도 "뱃사람이 된 후 나는 모든 책을 읽었다. 역사책, 연대기들, 철학책, 그리고 여러 다른 책들을 읽었다."고 밝히고 있는 것으로 보아 그는 독학으로 이 모든 지식을 습득한 듯하다.

콜럼버스는 제노바에서 선원으로 첫발을 내딛었으나 1477년 리스본으로 옮겨 그곳에 정착한 것으로 보인다. 당시

리스본은 항해에 뜻을 둔 이들이 모여드는 항구도시였다. 그는 이곳에 살면서 동생 바르톨로메와 지도를 제작해 판매하는 일을 하며 때때로 항해에 참여하곤 했다. 바르톨로메는 이후 콜럼버스와 밀접한 관계를 유지하면서 영국의 헨리 7세, 프랑스의 샤를 8세를 찾아가는 등 콜럼버스의 계획이 실현될 수 있도록 도왔다.

1479년 그는 명문가 출신 펠리파 페레스트렐로 에 모니즈와 결혼했다. 펠리파와 그 가족들은 콜럼버스가 포르투갈의 권력자들과 만날 수 있는 기회를 제공해 주었다. 그러나 펠리파는 장남 디에고를 낳고 얼마 후 사망했다.

이즈음 콜럼버스는 파올로 토스카넬리의 저술에 큰 영향을 받았다. 토스카넬리는 포르투갈의 왕 알폰소 5세에게 서쪽으로 항해하면 인도에 도착할 수 있다는 의견을 제시했던 사람이다. 특히 왕실의 서고에 보관되어 있던 그의 서신을 보게 된 콜럼버스는 더욱 강력한 자극을 받았다. 콜럼버스는 1484년경 포르투갈의 왕 주앙 2세를 만나 자신의 계획을 밝혔다. 그러나 주앙 2세는 그의 제안을 받아들이지 않았고, 그는 곧 아들 디에고와 함께 비밀리에 에스파냐로 떠났다.

에스파냐의 팔로스 항에 도착한 콜럼버스는 라 라비다 수도원에서 기거하게 되었는데 원장 후안 페레스 신부는 그의 계획을 듣고는 콜럼버스의 후원자가 되었다. 그 외에도 콜럼버스는 안토니오 마르체나 신부, 메디나 시도니아 공작, 메디나 셀리 공작 등의 도움을 받아, 1486년 6월 드디어 에스파냐의 이사벨 여왕과 페르난도 왕을 만나게 되었다. 콜럼버스의 말에 흥미를 느낀 것은 이사벨 여왕이었다. 그녀는 콜럼버스의 제안을 검토할 위원회를 구성하게 했는데, 위원회는 오랜 시간 결론을 유보하다가 1490년 마침내 그의 제안에 반대하는 결론을 내렸다. 그러나 페레스 신부는 여왕의 측근을 이용해 다시 한 번 심사해 줄 것을 요청했고, 여왕은 이를 받아들였다. 그러나 이번에는 콜럼버스가 제시한 조건 때문에 제안이 거절될 위기에 처했다. 그는 자신과 후손들에게 귀족의 칭호인 '돈'과 제독의 계급을 요구했다. 또한 새로 발견된 모든 땅에서 얻는 수입의 10분의 1을 소유하고 모든 무역 거래의 8분의 1을 자신의 지분으로 할 수 있는 권리, 그리고 그가 발견할 모든 땅의 총독으로 임명해 줄 것을 요구했다. 모든 권리가 후손에게 세습되어야 한다는 조건도 따라붙었다. 그럼에도 불구하고 1492년 4월 17일 왕실은 마침내 그의 제안을 허락했다.

왕실과 협약을 맺은 후 콜럼버스는 5월 22일부터 팔로스 항에 머물면서 항해를 준비했다. 왕의 명령에 따라 산타마리아호, 니냐호, 핀타호 세 척의 배를 팔로스 시에서 제공했다. 항해 준비 과정에 참여한 마르틴 알론소 핀손과 그의 동생 빈센테 야녜스, 니냐호의 소유주였던 후안 니뇨로는 항해에 상당히 적극적이었다. 덕분에 항해에 필요한 모든 준비를 마치는 데 불과 70여 일밖에 걸리지 않았다. 드디어 1492년 8월 3일 90여 명의 선원을 태운 세 척의 배가 팔로스 항을 떠났다. 선단은 8월 12일 카나리아 제도에 들렀다가 9월 6일 본격적인 항해를 시작했다. 그리고 마침내 10월 12일 산 살바도르 섬에 도착했다. 콜럼버스는 그 후 쿠바, 에스파뇰라 등 주변 섬들을 항해했고, 그 와중에 산타마리아호가 좌초되었다. 콜럼버스는 39명의 선원들을 에스파뇰라 섬에 남겨 둔 채 1493년 1월 4일 귀국길에 올라 3월 15일 팔로스 항에 무사히 입항했다. 잠시 동안 라 라비다 수도원에서 휴식을 취한 콜럼버스는 아메리카 대륙에서 데려온 여섯 명의 인디오와 함께 바르셀로나에서 두 국왕을 만났다.

　1차 항해의 성공에 힘입어 2차 항해 준비 작업은 아주 신속하게 진행되었다. 2차 항해는 1493년 9월 25일에 카디스 항에서 출항했는데, 이 선단은 17척의 배에 1,200명이 넘는 남자들이 타고 있었다. 이 중에는 콜럼버스의 막내 동생인 디에고도 있었다. 11월 22일 선단은 에스파뇰라 섬에 도착했다. 콜럼버스는 1차 항해 때 남겨 두었던 39명의 선원을 찾았으나 남아 있는 것은 폐허가 된 요새뿐이었다. 여자들을 빼앗아가고 약탈을 일삼는 선원들을 원주민이 몰살시킨 것이다. 콜럼버스는 그 옆에 새로운 도시 이사벨라 시를 건설했다.

　그러나 1,200여 명의 이주민들을 만족시킬 만한 황금은 얻을 수가 없었다. 게다가 가져온 식량이 바닥나고 아픈 사람들이 생겨나자 사람들의 불만은 계속 커져 갔다. 그는 결국 12척의 배를 에스파냐로 돌려보내면서 필요한 물자를 보내달라는 편지를 국왕에게 보냈다. 그리고 나서 콜럼버스는 1차 항해 때 발견한 쿠바 섬으로 5개월에 걸친 탐험을 떠났다. 그러나 탐험은 콜럼버스에게 실망을 안겨 주었고, 이사벨라 시에 혼란만 가중시켰다. 다음 해 10월, 물자를 실은 4척의 배가 도착했는데 이 선단의 지휘자는 콜럼버스를 감찰하라는 임무도 부여 받은 상태였다. 입장이 곤란해진 콜럼버스는 동생 바르톨로메(그는 보충 물자를 싣고 온 선단과 함께 이곳에 도착했다)에게 뒷일을 맡기고 1496년 3월 귀국길에 올랐다. 6월 11일에 카티스에 도착한 콜럼버스는 두 국왕을 만나 적극적인 후원을 약속 받은 후 3차 항해를 준비했다.

　그러나 3차 항해는 생각만큼 쉽게 이루어지지 않았다. 결국 콜럼버스는 2차 항해에서 돌아온 지 2년이 지난 후인 1498년 5월 30일에야 3

차 항해를 떠날 수 있었다.

그 후 에스파뇰라에 도착한 콜럼버스는 또다시 수많은 악재와 싸워야 했다. 식량 부족과 매독의 급속한 확산, 그리고 프란시스코 롤단의 반란이 그것이었다. 결국 콜럼버스는 두 국왕에게 재판관의 파견을 요청하는 편지를 보냈다. 그즈음 두 국왕은 콜럼버스에게서 총독의 권한을 박탈하려고 마음먹은 상태였다.

1499년 초, 두 국왕은 프란시스코 보바디야를 최고재판관으로 임명하여 에스파뇰라로 보냈다. 1500년 8월 산토 도밍고에 도착한 보바디야는 콜럼버스를 해임했다. 또한 그와 그의 두 형제를 체포해 감옥에 가두었다가 10월 말경 카티스로 돌려보냈다.

콜럼버스와 형제들은 12월이 되어서야 그라나다에 머물고 있는 두 국왕을 만날 수 있었다. 그들은 콜럼버스의 경제적 특권과 제독의 칭호를 회복시켜 주었으나 끝내 총독의 칭호는 되돌려 주지 않았다.

1502년 3월 두 국왕은 에스파뇰라에 기항하지 말라는 명령과 함께 콜럼버스가 제출한 4차 항해 계획을 인가했다. 콜럼버스의 마지막 항해에 함께한 사람은 140여 명이었다. 모두 4척의 배에 오른 이들은 1502년 5월 9일 카디스 항을 떠났다. 에스파뇰라 근처를 항해할 무렵, 폭풍을 예견한 콜럼버스는 항구에 정박하도록 허락해 줄 것을 요청했지만 거절당했다. 그 때문에 그는 2척의 배를 잃었다. 1503년 4월, 남은 배 2척을 이끌고 귀항 길에 올랐으나 자메이카 근처에 이르러 배가 좌초되었다. 그는 구조를 요청하는 결사대를 조직하여 카누 2척으로 항해를 감행했다. 다행히 이 카누들은 9월에 100마일 이상 떨어진 에스파뇰라 섬에 도착했으나 구조대는 즉시 출발하지 않았다. 콜럼버스는 이듬해 8월에야 도착한 구조선을 타고 에스파놀라 섬으로 돌아올 수 있었다. 그러나 콜럼버스는 이곳에 오래 머물지 않았고, 같은 해 9월 12일 그곳을 떠나 한 달 후 에스파냐에 도착했다.

그는 곧 두 국왕을 만나고 싶다는 의견을 전달했지만 왕실에서는 쉽게 허락하지 않았다. 이사벨 여왕이 위독하다는 것이 이유였다. 콜럼버스의 든든한 후원자였던 여왕은 1504년 11월 26일 세상을 떠나고 말았다. 그 후에도 콜럼버스는 자신의 권리를 회복하려고 페르난도 왕을 만나기 위해 끊임없이 노력했다. 그는 아픈 몸을 이끌고 500킬로미터가 넘는 먼 거리를 여행하여 드디어 세고비아에서 왕을 만날 수 있었다. 그러나 그는 자신이 그토록 원하던 총독의 칭호는 다시 얻을 수 없었다.

쓸쓸한 말년을 보내던 콜럼버스는 1506년 5월 20일, 세상의 무관심 속에서 55세를 일기로 생을 마감했다.

콜럼버스는 1492년 8월 3일부터 1493년 3월 15일까지 220여 일의 1차 항해 기간 중에 쓴 항해일지를 정리하여 페르난도 왕과 이사벨 여왕에게 바쳤다. 그 항해일지가 바로 《콜럼버스 항해록》이다. 그 원본은 왕실 서고에 있다가 사라져 버렸고, 지금 전해지는 것은 그 필사본을 라스카사스가 요약 정리한 것이다.

•• 차례 ••

후기

서문

주 예수 그리스도의 이름으로

신앙심이 가장 깊은 그리스도 교도이시며, 존귀하고 영명하며 강력한 통치자로서 에스파냐와 해상 제도를 다스리시는 국왕 및 여왕 폐하시여.

올해 1492년, 두 분 폐하께서는 그라나다Granada 대도시에서의 전투를 승리로 이끌어 그동안 유럽 땅에 잔존해 온 무어 왕국과의 전쟁을 종식시키셨습니다. 1월 2일, 우리는 두 분 폐하의 깃발이 그 도시의 요새, 즉 알람브라Alhambra에 내걸리는 광경을 목격했습니다. 또한 무어 국왕이 성문 밖으로 나와서 두 분 폐하와 왕자 저하의 손에 차례로 입을 맞추는 모습도 보았습니다.

같은 달, 제가 두 분 폐하께 인디아 땅과 에스파냐 말로 '왕 중 왕'을 의미하는 그레이트 칸Great Kahn ^{13세기 몽고 제국의 왕을 이르는 말로, 당시 유럽에서는 중국과 그 인근을 지배하는 대왕의 칭호라고 생각했다}이라고 불리는 지배자에 관한 보고서를 올린 바 있습니다. 그것을 보시면 아시겠지만 위대한 칸과 그의 전임자들이 우리의 성스러운 신앙을 배울 수 있도록 정통한 학자를 보내 달라고 로마에 여러 차례 요청했음에도 불구하고, 로마 교황께서는 그 요청을 한 번도 들어주시지 않았습니다. 때문에 그곳의 많은 사람들이 길을 잃은 채 우상숭배에 빠져 들고, 사교를 신봉해 왔습니다. 그리스도 교도로서 성스러운 그리스도의 믿음에 헌신하여 그것을 널리 전파하고, 마호메트교^{이슬람교}를 비롯한 모든 우상숭배와 사교를 타파하기 위해 노력하시는 통치자시여. 두 분 폐하께서는 바로 이 사람, 크리스토퍼 콜럼버스 Christopher Columbus를 인디아 땅으로 파견하시어 그 지역의 지배자들을 만나게 하셨습니다. 그리고 그곳의 촌락, 토지, 지형 등 여타 모든 것을 살펴보고, 그 지역의 원주민들을 우리의 성스러운 종교로 개종시킬 수 있는 방법을 찾도록 분부하셨습니다. 또한 동쪽의 육로를 통해 갔던 예전의 관행을 따르지 말고, 우리가 알기로는 지금까지 어느 누구도 시도해 본 적이 없는 서쪽의 해로를 통해 가도록 분부하셨습니다.

같은 달, 즉 1월에 두 분 폐하께서는 에스파냐 왕국의 영토에서 유대인들을 모두 추방하신 후 제게 충분한 선대^{船隊}를 이끌고 인디아 지역으로 항해하도록 지시하셨습니다. 이 목적을 위해서 제게 커다란 권한을 부여하시고, 작위를 내려 제 이름 앞에 돈Don이라는 칭호를 붙여 쓰게 하셨습니다. 또한 저를 대양의 대제독으로 임명하셨으며, 동시에 대양에서 제가 혹은 다른 이가 발견하여 지배하게 될 모든 대륙 및 제도의 종신총독 겸 부왕으로 임명하셨습니다. 더욱이 제 맏아들이 이 지위를 계승함은 물론, 향후 영원히 세

유화로 그린 콜럼버스의 초상화이다. 그는 인류의 역사를 바꿨다는 점에서 위대한 인물이지만, 개인의 삶은 오히려 역사의 안개 속에 감추어져 있어 온전히 이해되지 못하고 있다. 그가 용감하게 모험할 수 있었던 이유로 몇 가지가 이야기되고 있다. 첫째, 그는 지구가 둥글다는 것을 굳게 믿고 있었다. 서쪽으로 항해하면 반드시 인도에 닿을 수 있으며, 거리 또한 그리 멀지 않다고 생각했다. 둘째, 수많은 오래된 저서의 글귀들이 콜럼버스에게 강렬한 욕망을 불러일으켰다. 그는 서쪽 해로를 통해 인도로 가는 사람은 역사에 길이 남을 것이라는 사실을 알았다. 셋째, 선원들 사이에서 떠도는 소문 또한 대서양에 많은 섬이 실제로 존재함을 확인해 주었다. 그는 인류의 미개척지인 아메리카 대륙에서 큰 부귀와 영예를 얻기를 갈망했다. 왼쪽의 그림은 바르셀로나에 있는 콜럼버스의 기념탑이다.

습할 수 있도록 해 주셨습니다.

　1492년 5월 12일 토요일, 저는 그라나다 시를 떠나서 팔로스Palos 항에 도착했습니다. 그리고 그곳에서 이번 탐험에 아주 적합한 배 세 척이 항해에 사용된 배는 본선인 산타마리아호와 니냐호, 핀타호였다을 준비했습니다. 식량을 충분히 비축하고 특별히 선별한 선원들을 태우고서, 8월 3일 금요일에 그 항구를 떠났습니다. 먼저 두 분 폐하의 영토에 속하는, 대양에 위치한 카나리 제도Canary Islands아프리카 북서부 대서양에 있는 에스파냐령 화산 제도로 카나리아 제도라고도 한다. 콜럼버스는 이곳을 기지로 하여 대서양을 횡단했다로 향했습니다. 그곳에서 항로를 정하여 인디아스Indies에 도착할 때까지 항해한 후, 두 분 폐하의 말씀을 그 지역의 지배자들에게 전달하여 그 명령을 따르게 할 계획입니다.

　이러한 목적을 염두에 두고서, 이번 항해 동안 제가 한 행동과 보고 경험한 모든 것에 관해 하나도 빼놓지 않고 자세히 기록하기로 마음먹었습니다. 나중에 보시면 아시게 될 것입니다. 국왕 및 여왕 폐하시여, 저는 매일 밤에는 낮에 있었던 일을 기록하고 낮에는 전날 밤에 항해한 거리를 기록하는 일을 그치지 않을 것입니다. 또한 대양 전체를 정확하고 상세하게 파악할 수 있는 새로운 항해도를 작성할 계획입니다. 바다와 육지의 실제 위치와 항로를 잘 배치하고 위도와 경도를 표시하고 모든 것을 사실적으로 그린 지도책도 만들 계획입니다.

　이 일을 위해서는 무엇보다도 제가 잠을 잊고서 항해에 모든 주의를 집중해야 합니다. 이것은 결코 쉬운 일이 아닙니다.

항해일지

1492년 8월 3일,
콜럼버스는 목적지 없는 항해를 시작했다.
끝이 보이지 않던 바다 저편에 나타난
새로운 땅, 아메리카 대륙.
그가 남긴 위대한 항해의 기록을 읽는다.

끝없는 바다를 항해하여 나아가다

콜럼버스의 실제 모습에 제일 가깝다고 알려진 판화이다. 사실 콜럼버스의 실제 모습은 아무도 알지 못한다. 후세의 미술가들은 콜럼버스의 아들 디에고의 묘사에 의거하여 이 항해가의 용모를 그려 냈다.

8월 3일 〉 금요일

1492년 8월 3일 금요일 8시, 살테스Saltés의 강어귀에서 모래톱을 가로질러 항해를 시작했다. 바다에서 불어오는, 풍향이 자주 바뀌는 강한 바람을 타고 해 질 녘까지 남쪽으로 48마일, 즉 16리그1리그는약 3마일이다를 항해한 후, 카나리 제도 쪽으로 항로를 잡고서 남서쪽과 남미서쪽남쪽에서 서쪽으로약간 기울어진 방향으로 항해했다.

8월 4일 〉 토요일

남서쪽에서 남쪽으로 약간 기울어진 방향, 즉 남서미남 방향으로 항로를 잡았다.

8월 5일 〉 일요일

계속 같은 항로를 유지하면서, 하루 종일 42리그 이상을 항해했다.

콜럼버스 항해단의 기항장면이다.
1492년 8월 3일, 항해단이 돛을 올리자 팔로스 항이 뒤흔들리는 듯했다.
배에 오른 90명에 달하는 선원들의 가족을 비롯하여 모든 사람이 하나같이 짐작하는 바가 있는 듯했다. '그들은 돌아오지 못할 것이다.'
작은 배 위에서 콜럼버스가 페레스 신부의 손에 입을 맞추고 있다. 오직 그만이 콜럼버스의 성공을 확신했다.

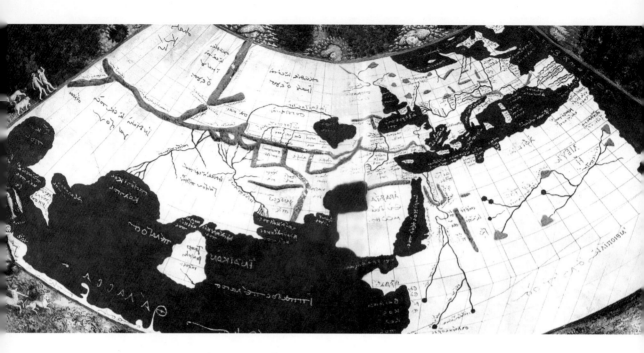

그리스 인 에라토스테네스는 경위선을 이용하여 지도 그리는 법을 고안해 냈다. 이 방법은 15세기에 이르러 일반화되었는데, 위의 세계 지도도 같은 방법으로 그려졌다. 당시의 세계관을 엿볼 수 있는 이 지도는 콜럼버스의 발견으로 바뀔 수밖에 없는 운명이 되었다.

8월 6일 › 월요일

마르틴 알론소 핀손Martín Alonso Pinzón이 이끌고 있는 범선 핀타Pinta호의 키가 빠져 버렸다. 나는 그 배의 소유자인 고메스 라스콘Gómez Rascón과 크리스토발 킨테로Cristóbal Quintero가 본디 이 항해에 나서길 싫어했기 때문에, 그 두 사람의 소행이 아닐까 의심했다. 출발하기 전에도 그 두 사람이 서로 으르렁대며 입씨름을 벌이는 모습을 보았다. 그 배를 도와주기 위해서는 위험을 무릅써야만 했으므로 몹시 당황스러웠다. 하지만 마르틴 알론소가 결단력도 있고 꾀가 많은 사람이라고 알고 있었기 때문에 크게 걱정하지는 않았다. 하루 종일 31리그를 항해했다.

8월 7일 › 화요일

핀타호의 키가 또다시 헐거워져서 수리한 후, 카나리 제도에 있는 란사로테Lanzarote 섬을 향해 계속 나아갔다. 하루 종일 26리그를 항해했다.

8월 8일 〉 수요일

세 척의 배를 조종하는 조타수들 사이에 현재의 위치에 관해 의견이 분분했는데, 결국은 내 판단이 최선이었다. 핀타호의 키 상태가 좋지 않은 데다가 물이 새어 들어왔기 때문에, 그란 카나리아Gran Canaria 섬으로 가서 그 배를 버리고 다른 배로 교체하려 했다. 그러나 그란 카나리아 섬에 도착할 수 없었다.

8월 9일 〉 목요일

[……]원문의 공백이다 이에로Hierro 섬의 출신으로, 이네스 페라사Inés Peraza카나리 제도의 영주 부인과 함께 라 고메라La Gomera 섬에 살고 있는 존경스러운 에스파냐 사람들 대부분이 카나리 제도의 서쪽에서 해마다 육지를 분명하게 보았다고 확언했고, 또한 라 고메라 섬의 원주민들도 맹세코 그 말이 옳다고 확인했다. 내 기억으로는, 1484년 마데이라Madeira 섬의 한 주민이 포르투갈 국왕을 찾아와서, 자신이 해마다 가 본 그 육지를 찾아갈 수 있도록 캐러벨 선을 제공해 달라고 요청한 적이 있었다. 아조레스 제도Azores Islands에서도 사람들이 똑같은 말을 했던 것으로 기억하고 있는데, 그 항로와 모습과 규모가 한결같이 일치했다.

물, 땔감, 육류, 그 밖에 핀타호를 수리하기 위해 그란 카나리아 섬으로 가 있는 동안 라 고메라 섬에 남았던 사람들이 갖고 있던 물건들을 실은 후, 마침내 세 척의 배를 이끌고 9월 6일 목요일 라 고메라 섬을 떠났다.

9월 6일 〉 목요일

라 고메라 섬의 항구에서 출발하면서 항해를

이사벨과 페르난도에게
청탁하는 콜럼버스

▲ 에스파냐 여왕 이사벨의 초상이다.
서쪽 대양을 향한 탐험을 위해 콜럼버스는
여왕 앞에서 갖은 아첨을 떨었다고 한다.
이사벨 여왕은 콜럼버스의 항해를 가능케 한
중요한 인물이자 그의 수호신이었다.

▶ 에스파냐 여왕과 위대한 모험가의 모습이다.
어떤 사람들은 그들이 연인이었다고 주장한다.

▼ 에스파냐 국왕 페르난도의 초상이다.

▲ 후안 페레스 신부가 콜럼버스의 항해를 위해 기도해 주고 있다. 페레스 신부는 콜럼버스의
변함없는 후원자로 그의 항해가 이루어질 수 있도록 많은 사람을 소개해 주었다.

계속하기 위해 항로를 정했다. 이에로 섬에서 오고 있던 어떤 캐러벨 선의 선원으로부터, 포르투갈의 캐러벨 선 세 척이 나를 체포하려고 이 근처를 배회하고 있다는 사실을 전해 들었다. 내가 포르투갈을 떠나서 에스파냐로 가 버린 사실에 대해 포르투갈 국왕이 분노했음이 분명하다. 하루 종일 바다가 잠잠했다. 다음 날 아침, 우리는 라 고메라 섬과 테네리페Tenerife 섬의 중간 지점에 있었다.

9월 7일 〉 금요일

금요일 하루 종일, 그리고 토요일 밤 3시까지 계속 바다가 잠잠했다.

9월 8일 〉 토요일

새벽 3시에 북동풍이 불기 시작해서 항로를 서쪽으로 잡았다. 서로 거세게 맞부딪치는 파도 때문에 항해가 힘들었다. 하루 종일 불과 9.5리그를 항해했다.

9월 9일 〉 일요일

16.5리그를 항해했다. 실제로 항해한 거리보다 약간 줄여서 항해일지에 기록하기로 마음먹었다. 항해가 오래 걸리더라도, 선원들이 놀라거나 낙담하지 않도록 그렇게 하기로 했다. 밤이 되자, 8노트로 95마일, 즉 32리그 정도를 항해했다. 조타수들이 키를 잘못 조종하여 배가 서쪽에서 북쪽으로 약간 치우친 방향으로 가기도 하고, 심지어는 서북서쪽으로 가기도 했다. 그들을 여러 차례 질책했다.

자신의 마음을 철저히 감추었던 콜럼버스의 초상화이다. 그는 항해에 관해 매우 거창하고 비밀스런 일을 계획했다. 그는 이 항로로 더 많은 황금을 찾아 십자군을 동원하고 무장시킬 수 있기를, 그리하여 동방원정으로 그리스도교 성지를 수복할 수 있기를 간절히 바랐다.

9월 10일 〉 월요일

하루 종일 8노트, 즉 시속 2.5리그로 항해해 63.5리그를 나아갔다. 항해가 오래 걸리더라도 선원들이 놀라지 않도록 하기 위해, 51리그로 기록했다.

9월 11일 〉화요일

서쪽 항로를 향해 20리그 이상을 항해했다. 큰 돛대 하나가 바다 위에 떠 있었지만 끌어올릴 수 없었다. 그 돛대는 크기로 보아 120톤급 이상의 커다란 배에 있었을 것이라고 생각했다. 밤중에 거의 21리그 정도를 항해했지만, 이미 언급한 바와 같은 이유로 17리그로 기록했다.

9월 12일 〉수요일

항로는 변함이 없었다. 낮과 밤을 합해서 35리그를 항해했지만, 똑같은 이유로 약간 줄여서 기록했다.

9월 13일 〉목요일

서쪽으로 항로를 잡고 35리그 정도를 항해했지만, 3~4리그 정도를 줄여서 기록했다. 역조逆潮면 바다의 해수가 해변에 퇴적했다가 다시 되돌아가는 흐름으로, 빠른 경우 그 속도가 약 2노트에 이른다가 있었다. 어제 해 질 녘에 약간 북서쪽으로 치우쳐 있었던 나침반 바늘이 오늘 아침에는 북동쪽으로 약간 치우쳐 있었다. 어떤 사람은 콜럼버스가 여기서 처음으로 지구 자기磁氣를 발견했다고 한다

9월 14일 〉금요일

하루 종일 항로를 서쪽으로 유지했다. 21리그를 항해했지만, 약간 줄여서 기록했다. 니냐Niña호의 선원들이 제비갈매기와 열대새를 각각 한 마리씩 발견했다고 보고했다. 이 새들은 육지로부터 25리그 이상은 벗어나지 않는다.

젊은 시절의 콜럼버스는 직접 항해를 경험했다. 그리고 여러 저서들을 읽고 연구하면서 자신의 목표를 발견하기 위해 애썼다. 그는 서쪽 항로로 아시아에 도달할 수 있다고 확신했다.

9월 15일 〉토요일

항로를 서쪽으로 유지하고 28.5리그를 항해했다. 초저녁 무렵에, 하늘
에서 커다란 불똥이 - 마치 번개처럼 - 우리 배에서 4~5리그쯤 떨어
진 바다 속으로 떨어지는 모습을 목격했다. 이 일은 사람들을 기분 나
쁘게 했다. 그 까닭은 뱃사람들은 이 같은 일을 현재의 항로가 위험하
다는 것을 경고하는 현상이라고 받아들이기 때문이다.

9월 16일 〉일요일

서쪽으로 항해를 계속해 41리그 정도를 나아갔지만, 38리그로 기록했
다. 다소 구름이 끼고 이슬비가 내렸다. 오늘은 적당히 불어오는 산들
바람과 상쾌한 아침 공기 덕분에 너무 즐거웠다. 나이팅게일의 노랫소
리만 있으면 더 이상 바랄 것이 없다. 마치 안달루시아^{Andalusia}에스파냐 남부
도시의 4월 날씨 같았다. 짙푸른 해초 부유물들이 보이기 시작했다. 뽑힌
지 얼마 되지 않은 것 같았다. 항해가 길어지고 고국에서 멀어짐에 따
라, 사람들은 긴 여정과 자신을 이 항해에 끌어들인 나에 대해 불평을
늘어놓기 시작했다. 그들은 여기저기로 떠다니는 해초 부유물들을 보
더니 혹시 암초가 있는 것 아닌지 걱정하기 시작했다. 걱정이 커질수록
나에 대한 불평도 더욱 노골적으로 드러냈다. 하지만 배가 그곳을 통과
하자 사람들의 두려움은 다소 누그러졌다. 모두들 가까이에 육지가 있
을 것이라고 생각했다. 그러나 나는 대륙은 아닐 것이라고 생각했다.
대륙은 좀더 가야만 나타날 것 같았다.

9월 17일 〉월요일

항로를 서쪽으로 잡고 하루 종일 53리그 이상을 항해했지만, 50리그로
기록했다. 조류가 항해를 도왔다. 암초에서 자라는 해초 부유물들이 자
주 보였는데 서쪽에서 떠내려온 것 같았다. 그 때문에 모두들 육지가

콜럼버스는 마르코 폴로의 《동방견문
록》 등 새로운 세계에 대한 책들을 꼼꼼
히 주석을 달아 가며 읽었다. 이 책들은
콜럼버스에게 탐험에 성공할 수 있으리
라는 확신을 심어 주었다.

가까이에 있다고 생각했다. 덕분에 사람들의 마음이 즐거워져 불평이 줄어들었다. 카나리 제도의 가장 서쪽 끝에 위치한 이에로 섬을 기준으로 지금까지 392리그를 항해했다.

조타수들이 항로를 북쪽으로 정하고 항해했는데, 나침반의 바늘이 북서쪽으로 한 점(나침반의 한 점은 360도를 32등분한 것이다)이나 움직였다. 선원들은 그 이유를 몰라 두려움에 떨며 당황했다. 나는 사태를 파악하고 나서 새벽에 다시 한 번 확인할 것을 지시했다. 새벽녘 선원들은 나침반이 정상임을 확인했다. 그 일의 원인은 나침반이 아니라 별의 움직임에 있는 것 같았다.

새벽녘에 훨씬 더 많은 해초가 보였다. 강에서 자라는 풀 같았다. 해초 사이에서 살아 움직이는 게 한 마리를 잡았다. 육지에서 80리그 이상 떨어진 곳에서는 이런 생물을 볼 수 없기 때문에, 이것은 육지가 가깝다는 확실한 증거였다. 우리가 출발한 카나리 제도 근처보다 바닷물은 염분이 적었고, 바람도 훨씬 부드러워졌다. 모두들 기분이 아주 좋아졌다. 배들은 저마다 먼저 육지를 발견하려고 앞 다투어 빠르게 달렸다.

엄청나게 많은 돌고래들이 나타났다. 니냐호의 선원들이 그것들 중 한 마리를 잡았다. 서쪽으로 갈수록 육지가 가까이 있다는 증거가 하나 둘씩 나타났다. 모든 승리를 그 손안에 틀어쥐고 계시는 전지전능하신 하느님의 도움으로, 우리는 육지에 상륙할 수 있으리라고 굳게 믿는다. 오늘 아침에는 바다에서는 잠을 자지 않는 흰색 열대새 한 마리를 보았다.

15세기 말 포르투갈의 국력이 강해지자 원정항해에서도 에스파냐를 앞서게 되었다. 포르투갈의 국왕은 천문지리에 매우 관심이 많았다. 따라서 단순히 생각하면 마땅히 그들이 먼저 아메리카 대륙을 발견했어야 한다. 그러나 당시 포르투갈 인들은 아프리카에서 끊임없는 모험을 시도했으며, 자연히 서쪽 항로는 등한시되었다. 역사는 이런 필연성으로 인해 콜럼버스를 선택했다. 거대한 공백을 남겨 그의 존재가 나타나기를 기다렸던 것이다.

9월 18일 〉화요일

58.5리그 이상을 항해했지만, 51리그로만 기록했다. 요새 며칠 동안 바다가 세비야Seville에 있는 강처럼 아주 잔잔했다. 마르틴 알론소가 속도가 가장 빠른 핀타호를 이끌고 있다. 그는 다른 배들을 기다리지 않고 앞서 나아갔다. 그는 아주 많은 새들이 서쪽으로 날아가는 모습을 보았고, 그 때문에 오늘 밤 안으로 육지를 발견하게 되리라는 기대감 때문에 그렇게 급히 달려갔노라고 설명했다. 북북쪽으로 커다란 구름층이 보였는데, 육지가 가깝다는 또 하나의 증거이다.

바스코 다 가마는 1497년 국왕 마누엘 1세의 후원으로 항해를 떠났다. 그는 희망봉을 돌아 인도양을 횡단하여 이듬해 인도의 캘리컷에 도착했다. 이 항해로 인도로 가는 뱃길이 처음으로 열리게 되었다. 그는 뒤에 인도 총독이 되었다.

9월 19일 〉수요일

정해진 항로를 유지하면서 계속 항해했다. 하지만 바람이 별로 불지 않아서 하루 종일 불과 26.5리그밖에 나아가지 못했다. 항해일지에 24리그로 기록했다. 오전 10시에 부비 한 마리가 배 근처를 날아갔고, 저녁 즈음 또다시 한 마리가 보였다. 부비는 육지에서 20리그 이상을 벗어나지 않는 새이다. 파도가 잠잠해서 200길ᵍ길은 수심을 측정하는 단위로 1길은 1.83미터이다 까지 잴 수 있는 측심의測深儀로 수심을 재기로 했다. 수심을 알 수는 없었지만, 남서쪽으로 해류가 흐르고 있음을 알게 되었다. 바람은 불지 않고 소나기가 잠시 내렸다. 이것은 육지가 가까이 있다는 또 다른 확증이었다. 그러나 바람을 거슬러 나아가면서까지 육지가 있는지 없는지 확인하기 위해 시간을 허비하고 싶지 않았다. 나는 북쪽과 남쪽에 몇 개의 섬이 있고, 지금 그 섬들 사이로 지나가고 있다고 믿었다. 지금처럼 화창한 날씨 속에서 인디아스로 향한 항해를 계속하고 싶다. 그리고 신의 도움으로 고국으로 돌아가는 여정까지 순조롭기를 기원했다.

　　조타수들이 배의 위치를 계산했다. 카나리 제도로부터 각각 니냐호

브라질을 발견한 탐험가 카브랄이다. 그는 1500년에 브라질에 도착하여, 남아메리카 대륙에 첫발을 내딛었다. 콜럼버스의 입장에서 보면 카브랄의 활동은 그의 이익을 침범하는 일이었지만 콜럼버스는 이를 양해해 주었다.

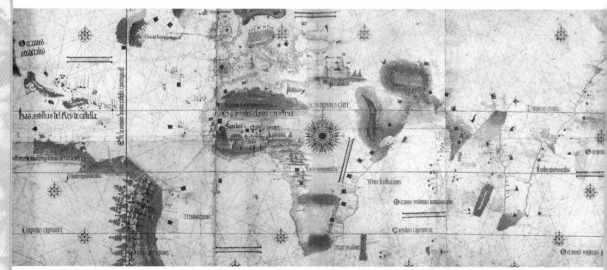

▲ 1500년 즈음 포르투갈에서 제작된 세계 지도이다. 그때의 교황 알렉산드르 6세는 세계를 둘로 나누어 에스파냐와 포르투갈이 통치하게 했다. 반세기 후에, 이 통치 체제는 영국과 프랑스의 도전을 받게 된다. 프랑스 국왕은 "이것은 프랑스를 무시하는 협정이 아니고 무엇인가?" 라고 성명을 발표했다.

▶ 교황 알렉산드르 6세의 얼굴이다. 그는 세속적인 인물로, 고작 15세인 파킨스를 정부로 두고 있었다. 오른쪽은 라파엘로가 그린 성모 유화로 1514년경의 작품인데, 그림 속 성모의 모델이 파킨스인 것으로 알려져 있다.

▲ 교황 알렉산드르 6세가 세계를 분할하는 회의를 주재하는 모습이다.

의 조타수는 466리그, 핀타호의 조타수는 445리그, 내가 탄 배의 조타 수는 424리그가 떨어져 있다고 말했다. 나는 선원들의 사기가 저하되지 않도록 항상 항해거리를 줄여서 알려 주었고, 이곳저곳을 돌아다니면서 그들을 격려했다. 에스파냐에서 멀어질수록 그들은 불안감이 더욱더 커져 계속해서 불평을 늘어놓았다. 그들은 눈에 보이는 조짐들에 대해 점점 더 민감해졌다. 비록 새들이 위안이 되긴 했지만, 육지가 보이지 않게 되자 아무것도 믿으려고 하지 않았다. 어떤 조짐마저도 없는 경우에는 다시는 고국에 되돌아갈 수 없는 신천지로 항해하고 있다고 받아들였다.

9월 20일 〉 목요일

미풍이지만 풍향이 자주 바뀌어서 서미북 방향과 서북서 방향으로 항로를 잡고 7~8리그 정도를 항해했다. 부비 두 마리가 배로 날아왔다. 그 뒤에 한 마리가 또 날아왔는데, 육지가 가깝다는 증거였다. 어제는 전혀 보이지 않았던 해초가 오늘은 많이 보였다. 선원들이 새 한 마리를 잡았다. 흰색 반점이 있는 검은색 머리와 마치 물새와 같은 오리발톱을 빼고 나면 제비갈매기와 흡사했다. 선원이 작은 물고기를 잡았다. 새벽녘에는 육지에 사는 작은 새 두세 마리가 지저귀면서 배 위를 맴돌다가 날아가 버렸다. 그 후, 부비 한 마리가 서북서쪽에서 날아왔다가 남동쪽으로 날아갔다. 육지가 서북서쪽에 있다는 증거였다. 이 새는 해안가에서 잠을 잔 뒤에 아침나절에 바다로 먹이를 찾으러 나오는데 육지에서 20리그 이상은 벗어나지 않는다. 이러한 징조 덕분에 선원들이 조금 기운을 얻었다.

9월 21일 〉 금요일

파도는 잠잠했지만, 바람은 강하게 불었다. 하루 종일 정해진 항로대로

콜럼버스의 고향 제노바이다. 제노바는 당시 지중해의 유명한 항구도시 중 하나였다. 콜럼버스는 이곳에서 지중해 항해를 경험하며 우수한 선원으로 성장했다. 당시 제노바 상인은 에스파냐, 포르투갈과 매우 활발히 교역했다.

때로는 항로에서 벗어나기도 하면서 32리그 정도를 항해했다. 새벽녘에 바다를 온통 뒤덮고 있는 해초를 보았는데, 이것은 서쪽에서 떠내려온 것이다. 부비 한 마리가 발견되었다. 바다는 강처럼 아주 잔잔했고, 세상에서 가장 기분 좋은 부드럽고 상쾌한 바람이 불어왔다. 고래 한 마리가 보였다. 고래는 언제나 육지 근처에서 헤엄치므로 이것 또한 육지가 가깝다는 신호이다.

9월 22일 〉토요일

약간의 항로 변화를 겪었지만 대체로 서북서쪽으로 32리그쯤 항해했다. 해초는 거의 보이지 않았다. 바다제비 몇 마리와 다른 새들이 날아왔다. 역풍逆風이 필요했다. 혹시 이 해역에서 에스파냐로 되돌아갈 수 있는 바람이 불지 않을까 걱정했다. 왜냐하면 선원들이 동요할 것이 분명하기 때문이다. 해초가 잠시 모습을 감추었다가 또다시 빽빽한 모습을 드러냈다.

9월 23일 〉일요일

북서쪽으로 항해하다가 때로는 북서쪽에서 북쪽으로 약간 기울어진 방향으로 뱃머리를 돌리고, 때로는 정서正西 방향으로 항로를 바꾸면서 23.5리그 정도를 나아갔다. 멧비둘기 한 마리와 부비 한 마리, 그리고 강 근처에 사는 작은 새 몇 마리가 나타났다. 또 해초가 엄청나게 많았는데, 그 속에 게 여러 마리가 살아 움직이고 있었다. 바다는 잠잠했다. 이 지역에는 거친 파도가 치지 않기 때문에 에스파냐로 돌아가는 데 필요한 바람도 불지 않을 것이라며 선원들이 투덜거렸다. 하지만 잠시 후 바람도 불지 않았는데 거센 파도가 일어 모두들 깜짝 놀랐다. 이 거센 파도가 내게는 행운이었다. 마치 이집트를 탈출한 유대인들이 자신들을 포로 신세에서 벗어나게 도와준 모세에게 불평을 늘어놓던 상황과 흡사하다.

9월 24일 〉 월요일

서쪽으로 항로를 유지하고 밤낮으로 항해했다. 15.5리그 정도를 갔지만, 13리그로만 기록했다. 부비 한 마리가 배로 날아왔다. 서쪽에서 바다제비들도 많이 날아왔다. 물고기 떼가 배 주위를 배회했다. 작살로 물고기 몇 마리를 잡았다.

9월 25일 〉 화요일

낮에는 바람이 없어서 멈춰 서 있다가, 나중에서야 바람이 불기 시작해 해 질 녘까지 서쪽으로 항해했다. 내가 핀타호 선장인 마르틴 알론소에게 3일 전에 보냈던 해도海圖 라스카사스 신부는 이 지도가 토스카넬리가 콜럼버스에게 준 것이라고 했다에 관해 그와 의논했다. 나는 예전에 이 근처 바다에 있는 몇 개의 섬을 이 해도에 표시해 두었다. 마르틴 알론소가 그 섬들이 이 근처에 있을 것이라고 말했고 나도 그렇게 생각한다고 동의했다. 지금 그 섬들이 보이지 않는 까닭은, 틀림없이 해류가 배를 북동쪽으로 밀고 있는 데다가 그 영향으로 배가 조타수들이 말한 만큼 나아가지 못했기 때문이다.

에스파냐 왕실이 콜럼버스에게 하사한 문장과 특권증명서이다. 에스파냐 국왕과 여왕은 특권증명서를 통해 콜럼버스를 대제독으로 임명하고, 그가 장차 발견할 모든 대륙과 인도의 모든 섬에 대한 통치권을 허락했다. 원본은 벌레에 의해 부식되었고, 이 수사본은 콜럼버스가 은행에 위탁 보관했던 것이다.

내가 그 해도를 돌려 달라고 하자 밧줄을 이용해서 보내왔다. 내가 탄 배의 조타수 및 선원들과 함께 위치를 계산했다.

해 질 녘에 마르틴 알론소가 자신이 탄 배의 선미루로 올라가더니, 매우 기쁜 목소리로 나를 불렀다. 육지를 발견했다는 소식을 전하기 위해서였다. 그가 그 사실을 여러 번 반복하여 확실하다고 말했을 때, 나는 무릎을 꿇고서 하느님께 감사의 기도를 드렸다. 마르틴 알론소는 선원들과 함께 〈지극히 높은 데서는 하느님께 영광이요Gloria in excelsis Deo〉라는 찬송가를 불렀다. 내가 탄 배의 선원들도 마찬가지였다. 니냐 호의 선원들도 모두 돛대와 삭구索具 배에서 쓰는 로프나 쇠사슬 따위를 통틀어 이르는 말로 기어 올라가더니 육지가 틀림없다고 확인했다. 나도 그렇게 믿었다. 그곳까지의 거리가 25리그쯤일 것이라고 추측했다. 우리 모두는 해 질 녘

콜럼버스의 청년 시절에 제작된 고지도이다. 이 지도의 대부분은 상상에 의한 것이었는데 바로 이것이 청년 콜럼버스의 몽상을 촉진했다.

까지도 그것이 육지가 틀림없다고 믿고 있었다. 서쪽으로 가던 항로를 육지가 보였던 남서쪽으로 바꿔서 항해하라고 지시했다. 서쪽으로 5리그 정도를 항해하다가 밤 동안에는 남서쪽으로 18리그를 항해했으므로, 온종일 23리그를 나아간 셈이었다. 선원들에게는 14리그쯤 항해했다고 말했다. 바다가 아주 잔잔했다. 몇몇 선원들이 헤엄을 치려고 바다로 뛰어들었다. 바다 속에는 황새치 떼를 비롯한 다른 물고기들이 많이 보였다.

9월 26일 〉 수요일
오후까지 서쪽으로 항해하다가 다시 남서쪽으로 방향을 바꾸어 항해했다. 우리가 육지라고 여겼던 것이 구름이었다는 사실을 알게 되었다. 착각이었다. 하루 종일 33리그 정도를 항해했지만, 선원들에게는 25.5리그를 항해했다고 말했다. 바다는 여전히 강처럼 잔잔했고, 산들바람이 아주 부드럽고 상쾌했다.

9월 27일 〉 목요일
서쪽으로 항로를 잡고 하루 종일 25.5리그쯤 항해했다. 선원들에게는 21리그를 항해했다고 말했다. 황새치 떼가 몰려와서 한 마리를 잡았다. 열대새도 한 마리 보였다.

항해기술이 발달함에 따라 해적도 더욱 극성을 부렸다. 이 그림은 해적이 소란 피우는 항구의 광경을 묘사한 것이다.

9월 28일 〉 금요일
서쪽으로 항로를 잡고 계속 항해했다. 바다가 잔잔했다. 하루 종일 겨우 15리그만을 항해했다. 14리그라고 기록했다. 해초는 거의 보이지 않았다. 우리 배에서는 황새치를 두 마리밖에 잡지 못했지만 다른 배들에서는 더 많이 잡았다.

9월 29일 〉 토요일

항로를 서쪽으로 유지하고 25.5리그쯤 나아갔으나 선원들에게는 22리그를 항해했다고 말했다. 바람이 없어서 이 정도밖에 항해하지 못했다. 군함새 한 마리를 보았다. 이 새는 부비로 하여금 잡아먹은 것을 토하게 하여 그것을 먹이로 삼아 살아간다. 또 바닷새지만 바다에서 살지 않아 육지에서 20리그 이상을 벗어나지 않는다. 군함새는 베르데 제도Verde Islands의 곳에서 많이 살고 있다. 그 후 부비 두 마리를 보았다. 부드러운 바람이 무척 상쾌했다. 나이팅게일의 아름다운 지저귐만 있다면 더 이상 바랄 것이 없다. 바다는 강처럼 잔잔했다. 그 후 세 번에 걸쳐서 부비 세 마리와 군함새 한 마리가 날아갔다. 해초도 많이 보였다.

9월 30일 〉 일요일

서쪽으로 항로를 유지하고 계속 항해했다. 바람이 매우 잠잠해서 하루 종일 15리그밖에 나아가지 못했다. 12리그로 기록했다. 군함새 네 마리가 배 가까이 날아왔다. 이렇게 같은 종류의 새가 여러 마리 날아오는 것을 보면, 그 새들이 길을 잃고 방황하는 것이 아니라면, 육지가 가깝다는 확실한 증거였다. 해초도 많이 있었다.

주의 : 지극성指極星북두칠성의 국자모양 중 두 별을 이르는 말로, 북극성을 찾는 지표이다이라고 불리는 별들이 해 질 녘에는 서쪽 근처에 위치해 있다가 새벽녘에 북동쪽 근처에 자리 잡았다. 따라서 3개의 선, 즉 9시간 정도만 움직인 것처럼 보였다. 이런 일이 매일 밤마다 되풀이됐다. 또한 해 질 녘에 북서쪽으로 한 점이 기울어져 있던 나침반이 새벽녘에는 북극성과 정확히 일치했다. 이것을 보면 북극성이 다른 별들과 똑같이 움직이는 것처

럼 보였다. 반면에 나침반은 언제나 정확한 방향을 가리켰다.

10월 1일 › 월요일

서쪽으로 항로를 유지한 채 26.5리그쯤 항해했지만, 선원들에게는 21
리그 정도 항해했다고 말했다. 강풍을 동반한 소나기가 내렸다. 오늘
새벽에 내가 타고 있는 배의 조타수가 이에로 섬에서 이 지점까지 서쪽
으로 602리그쯤 항해한 것이라고 주장했다. 내가 선원들에게 보여 준
항해일지에는 612리그라고 기록되어 있었지만, 내가 직접 계산해서 숨
겨 둔 진짜 항해일지에 따르면 750리그였다.

10월 2일 › 화요일

서쪽으로 항로를 유지하고, 하루 종일 41.5리그를 항해했다. 선원들에
게는 32리그 정도 항해했다고 말했다. 다행히도 바다는 여전히 잔잔하
고 평온했다. 지금까지와는 반대로 해초가 동쪽에서 서쪽으로 뻗어 있
었다. 물고기들도 많이 보여서 그것들 중 한 마리를 잡았다. 또한 갈매
기처럼 생긴 흰 새도 한 마리 보였다.

10월 3일 › 수요일

계속 같은 항로를 유지하면서 50리그를 항해했지만, 선원들에게는
42.5리그라고 말했다. 바다제비들이 나타났다. 해초도 많이 보였다. 아
주 오래된 것도 있었고, 무척 싱싱한 것도 있었는데 열매 같은 것들이
달려 있었다. 새들이 전혀 보이지 않았다. 해도에 표시
해 둔 섬들은 이미 지나온 것 같다. 지난주와 최근
며칠 동안 가까이에 육지가 있다는 증거가 나타났
고, 이 해역에 몇 개의 섬들이 있다는 정보가 있었지만,
바람을 거슬러 항해하면서 시간을 허비하고 싶지 않았다.

이 책에 나오는 군함새, 바다제비, 제비
갈매기, 열대새 등이다. 에스파냐와 포르
투갈의 항해자들은 이 새들의 이동경로
를 쫓아가 새로운 섬들을 발견하곤 했
다.

나의 유일한 목적은 인디아스에 도착하는 것이었으므로 한시라도 지체하는 것은 현명치 못한 일이었다.

10월 4일 〉 목요일
서쪽으로 항로를 유지한 채 하루 종일 67리그를 항해했다. 선원들에게 49리그를 항해했다고 말했다. 40마리가 넘는 바다제비들이 무리를 지어 배로 날아왔고, 또한 부비 두 마리도 날아왔다. 어느 배에선가 견습 선원이 돌을 던져서 그것들 중 한 마리를 잡았다. 군함새와 갈매기처럼 생긴 흰 새도 각각 한 마리씩 배로 날아왔다.

10월 5일 〉 금요일
항로를 그대로 유지한 채, 약 6.5노트로 항해했다. 밤중에 바람이 다소 약해졌기 때문에, 하루 종일 60.5리그 정도를 항해했다. 하지만 선원들에게는 48리그로 말했다. 바다는 잠잠하고 평온했다. 공기가 아주 상쾌하고 따스했다. 해초는 전혀 보이지 않았지만 바다제비들은 많이 보였다. 수많은 날치들이 배 안으로 날아들었다.

10월 6일 〉 토요일
서쪽으로 항로를 유지하고 하루 종일 42리그를 항해했다. 선원들에게는 35리그라고 말했다. 마르틴 알론소가 오늘 밤 남서미서 방향으로 항로를 잡는 것이 좋겠다고 말했다. 내 생각으로는 그가 시팡고Cipango중국어 Zhi-pankwe에서 유래된 말로 일본을 뜻한다 섬을 염두에 두고 말한 것 같았다. 그러나 시팡고 섬에 연연할 경우 그만큼 늦어지게 되므로, 일단 대륙을 발견한 후에 그 섬을 찾아보는 편이 낫겠다고 내 의견을 밝혔다.

하느님의 도우심으로 육지에 도착하다

10월 7일 〉일요일

계속해서 서쪽으로 항로를 유지한 채, 9.5노트로 나아가다가 나중에는 6.5노트로 항해했다. 일몰 1시간 전까지 약 24.5리그를 항해했다. 오늘 동틀 녘에는 속도가 훨씬 빠른 니냐호가 내가 탄 배를 앞질러 나아갔다. 우리는 국왕이 약속한 포상을 받으려고 가능한 한 빨리 달렸다. 그런데 니냐호에서 돛대 꼭대기에 깃발을 달고, 구포臼砲 한 발을 쏘아 육지를 발견했다는 신호를 보냈다. 예전에 내가 지시한 것이다. 동틀 녘과 해 질 녘에는 세 척의 배가 모두 한군데로 모이도록 지시했다. 그 시각이 안개가 심하지 않아서 시야가 가장 좋은 순간이기 때문이다. 그러나 저녁 무렵 확인해 보니 니냐호의 선원들이 발견했다고 말한 육지는 보이지 않았다.

북쪽에서 남서쪽으로 아주 많은 새들이 날아갔다. 그 새들이 잠을 자러 육지로 돌아가는 중인지 아니면 겨울을 피해서 어디론가 날아가

15세기 초의 것으로 추정되는 구포. 구포란 절구 모양의 포이다.

콜럼버스가 그의 친구와 함께 항해기술에 관해 토론하는 모습. 그러나 역사적 사실은 이 그림이 잘못되었음을 증명한다. 그때에는 지구본이 없었다.

는 중인지는 알 수 없었지만, 틀림없이 본래 떠났던 육지로 향하리라고 생각했다. 포르투갈이 장악하고 있는 섬들의 대부분이 새들의 이동 경로를 관찰해서 발견되었다는 것은 익히 알려진 사실이었다. 그 때문에 항로를 정서쪽에서 서남서쪽으로 바꾸어 이틀 동안 항해하기로 결정했다. 밤에 5.5리그, 낮에 24.5리그를 항해해서 하루 종일 30리그를 나아간 셈이다.

10월 8일 〉 월요일

서남서쪽으로 하루 종일 12리그 정도를 항해했다. 밤중에는 가끔씩 12노트의 속도로 달리기도 했다. 바다는 마치 세비야에 있는 강과 같았다. 나는 하느님께 감사의 기도를 올렸다. 세비야의 4월처럼 상쾌하고 향기로운 산들바람 덕분에 마음이 즐거웠다. 해초는 아주 싱싱해 보였고, 육지에 사는 새들도 눈에 많이 띄었다. 그것들 중 한 마리를 잡았다. 제비갈매기들, 오리들, 부비 한 마리가 남서쪽으로 날아갔다.

10월 9일 〉 화요일

남서쪽으로 항로를 잡고 5.5리그를 항해했다. 그때 풍향이 바뀌어 서미북 방향으로 뱃머리를 돌리고 4.5리그를 항해했다. 낮까지 11.5리그, 밤까지는 22리그를 항해했다. 하지만 선원들에게는 17리그라고 말했다. 밤새도록 새들이 날아가는 소리가 들렸다.

10월 10일 › **수요일**

서남서쪽으로 항로를 잡고 8노트로 항해했는데, 때때로 속도가 9.5노트까지 올라가기도 하고 5.5노트로 내려가기도 했다. 하루 종일 62.5리그를 항해했다. 하지만 선원들에게는 56.5리그로만 말했다. 더 이상 견디지 못한 선원들이 마침내 장기간의 항해에 대해 불평을 늘어놓기 시작했다. 인디아스에 도착할 경우 앞으로 누리게 될 혜택에 큰 기대를 갖도록 이야기하면서 온 힘을 다해 그들을 격려했다. 또한 인디아스를 찾아서 떠나온 이상, 주님의 보살핌으로 인디아스에 도착할 때까지는 항해를 계속할 수밖에 없으므로, 아무리 불평해도 소용없는 일이라고 덧붙였다.

10월 11일 › **목요일**

계속 서남서쪽으로 항로를 잡고 항해했다. 이번 항해 중에는 만난 적이 없는 아주 거친 파도가 계속해서 뱃전을 덮쳐 왔다. 바다제비들이 보였고, 배 가까이 푸른 갈대가 있었다. 떼 지어 다니는 초록색 물고기들이 마치 한 마리의 커다란 물고기처럼 보였다. 핀타호의 선원들이 사탕수수의 줄기와 막대기를 하나씩을 발견했다. 그들은 철공구로 다듬은 것처럼 보이는 작은 나뭇조각을 건져 올렸다. 또한 사탕수수 외에 육지에서 자라는 다른 식물들의 줄기도 주워 올렸다. 니냐호의 선원들도 가까운 곳에 육지가 있음을 암시하는 다른 증거, 즉 붉은 열매가 달리고 가시가 돋친 나뭇가지 하나를 발견했다. 잘린 지 얼마 되지 않은 것 같았다. 이런 증거들을 본 선원들은 모두 안도의 한숨을 내쉬면서 생기를 되찾았다. 일몰 전까지 28.5리그를 항해했고, 해 질 녘 이후로는 본래의 항로인 서쪽으로 뱃머리를 돌려

세계 최초의 대지구의이다.
독일인 마틴 베하임이
바르톨로뮤 디아스의 영향을 받아
1492년에 제작했다.

서 약 9노트로 항해했다. 새벽 2시까지 약 68마일, 즉 22.5리그 정도를 항해했다.

선원들 모두가 각자 나름대로의 방식으로 기도하거나 찬송을 부르면서 성모 마리아를 찬양하기 위해 갑판 위에 모였다. 나는 주님이 베풀어 주신 보살핌에 대해 이야기했다. 적당한 풍향으로 장애물 없이 우리를 안전하게 이끌어 주셨고, 매일같이 여러 가지 증거들로 우리를 위

15세기 포르투갈 리스본 항구의 번창한 모습이다. 해외 식민지 개척과 교역에 힘을 쏟은 리스본은 세계 교역의 중심지로 16세기까지 그 명성을 이어갔다.

로해 주셨다는 내용이었다. 나는 그들에게 육지가 보이는지 주의해서 지켜볼 것을 요구했다. 카나리 제도에서 각각의 배에 나누어 주었던 항해수칙 중 첫 번째 항목, 즉 카나리 제도로부터 700리그가 되는 지점에 도착하면 그때부터 야간 항해를 하지 않는다고 했던 것을 상기시켰다. 하지만 모두들 하루라도 빨리 육지에 도착하고 싶어 하는 열망이 컸기 때문에 야간에도 계속 항해했다. 나는 그들에게 뱃머리에서 주의 깊게 관찰해 달라고 당부하면서 최초로 육지를 발견하는 사람에게는 비단으로 만든 양복저고리를 주겠다고 약속했다. 우리에게 두 분 폐하께서 상금으로 1만 마라베디maravedi 당시 에스파냐의 화폐단위로 34마라베디는 1레알이다. 콜럼버스의 항해비용은 약 200만 마라베디였다를 약속한 것처럼 말이다.

밤 10시 즈음 선미루 갑판에서 불빛을 발견했다. 하지만 너무 희미해서 육지라고 확신할 수는 없었다. 왕실 식탁 담당 집사인 페드로 구티에레스Pedro Gutiérrez를 불러 불빛이 보이는 것 같으니 잘 살펴보라고 말했다. 그도 불빛을 확인했다. 또한 두 분 폐하께서 선박의 감시관으로 파견한 로드리고 산체스 데 세고비아Rodrigo Sánchez de Segovia 두 국왕이 새로운 땅에서 발견한 황금, 향료 등을 정확히 기록하라고 파견한 감시관에게도 알렸지만, 그는 아무것도 보이지 않는다고 했다. 그가 서 있는 위치에서는 보이지 않기 때문이다. 내가 불빛이 보인다고 말한 후로도, 깜박거리면서 타오르는 양초처럼 한두 번 더 불빛이 보였다. 그 불빛을 육지가 있다는 증거로 생각하는 사람은 몇 명밖에 없었다. 그러나 나는 육지가 가까워지고 있음을 확신했다.

핀타호의 속도가 빨라서 내가 탄 배보다 앞서 달리고 있었는데, 그 배의 선원들이 육지를 발견하고서 내가 전에 지시한 대로 신호를 보냈

승리가 눈앞에 있다. 1492년 10월 11일, 핀타호의 선원 로드리고 데 트리아나가 육지를 발견했다. 선원들은 모두 환호하기 시작했다. 이 유화는 당시의 상황을 잘 보여 준다.

다. 그 육지를 최초로 발견한 사람은 로드리고 데 트리아나Rodrigo de Triana였다. 자정에서 2시간 정도 지난 후에 육지가 모습을 드러냈는데, 배에서 불과 2리그쯤 떨어져 있었다. 돛자락에 덧댄 덮개가 없는 돛만 큰 돛대에 남겨 둔 채 나머지 돛들을 모두 걷고, 금요일 아침까지 파도에 배를 맡기고 느긋하게 나아갔다. 마침내 우리는 어떤 섬콜럼버스가 처음으로 도착한 섬은 바하마 제도의 와틀링 섬이다. 인디오들은 이 섬을 '과나하니'라고 불렀으나 그는 '산 살바도르'라고 이름 붙였다에 도착했다.

그곳에는 벌거벗은 사람들이 있었다. 나는 무장한 선원들과 함께 보트를 타고 해안가로 갔다. 그러자 마르틴 알론소와 그의 동생이자 니냐호의 선장인 비센테 야녜스Vicente Yáñez가 그 뒤를 따랐다. 나는 왕기王旗를 꺼내 들었고, 선장들은 제각기 녹색 십자가가 그려진 깃발을 손에 쥐고 있었다. 십자가 양쪽에 F자와 Y자가 쓰여 있고, 각각의 글자 위에 왕관이 그려져 있는 이 깃발들은 내가 각각의 배에 내걸게 한 것이었다.

해안가에 상륙했다. 나무들이 짙푸르고 물도 풍부하고 다양한 종류의 과일이 있었다. 나는 두 명의 선장에게 나머지 사람들도 상륙하게 하라고 지시했다. 육지에 오른 이들은 선대船隊의 서기관인 로드리고 데 에스코베도Rodrigo de Escobedo, 그리고 로드리고 산체스 데 세고비아 등이었다. 나는 그들에게 모두가 있는 자리에서 우리의 주군이신 국왕 및 여왕 폐하를 위해 이 섬을 점유했다는 사실을 입증하는 유일한 증인이 되어 달라고 요청했다. 필요한 몇 가지 선언들을 발표한 후, 보다 상세히 기록한 문서를 남기도록 했다.

잠시 후, 섬사람들이 우리 주위로 몰려들었다. 나는 강압보다는 사랑을 통해 그들을 우리의 성스러운 신앙으로 귀의시킬 수 있다고 믿었

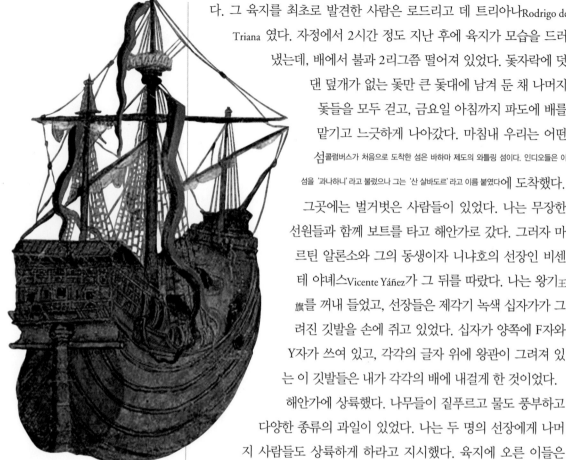

당시 널리 사용되던 캐러벨 선

다. 우리에게 친근감을 갖길 바라면서, 나는 그들 중 몇 사람에게 챙 없는 붉은색 모자, 목걸이를 만들 수 있는 유리구슬, 조금 값어치가 있는 몇 가지 물건들을 주었다. 그러자 그들은 믿을 수 없을 정도로 기뻐하면서 열정적으로 우리를 환영했다. 나중에 그들은 앵무새, 무명실 타래, 투창, 그 외에 많은 물건을 가지고 우리의 보트가 있는 곳까지 헤엄쳐 왔다. 그들은 그 물건들을 유리구슬이나 매방울 등과 교환했다. 그들은 자신이 갖고 있는 것이 무엇이든 기꺼이 내주었고 무엇이든 주는 대로 받았다.

그러나 내가 보기에, 그들은 모든 면에서 대단히 가난한 것 같았다. 그들은 모두 다 태어날 때부터 지금까지 죽 벌거벗은 채로 살았다. 비록 여자는 어린 소녀 한 명밖에는 보지 못했지만, 여자도 마찬가지였다. 또한 내가 본 사람들은 젊은이뿐이었고, 30세 이상의 남자는 한 명도 보지 못했다. 그들은 하나같이 용모와 자태가 아주 아름다웠다. 몸매도 훌륭하고, 얼굴도 잘생겼다. 머리카락은 대부분 말꼬리처럼 거칠고 짧았다. 그들은 머리카락을 이마 위까지 짧게 깎았지만, 뒤통수의 머리카락을 꼬아서 몇 가닥을 늘어뜨리고 있었다.

몸을 검게 색칠한 사람도 있었고, 카나리 제도에 사는 사람의 피부색처럼 검지도 희지도 않게 색칠한 사람도 있었다. 또한 흰색으로 칠한 사람, 붉은색으로 칠한 사람, 닥치는 대로 색깔을 골라 칠한 사람 등 매우 다양했다. 얼굴에만 색칠한 사람이 있는가 하면, 온몸에 색칠한 사람도 있었고, 눈이나 코에만 색칠한 사람도 있었다. 그들은 무기를 지니고 있지 않았다. 더욱 놀라운 것은 그것이 무엇인지도 모른다는 사실이다. 내가 그들에게 칼을 보여 주었을 때 아무것도 모른 채 칼날 쪽을 잡았다가 손을 베기도 했다. 철기鐵器도 전혀 없었다. 그들의 투창은 쇠로 된 머리부분이 없어 그냥 막대기에 불과했

콜럼버스가, 모습을 드러낸 새로운 땅에 사람이 살고 있는지 아직 확인할 수 없었던 때, 인디오들은 해상에 불청객이 나타났음을 먼저 알고 있었다.

다. 막대기 끝에 물고기의 이빨 같은 것이 붙어 있는 경우도 있었다.

그들은 한결같이 키가 크고 자세도 곧았다. 몸에 상처 자국이 있는 사람이 몇 명 있어서 그 이유를 몸짓으로 묻자, 인근에 있는 다른 섬사람들이 건너와 그들을 잡아가려고 해서 방어하다가 생긴 흉터라고 설명했다. 나는 대륙의 사람들이 그들을 잡으러 이 섬에 왔던 것이라고 생각했다. 지금도 그 생각은 변함이 없다. 그들은 영리하고 훌륭한 노예로 적격이었다. 내가 그들에게 한 말을 하나도 빼놓지 않고 즉각 되풀이하는 것을 보면 알 수 있다. 나는 그들이 아주 쉽게 그리스도 교도가 되리라고 믿고 있다. 그들에게는 종교가 없는 것 같다. 일이 순조롭게 풀려서 내가 이곳을 떠나게 된다면, 그들 중 여섯 명을 두 분 폐하께 데려가 에스파냐 어를 배우게 할 생각이다.

나는 이 섬에서 앵무새를 제외하고는 어떤 동물도 보지 못했다.

10월 13일 〉 토요일

이른 아침에 섬사람들이 해변으로 많이 몰려왔다. 이미 언급했듯이 그들은 하나같이 젊고 키가 큰 데다가 아주 잘생겼다. 그들의 머리카락은 곱슬머리가 아니고 숱도 많아서 말총처럼 멋지게 늘어뜨려져 있었다. 지금까지 내가 본 어떤 인종보다 이마가 넓고 머리가 컸다. 또한 눈이 매우 크고 아름다웠다. 피부도 그다지 검지 않아서 카나리 제도 사람들의 피부색과 같았다. 이 섬의 정동正東 방향에 있는 카나리 제도의 이에로 섬과 같은 위도상에 놓여 있기 때문일지도 모른다.

그들은 한결같이 다리가 매우 곧고 배도 튀어나오지 않아서 자태가 무척 아름다웠다. 그들이 한 그루의 나무를 파서 만든 통나무배이 배는 카누이다를 타고 본선으로 오는데, 배의 모양이 마치 길게 생긴 일체형의 보트 같았다. 그들 고유의 방식으로 만든 것치고는 그 솜씨가 놀라웠다. 40~45명이 탈 수 있는 큰 배도 있었고, 혼자서

콜럼버스는 아메리카 대륙 발견을 통해 역사상 최초의 업적을 많이 남겼다. 그러나 한 가지가 빠져 있다. 그는 아메리카 대륙의 인디오를 노예로 팔아 버린 최초의 사람이자, 성노예의 가치를 알아낸 최초의 사람이었다. 물론 그 당시에는 노예를 사고파는 것이 극히 정상적인 행위였다. 게다가 주인들은 처녀든 부녀자든 상관없이 수중의 인디오 여인과 잠자리에 들 수 있었다.

탈 수 있는 작은 배도 있었다. 빵집에서 쓰는 주걱같이 생긴 노를 저어 나가는데 놀라울 정도로 빠른 속도이다. 또한 그들은 배가 뒤집히면 즉시 물속으로 뛰어들어 배를 다시 뒤집어 놓고는 호리병박으로 물을 퍼낸다. 그들은 무명실 타래, 앵무새, 투창 등 갖가지 잡동사니를 가지고 왔다. 우리가 무엇을 주든지 개의치 않고 그것들 모두와 교환했다.

　나는 황금이 있는지 알아내려고 무척 애를 썼다. 그들 중 몇 사람이 황금으로 만든 코걸이를 하고 있었다. 그들의 몸짓을 통해서, 이 섬의 남쪽에 있는 어떤 추장이 엄청난 양의 황금을 커다란 항아리에다 가득 채워 두고 있다는 사실을 알아냈다. 나는 그 사람들을 설득해서 그곳에 함께 가려고 했지만, 그들이 좋아하지 않았다.

　나는 내일까지 기다렸다가 남서쪽으로 떠나기로 결심했다. 왜냐하

콜럼버스가 아메리카 대륙에 도착해 육지에 오르고 있다. 왼쪽에서 이 모습을 바라보는 인디오가 눈길을 끈다.

면 그들 대부분이 남쪽과 남서쪽과 북서쪽에 육지가 있다고 했는데, 그 중 북서쪽에 사는 사람들이 그들을 자주 공격해 왔다고 했기 때문이다. 그래서 황금과 보석을 찾으러 남서쪽으로 가기로 한 것이다. 이 섬은 크고 매우 평탄하다. 나무들도 짙푸르고 물도 풍부하다. 산은 없고, 섬 한가운데에는 커다란 호수가 자리 잡고 있다. 섬이 온통 초록색으로 둘

보남파크의 채색 벽화는 콜럼버스가 아메리카 대륙에 도착하기 전 이곳에서 문명을 이루었던 마야 인들의 모습을 비교적 자세히 보여 준다.

러싸여 있어서 보기만 해도 즐겁다. 원주민들은 무척 온순하다. 그들은 우리의 물건을 너무나 갖고 싶어 했다. 그래서 교환할 물건이 별로 마땅치 않아서 주지 않으려고 하면 그들은 어떤 물건이든 손에 넣자마자 곧장 물속으로 뛰어들어 헤엄쳐 돌아갔다. 그들은 우리의 물건이라면 무엇이든지 상관하지 않았다. 얻을 수만 있다면 그 대가로 자신들이 갖고 있는 것이 무엇이든지 다 주려고 했다. 심지어 사발이나 컵의 깨진 조각까지도 교환하자고 했다. 카스티야Castille의 1블랑카blanca 에스파냐의 화폐단위로 2블랑카는 1마라베디이다에 상당하는 포르투갈의 3세오티ceotí를 받고 무명실 16타래를 주기도 했다. 그 정도의 무명실 타래를 만들려면 1아로바arroba 11.5킬로그램이다 이상의 실이 들어갔을 것이다. 나는 이러한 거래행위를 금지시켰다. 다만 그 양이 충분하여 두 분 폐하를 위해 거래할 수 있도록 내가 허락한 경우는 제외였다. 시간이 부족하여 확인할 수는 없었지만, 이 섬에서 목화가 자라는 것 같다. 또한 그들이 황금 코걸이를 걸고 다니는 것을 보면 이 섬에도 황금이 있음을 알 수 있다. 하지만 더 이상 시간을 허비하지 않고 시팡고 섬을 발견할 수 있는지, 그 여부를 알아보기 위해 출발하려고 한다. 지금은 밤이고, 그들은 모두 통나무배를 타고 섬으로 돌아갔다.

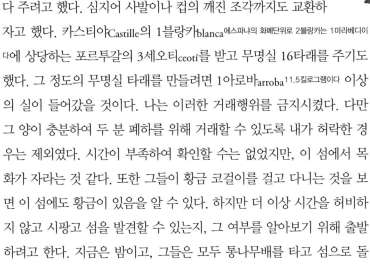

10월 14일 〉 일요일

나는 날이 새자마자 곧 산타마리아Santa María호의 작은 보트와 두 범선의 보트에 출발할 준비를 갖추라고 지시했다. 그 섬의 동쪽 지역을 살펴보기 위해 그 섬의 북동쪽 해안을 따라 움직였다. 그곳에는 2~3개의 마을이 있었다. 마을 사람들은 바닷가로 내려와 우리에게 어서 오라고 외쳤다. 그들은 신에게 감사의 기도를 올렸다. 물을 갖고 오는 사람이 있는가 하면, 먹을 것을 갖고 오는 사람도 있었다. 우리가 그곳에 상륙하지 않으려고 하자 바다에 뛰어들어 우리 배가 있는 곳까지 헤엄쳐 오는 사람도 있었다. 그들이 우리에게 하늘에서 내려왔냐고 묻는 것 같았다. 이윽고 노인 한 명이 우리 보트에 올라탔고, 나머지 사람들은 모두 큰 소리로 '하늘에서 내려온 사람들을 구경하러 오시오. 그들에게 먹을 것과 마실 것을 가져다주시오.' 라고 외쳤다.

많은 사람들이 각자 뭔가를 들고 오더니, 땅에 엎드려 하늘을 향해 손을 쳐들고 신에게 감사의 기도를 올렸다. 우리에게 육지로 올라오라고 했지만, 섬 전체를 에워싸고 있는 큰 암초 때문에 어려워 보였다. 비록 이 암초와 해변 사이는 그리스도교 세계의 모든 선박들이 정박할 수 있을 만큼 넓고 수심이 깊었지만, 그 수로가 너무 좁았다. 암초 안쪽에 여울_{강이나 바다의 바닥이 얕거나 폭이 좁아 물살이 세게 흐르는 곳}이 몇 군데 있었지만, 그 안쪽의 바다는 거울같이 잔잔했다.

오늘 아침 이곳을 샅샅이 탐험하려고 시도했는데, 그 이유는 두 분 폐하께 이곳의 상황을 상세히 설명하는 한편 요새를 건설할 만한 부지를 찾기 위해서였다. 언뜻 보기에 하나의 섬처럼 생긴 자투리땅을 보았다. 그곳에는 6채의 가옥이 있었다. 이틀이면 진짜 섬으로 만들어 버릴 수도 있지만, 나는 그럴 필요까지는 없다고 생각했다.

'포로로 삼아 본국으로 데려가 에스파냐 어를 가르친 후에 다시 이곳으로 데려올 원주민 일곱 명을 두 분 폐하께서 보시면 곧 아시게 되겠지만, 이곳 사람들은 전쟁이 뭔지 모를 정도로 순박합니다. 두 분 폐하의 명령만 있으면 언제든지 이곳 원주민들을 모두 에스파냐로 보낼 수도 있고, 이 섬에서 그냥 포로로 삼을 수도 있습니다. 50명만 동원하

1477년 이래, 카나리 제도는 에스파냐의 영역이었다. 콜럼버스는 항해 때마다 반드시 이곳을 거쳐 아메리카로 향해 나아갔다. 만약 그 당시 해상의 맹주였던 포르투갈 국왕이 콜럼버스의 건의를 받아들였다면, 콜럼버스는 자연스레 아조레스 제도에서 출발했을 것이고, 만약 그랬다면 그는 아메리카 대륙을 발견하지 못했을 것이다. 왜냐하면 그가 아메리카 대륙에 도착할 수 있었던 것은 카나리 제도 남쪽의 무역풍 덕분이기 때문이다.

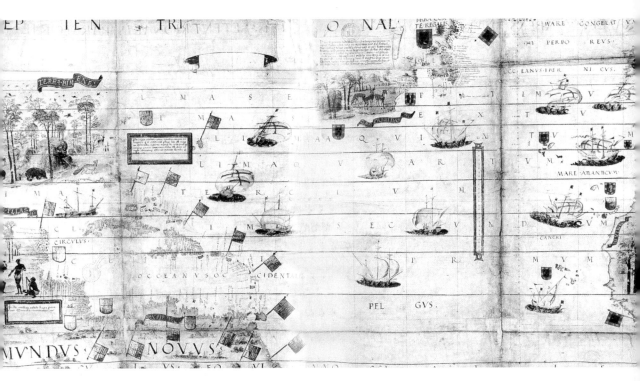

면 그들 모두를 복종시킬 수 있고, 또 뭐든 우리가 원하는 대로 행동하게 할 수 있습니다.'

이미 앞에서 언급한 작은 섬 근처에 나무들이 우거진 매우 아름다운 숲이 있다. 지금까지 내가 본 그 어떤 숲보다 아름다운데 4, 5월경의 카스티야처럼 나뭇잎이 짙푸르다. 물도 풍부하다. 나는 그 항구 곳곳을 잘 탐험한 후에 배로 돌아와 돛을 올렸다. 섬이 너무 많아서 먼저 어디부터 가야 할지 결정하기가 어려웠다. 내가 포로로 삼은 원주민 남자들이 몸짓으로 섬이 헤아릴 수 없을 만큼 많다고 하면서, 100개가 넘는 섬 이름을 열거했다. 그중에서 가장 큰 섬을 찾아 나서기로 결정한 후, 지금 가고 있는 중이다. 그 섬은 바로 여기 산 살바도르San Salvador 섬에서 5리그쯤 떨어져 있다. 나머지 섬들은 더 멀리 떨어져 있는 것도 있

이 아름다운 아메리카 대륙의 지도는 포르투갈 인이 1519년에 그린 것으로, 지도상에 토착인과 동물, 식물 모든 것이 생동감 있게 그려져 있다. 이것은 유럽 인들이 아메리카 대륙에 대해 가졌던 강한 호기심의 결과를 보여 주지만, 다른 면에서는 오히려 유럽 인들이 아메리카 대륙에 대해 얼마나 무지했는가를 보여 준다. 그들은 지도에 필요한 정확한 근거들을 아름다운 그림으로 대신하려 했다.

고, 좀더 가까이에 있는 것들도 있다. 그 섬들은 모두 다 산이 없는 평지이고, 무척 비옥하다. 그 섬들 곳곳에는 사람들이 살고 있는데 모두 매우 순박하고 아주 잘생겼다. 하지만 서로 싸움을 벌이고 있다.

10월 15일 〉월요일

지난밤 날이 밝기 전에 닻을 내리고 싶었지만 해안에 여울이 있지 않을까 두려워 배를 멈추고 기다렸다. 그리고 날이 새자마자 돛을 올렸다. 그 섬까지의 거리는 5리그가 아니라 7리그나 되었고, 더욱이 조류의 방해까지 있어 정오가 되어서야 겨우 그 섬에 도착했다. 내가 살펴본 바에 따르면, 그 섬은 산 살바도르 섬에 가까운 쪽은 남북으로 5리그쯤 그리고 내가 항해해 갔던 다른 쪽은 동서로 10리그 이상 뻗어 있었다.

이 섬의 서쪽에 좀더 큰 섬이 보였다. 나는 돛을 올리고 그 섬을 향해 해 질 녘까지 하루 종일 항해했다. 그렇게 하지 않았다면 이 섬의 서쪽에 있는 이 곳串에 아직 도착하지 못했을 것이다. 나는 이 섬의 이름을 산타 마리아 데 라 콘셉시온Santa María de la Concepción이라고 붙였다. 해가 지기 전에 황금이 있는지 알아내기 위해 서쪽에 있는 곳에 닻을 내렸다. 산 살바도르 섬에서 데려온 원주민들의 말에 따르면, 이곳 사람들은 매우 큰 황금 고리를 팔과 다리에 차고 있다고 했다.

황금이야말로 콜럼버스가 원정항해를 떠나게 된 가장 큰 이유일 것이다. 아래쪽은 잉카의 차빈 유적에서 발견된 세계에서 손꼽히는 황금공예품이다.

하지만 나는 그들이 도망치기 위해 거짓말을 한다고 생각했다. 하나의 섬을 점유하면 그 지역 모든 섬을 점유하는 셈이 된다 하더라도, 나는 어떤 섬이든 그냥 지나치고 싶지 않았다. 닻을 내린 후, 화요일 원문의 오기인 듯하다인 오늘까지 그곳에 머물렀다.

새벽녘, 무장한 우리는 보트를 타고 육지로 갔다. 그곳에는 산 살바도르 섬의 주민들과 비슷하게 생긴 많은 원주민들이 벌거벗은 채로 살고 있었다. 그들은 내가 요구하는 것은 무엇이든 가져다주었다. 남동풍이 거세어지고 있었기 때문에 오래 머물지 않기로 했다. 배로 돌아와 보니, 니냐호 옆에 통나무배가 있었다. 그 범선에 타고 있던 산 살바도르 섬 출신의 원주민 남자 한 명이 바다로 뛰어들더니, 그 통나무배를 타고 도망쳐 버렸다(간밤에도 한 사람이 갑판 위에서 뛰어내려 도망쳤다). 우리가 보트를 타고 그 통나무배를 추적했지만, 일찍이 그런 모습을 본 적이 없을 정도의 아주 빠른 속도로 달아났다. 혹한 발 앞서 출발했다 하더라도 그를 따라잡을 수 없었을 정도로 빨랐다. 나의 선원들 중 일부가 그 뒤를 쫓아 육지에 이르렀지만 그는 날짐승처럼 재빨리 달아나 버렸다. 그가 버린 통나무배를 니냐호에 싣고 돌아왔다.

바로 그때, 다른 곳에서 온 작은 통나무배가 니냐호로 다가왔다. 한 남자가 무명실 타래를 다른 물건으로 교환하기 위해 온 것이다. 그러나 그는 니냐호로 올라오려 하지 않았다. 선원들 몇 명이 바다로 뛰어들어 그를 붙잡았다. 나는 선미루에서 이 광경을 처음부터 끝까지 지켜보다가 그를 데려오게 했다. 그리고 챙 없는 붉은 모자를 씌워 주고 조그마한 녹색 유리구슬 몇 개를 꿰어 그의 팔에 걸어 주었다. 또한 방울 2개를 귀에 걸어 준 다음, 본선의 보트에 실어 두었던 그의 통나무배를 되돌려 주어 육지로 돌려보냈다. 그 후 서쪽에 보였던 다른 큰 섬으로 가기 위해 돛을 올렸다. 니냐호의 선미에 묶어 둔 통나무배를 바다에 떠

내려 보내라고 지시했다.

내가 무명실 타래를 받지 않고 선물을 주었던 그 남자가 해안에 도착하자 섬사람들이 그에게로 몰려들었다. 그는 아주 놀라워하면서, 우리를 선량한 사람들이라고 칭찬하는 것 같았다. 도망친 다른 원주민에 대해서는, 그가 우리에게 해를 끼쳐서 우리가 붙잡아 두고 있었을 거라고 생각하는 것 같았다. 내가 그에게 선물을 주고, 그를 풀어 주라고 지시했던 것은 바로 이런 의도에서였다. 원주민들이 우리를 이처럼 존경하게 되면, 장차 두 분 폐하께서 이곳에 다른 사람을 파견했을 때 그들은 환영받을 것이다. 내가 그에게 준 물건들의 가치는 다 합해도 4마라베디에 불과했다.

10시쯤에 남쪽으로 뱃머리를 돌려 동남풍을 타고 다른 섬으로 향했다. 그 섬은 매우 컸다. 산 살바도르 섬에서 데려온 원주민들이 그 섬에는 막대한 양의 황금이 있어서 원주민들이 팔과 다리는 물론이고 귀, 코, 목 등에도 황금 고리를 걸고 다닌다고 몸짓으로 표현했다.

아메리카 대륙에 도착한 콜럼버스에게 인디오들이 자발적으로 황금 장식품을 선물하는 모습이다. 그 뒤에서 선원들이 기독교를 상징하는 십자가를 세우고 있다. 1596년의 채색 판화이다.

산타 마리아 섬에서 그 섬까지의 거리는 거의 정서 방향으로 9.5리그쯤 된다. 그 섬은 북서쪽에서 남동쪽으로 뻗어 있다. 이쪽 방향에서 볼 때, 그 해안의 길이가 최소한 30리그 정도는 될 것 같다. 산 살바도르 섬이나 산타 마리아 섬과 마찬가지로 이 섬도 산이 전혀 없고 아주 평탄하다. 해안은 거의 모래밭이지만, 그 근처의 바다 속에는 곳곳에 암초들이 있으므로 닻을 내릴 때에는 조심해야 한다. 비록 물이 너무 깨끗해서 물속이 훤히 다 보이더라도, 해인 가까이에 접근하여 닻을 내려서는 안 된다. 이 주변의 모든 섬들은 해안가로부터 구포의 사정 거리 2배쯤 떨어진 해역이 그 바닥을 알 수 없을 정도로 수심이 깊다.

그 섬들은 매우 짙푸르고 비옥하며, 바람도 감미롭다. 하지만 내가 파악하지 못한 것들이 여전히 많다. 왜냐하면 항해를 중단하지 않고 황금을 찾으려고 많은 섬들을 돌아다니면서 조사했기 때문이다. 내가 데리고 온 원주민들이 이곳 원주민이 팔과 다리에 황금 고리를 걸고 다닌다는 사실을 몸짓으로 표현할 때, 나는 갖고 있던 약간의 황금을 그들에게 보여 주었다. 이로써 나는 황금이 있다는 사실을 분명하게 확인했다. 주님의 도움으로 반드시 그 황금이 나오는 곳을 발견할 수 있을 것이다.

아메리카 대륙에 첫발을 디딘 콜럼버스의 이동경로이다.

두 섬, 즉 산타 마리아 섬과 내가 페르난디나Fernandina라고 이름 붙인 좀더 큰 섬의 중간 지점에 이르렀을 때, 혼자서 통나무배를 타고 우리와 같은 방향으로 가고 있는 한 남자를 발견했다. 그는 주먹만 한 크기의 빵 한 조각, 물이 담긴 호리병박 하나, 곱게 빻아서 반죽한 붉은 흙 한 덩어리, 마른 잎사귀 몇 개를 배에 싣고 있었다. 이런 물건은 그들에게 아주 소중한 것이다. 예전에 산 살바도르 섬에서 선물로 몇 개를 받은 적이 있었다. 또한 그는 작은 바구니 하나를 배에 싣고 있었다. 그 안에는 작은 유리구슬 몇 개를 실로 꿴 것과 2블랑카가 들어 있었다. 따라서 그가 우리를 따라 산 살바도르 섬에서 산타 마리아 섬으로 건너온 다음, 지금은 페르난디나 섬으로 가고 있다는 사실을 알게 되었다.

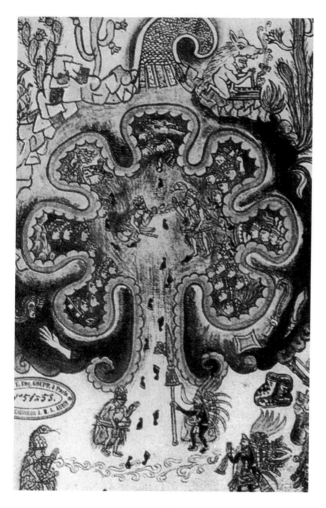

그가 우리의 범선으로 다가오더니 태워 달라고 부탁했다. 나는 그를 태우고 통나무배도 싣게 한 다음, 그의 소지품을 잘 보관해 두라고 했다. 그에게 빵과 꿀, 그리고 마실 것을 주었다. 나는 그를 페르난디나 섬에 데려다 주고, 소지품도 모두 돌려줄 생각이다. 그가 우리에 관해 좋은 평판을 전달하게 되면, 장차 두 분 폐하께서 다시 이곳에 사람을 파견했을 때 원주민들은 그들을 정중하게 맞이할 것이다. 또한 이 섬에 있는 것은 무엇이든지 얻을 수 있게 될 것이다.

10월 16일 〉 화요일

정오 무렵에 산타 마리아 데 라 콘셉시온 섬을 떠나, 서쪽으로 페르난디나 섬을 향해 항해했다. 그 섬은 아주 커 보였다. 하루 종일 바다는 잠잠했다. 그러나 안전한 정박지를 찾기 위해서 바닥을 잘 살펴보아야 했기 때문에, 그 섬에 제시간에 도착하지 못했다. 닻을 잃지 않으려면 세심하게 주의를 기울여야 한다. 동틀 녘까지 밤새 정선하고 있다가, 다음 날 아침 마을이 있는 곳으로 가서 닻을 내렸다. 어제 바다 한가운데서 만났던 통나무배를 타고 가던 남자도 그곳에 있었다. 그 남자가 밤새 우리에 관한 좋은 소문을 곳곳에 퍼뜨린 모양이다. 사람들은 여러 척의 통나무배에다 그들이 갖고 있던 여러 가지 물건과 물을 싣고서 우리의 배 주위로 다가왔다. 나

톨텍 문명의 신화에 나오는 생명나무를 그린 동굴벽화이다. 톨텍 인은 인간이 사후에 이 생명나무의 내부에 있는 신들의 일곱 세계(동굴)를 거쳐 이 세상에 새롭게 태어난다고 믿었다. 그들은 청결한 의식을 올린 샤먼(무당)만이 산 채로 일곱 세계를 통과할 수 있다고 생각했다.

는 그들에게 뭔가를 주라고 지시했다. 말하자면 10~12개 정도의 작은 유리구슬을 실에 꿴 꾸러미, 카스티야에서 1마라베디를 주고 살 수 있는 작은 놋쇠 방울, 몇 개의 몰금실·은실 따위를 가느다란 철사 2개에 끼워 비틀어서 만든 장식용 끈 끄트머리 등이었다. 그 물건들은 그들에게 매우 인상적인 것이었다. 또한 배에 올라온 사람들에게 당밀설탕을 녹여 꿀처럼 만든 즙액을 주도록 했다.

그 후, 오전 9시경에 본선의 작은 보트를 해안가로 보내 물을 길어 오게 했다. 원주민들은 아주 흔쾌히 선원들에게 물이 있는 곳을 알려 주었을 뿐만 아니라, 직접 물이 가득 든 통 몇 개를 그 보트로 들어다 주기도 했다. 그들은 기꺼이 우리를 즐겁게 해 주었다.

이 섬은 엄청나게 크다. 이 섬, 혹은 이 부근에 금광이 있다고 들은 적이 있어서 배로 일주하기로 결심했다. 이 섬은 산타 마리아 섬으로부터 거의 정서 방향으로 8.5리그쯤 떨어져 있다. 내가 항해한 곳과 이쪽 해안은 북북서 방향에서 남남동 방향으로 뻗어 있다. 그 해안의 길이가 족히 20리그는 될 거라고 예측했지만 훨씬 더 길었다. 지금 이 글을 쓰고 있는 중에, 나는 남풍을 타고 이 섬 전체를 일주한 후에 사모에트 Samoet를 찾으러 나서기로 결정했다. 이 범선에 동승한 원주민들은 − 산 살바도르 섬 출신과 산타 마리아 섬 출신 모두 한결같이− 사모에트가 황금이 나오는 섬 혹은 도시라고 했다.

페르난디나 섬의 원주민들은 앞에서 언급한 두 섬의 원주민과 언어나 생활방식이 비슷했다. 하지만 이 섬의 원주민들이 좀더 문명화되어 있고 물물교환에 있어서 잇속에 밝은 것 같다. 그들은 목화나 여타 자질구레한 물건들을 배로 가져와 다른 섬사람들보다 능숙하게 가격을 흥정했다. 이곳에서 무명으로 만든 목도리 같은 물건을 보기도 했다. 그들은 훨씬 생기가 넘치고, 여자들은 겨우 치부를 가릴 정도의 자그마한 무명천을 앞에 두르고 있다.

그림 속의 콜럼버스는 지도를 그리던 중에 고개를 들어, 그림 밖의 무언가를 바라보고 있다. 콜럼버스는 뛰어난 지도 제작자로서 허구의 숫자를 이용하여 다른 항해가를 미혹시키는 재주가 있었다. 그는 항해 도중에 지도상에 거짓을 기록함으로써 오직 자신만이 아메리카 대륙에 도착할 수 있도록 했다.

이 섬은 짙푸르고 평탄하며, 땅도 대단히 비옥하다. 이곳에서는 1년 내내 기장을 비롯한 여러 가지 작물들을 수확한다. 나무도 에스파냐에 있는 나무와는 매우 다른 모습이었다. 한 줄기에서 서로 다른 모양의 나뭇가지가 나오는 경우도 많이 있었다. 나뭇가지들은 놀라울 정도로 서로 전혀 다른 모양을 하고 있었다. 예컨대 이쪽 가지에는 사탕수수 잎 같은 것이 달려 있고, 저쪽 가지에는 유향수乳香樹 잎 같은 것이 달려 있었다. 이와 같이 나무 한 그루에 잎 모양이 전혀 다른 5~6개의 가지가 달려 있었다. 접목해서 그렇다고 생각하는 사람도 있을지 모르겠지만 전혀 그렇지 않다. 모두 야생식물로 사람들이 돌본 것이 아니다. 내가 알고 있는 한 그들은 어떤 종교도 없다. 그들은 이해력이 무척 빠르기 때문에, 쉽게 그리스도 교도가 될 수 있을 것이라고 생각했다.

이곳은 물고기도 에스파냐의 것과 놀라울 정도로 다르다. 청색, 황색, 적색 등 세상에서 가장 멋진 색깔들을 모두 다 갖춘 수탉처럼 생긴 물고기를 비롯하여 천태만상의 많은 물고기가 있다. 그 색깔이 너무나 아름다워서 그것들을 보는 순간 경탄과 기쁨으로 가득 찬다. 또 고래도 있다. 그러나 육지에서는 앵무새와 도마뱀 외에는 어떤 종류의 동물도 보이지 않았다. 배의 견습선원이 큰 뱀을 보았다고 했지만, 나는 양, 염소 외의 어떤 짐승도 보지 못했다. 지금이 정오이므로, 이곳에 온 지 그리 오래되지 않았지만, 만일 다른 동물이 있다면 보지 못했을 리 없다.

이 섬에 관한 이야기는 일주를 모두 마친 후에 기록하겠다.

10월 17일 〉 수요일

닻을 내리고 물을 길어 왔던 그 마을에서 정오에 출발하여 페르난디나 섬을 돌아보기 시작했다. 남서풍과 남풍이 불어왔다. 이 섬이 북북서 방향에서 남남동 방향으로 뻗어 있기 때문에, 남동쪽 해안을 따라 움직일 생각이었다. 그리고 항로는 남쪽 혹은 남동쪽을 선택하고 싶었다.

콜럼버스는 14세에 지중해 해역에서 항해를 시작했는데, 1477년 2월에 처음으로 대서양 항해를 경험하게 된다. 그는 이때 아일랜드 서부까지 가 보았고, 얼마 지나지 않아 적도 이남의 아프리카 콩고 해안까지 항해하게 된다. 해상 전쟁이 있어났던 1476년에는 그가 탄 배가 공격을 받아 침몰의 위험에 처한 적이 있었다. 콜럼버스는 바다로 뛰어들어 다행히 목숨을 건질 수 있었다.

그 이유는 내가 탄 배에 동승한 모든 인디오indio여기서 처음으로 원주민을 인디오라 부르기 시작했다. 인디오는 에스파냐 어로 인도인이라는 뜻이다들과 내게 정보를 제공한 또 다른 원주민들이 한결같이 황금이 있는 곳, 즉 사모에트가 남쪽에 있다고 했기 때문이다.

그런데 핀타호의 선장, 마르틴 알론소가 내게 와서 말했다. 얼마 전 내가 그의 배로 보냈던 인디오 세 명 중 한 사람이 북북서 방향으로 가면 훨씬 더 빨리 사모에트에 도착할 수 있다고 말했다는 것이다. 내가 당초 계획했던 항로보다는 그 인디오가 말한 항로가 바람의 도움을 잘 받을 수 있겠다고 판단되어 항로를 북북서 방향으로 바꾸어 항해했다. 페르난디나 섬에서 2리그쯤 떨어진 지점에서 그 섬의 곶으로 접근해 가다가 매우 훌륭한 항구를 발견했다. 그곳은 입구가 하나가 아니라 둘

산 세바스티안의 조선소이다. 당시 배를 만드는 모습을 엿볼 수 있다.

로 보였는데 입구의 한가운데에 작은 섬 하나가 자리 잡고 있었기 때문이었다. 덕분에 통로는 매우 좁았다. 그러나 선박 100여 척 정도는 충분히 정박할 수 있을 만큼 그 안쪽이 널찍했다. 만약 수심이 깊고 닻을 내리는 데 장애물도 없고, 또 그 입구의 수심이 적당하다면 항구로서는 안성맞춤이라고 생각했다.

이곳을 잘 살펴보고, 수심을 측정해 볼 필요가 있다고 생각했다. 항구 바깥에

입에 뱀을 물고 있는 매가 선인장 위에서 있는데, 이 형상은 멕시코의 국가 휘장에도 나타나 있다. 인디오가 그린 채색화이다.

닻을 내리고 각 선박의 보트들을 모두 그 안으로 들여보냈다. 그 결과 수심이 별로 깊지 않다는 사실을 알게 되었다. 처음 보았을 때, 이곳이 강어귀라고 생각했기 때문에 통에다 물을 담아 오라고 지시했다. 우리가 육지에 오르자 8~10명쯤 되는 인디오들이 나타나더니 가까이 있는 마을을 가르쳐 주었다. 나는 그 마을로 선원들을 보내 물을 길어 오게 했다. 일부는 무기를 들고, 나머지는 통을 들고 가서 물을 담아 왔다.

그 마을이 좀 멀어서 2시간가량을 기다렸다. 나는 기다리는 동안 울창한 숲을 거닐었다. 이보다 아름다운 풍경을 일찍이 본 적이 없다. 그 푸른 경관이 안달루시아의 5월과 같았다. 하지만 나무들은 에스파냐의 것과는 천양지차로 달랐다. 그 밖에 모든 것들, 즉 과일이나 풀이나 돌도 매우 달랐다.

사실 몇몇 나무는 카스티야에서 자라는 나무와 유사하기도 했지만 대부분의 나무들은 아주 달랐다. 아무도 그 나무들에 이름을 붙이거나 카스티야의 수목과 비교하려고 시도하지 못했다. 그러기에는 색다른 모양의 나무가 너무 많았다.

　이 섬의 원주민도 이미 앞에서 언급한 다른 지역의 원주민들과 비슷하다. 외모와 체격은 물론이고, 벌거벗은 채 돌아다니는 모습도 똑같았다. 그들은 물물교환을 했다. 견습선원들이 깨진 접시 조각과 유리 조각을 그들의 투창과 교환했다. 물을 길으러 갔던 선원들의 이야기에 의하면, 원주민들의 집에 들어가 보니 집안 청소가 깨끗하게 잘 되어 있고 침상과 침구는 무명실로 짠 그물처럼 생겼다고 한다.

　가옥들은 야전 천막처럼 지어져 있는데, 꽤 높고 멋있는 굴뚝을 갖추고 있다고 했다. 지금까지 많은 마을들을 보았지만, 가옥이 12~15채가 넘는 마을은 없었다. 또 선원들은 결혼한 여자들은 무명으로 만든 짧은 하의를 걸치고 있었고 – 18세가량 된 몇 명을 제외하고 – 소녀들은 아무것도 걸치고 있지 않았다고 전했다. 또 맹견과 사냥개도 있었다고 했다. 그 선원들이 본 개들 중 어떤 개가 1카스텔랴노castellano480마라베디의 가치를 지녔던 금화 동전의 절반만 한 크기의 황금 조각을 코에 매달고 있었는데, 그 위에 문자가 새겨져 있었다고 했다. 그 황금 조각을 가져오지 않은 사실에 대해 화가 나서 선원들을 나무랐다. 그것이 어디에서 만든 화폐인지 알아내기 위해 값이 얼마든지 간에 물물교환을 통해 그것을 가져왔어야 했다. 선원들도 그렇게 하지 못한 것을 후회했다.

　물을 길어 배로 돌아온 후 돛을 올리고 다시 북서쪽을 향해 출발했다. 동서로 뻗어 있는 해안까지 이 섬의 곳곳

인디오 사냥꾼이 그린 것으로 추정되는 일종의 지도이다. 사냥물의 분포 범위와 돌아다니는 경로가 그려져 있다.

을 탐색하면서 항해했다. 그때에 인디오들이 또다시 이구동성으로 말했다. 그들은 이 섬은 사모에트 보다 작다며 사모에트에 좀더 빨리 도착하기 위해서는 되돌아가는 편이 낫다고 했다. 그때 잠시 사라졌던 바람이 역풍으로 나타났다. 서북서풍이 항해를 방해했기 때문에 방향을 바꿔 동남동쪽으로 항로를 잡고 지난밤 내내 항해했다. 때로는 동쪽으로, 때로는 남동쪽으로 뱃머리를 돌리면서 육지와 일정한 거리를 두고 항해했다. 이렇게 했던 이유는 먹구름이 짙게 깔리고 날씨가 무척 거칠었기 때문이다. 풍향의 변화가 잦아 육지에 정박할 수가 없었다.

금방이라도 비가 내릴 것처럼 구름이 잔뜩 끼더니, 자정 이후로 거의 새벽녘까지 폭우가 거세게 쏟아져 내렸다. 우리는 이 섬의 남동쪽에

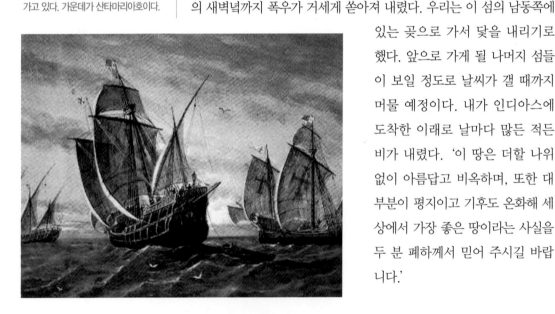

콜럼버스의 선단이 파도를 가르며 나아가고 있다. 가운데가 산타마리아호이다.

있는 곳으로 가서 닻을 내리기로 했다. 앞으로 가게 될 나머지 섬들이 보일 정도로 날씨가 갤 때까지 머물 예정이다. 내가 인디아스에 도착한 이래로 날마다 많든 적든 비가 내렸다. '이 땅은 더할 나위 없이 아름답고 비옥하며, 또한 대부분이 평지이고 기후도 온화해 세상에서 가장 좋은 땅이라는 사실을 두 분 폐하께서 믿어 주시길 바랍니다.'

10월 18일 › 목요일

날씨가 갠 후, 바람을 타고 그 섬 곳곳을 일주했다. 항해하기 적절치 않은 날씨 탓으로 닻을 내렸지만, 육지에 상륙하지는 않았다. 날이 새자마자 다시 출발했다.

10월 19일 〉금요일

새벽녘에 닻을 끌어올린 후 핀타호는 동남동쪽으로, 니냐호는 남남동쪽으로 보냈다. 내가 이끄는 산타마리아호는 남동쪽으로 항해했다. 나는 두 배에 정오까지는 각자의 항로를 유지하다가 그 후에는 항로를 바꾸어 본선이 있는 곳으로 합류하도록 지시했다. 항해를 시작한 지 채 3시간도 안 되어서 동쪽에 섬 하나가 보였다. 세 척이 모두 방향을 바꿔 정오가 되기 전에 그 섬의 북쪽에 있는 곳에 도착했다. 그 곳이 있는 작은 섬의 북쪽에는 암초가 하나 있었고, 그 작은 섬과 옆의 큰 섬 사이에 또 다른 암초가 하나 있었다. 산 살바도르 섬에서 데려온 원주민들은 큰 섬을 사모에트 섬이라고 불렀지만, 나는 이사벨라Isabela 섬이라고 이름 붙였다. 바람이 북쪽에서 불어왔다. 내가 언급한 작은 섬은 나의 출발 지점인 페르난디나 섬과 동서로 이어진 지점에 놓여 있었다. 이사벨라 섬은 그 작은 섬의 서쪽에 있었는데 그 해안에서 작은 섬의 곳까

리오 핀투라스에 있는 손의 동굴에는 수많은 손이 그려져 있다. 인디오들은 자신의 손도장을 찍어내어 의식하지 못한 사이에 감동적인 걸작을 창조해 냈다.

지 거리는 12리그쯤이었다. 나는 서쪽 끝에 있는 그 곳을 카보 에르모소Cabo Hermoso라고 이름 붙였다. 원형 모양의 그 곳은 참으로 아름다웠는데 수심이 깊고 여울도 없었다. 해안에는 작은 암초들이 있었고, 좀 더 안쪽은 온통 모래가 뒤덮여 있었다. 지난밤, 즉 금요일 밤 거기에 정박한 후 오늘 아침까지 머물렀다.

그 섬의 해안과 일부 지역은 거의 모두 다 모래사장이었다. 그 섬은 지금까지 본 섬들 중에서 가장 아름다웠다. 다른 섬들도 무척 좋았지만, 이사벨라 섬은 그보다 훨씬 더 빼어났다. 그 섬에는 큰 나무들이 짙푸르게 우거져 있었다. 지금까지 본 섬들보다 표고바다의 면에서 수직으로 잰 땅의 높이가 좀더 높았고 산이라고 할 수는 없지만 낮은 언덕이 몇 군데 있어서, 섬이 전체적으로 무척 아름다웠다. 그 섬 한가운데에는 무수히 많은 지류들이 흐르고 있었다.

북동쪽을 향하고 있는 해안은 무척 키가 큰 나무들이 울창한 숲을 이루어 커다란 만灣을 형성하고 있었다. 이 만에다 배를 정박하고 육지로 올라가서 그 아름다운 경관을 구경하려고 했지만, 여울 때문에 어려웠다. 결국 육지에서 멀리 떨어진 지점에 정박할 수밖에 없었다. 게다가 바람도 지금 배가 정박해 있는 곳으로 가는 데 매우 알맞게 불고 있었다. 내가 여기를 카보 에르모소라고 이름 붙인 것은 이곳이 너무 아름다워서였다. 또 같은 이유에서 그 만에 닻을 내리지 않았다. 이 지역의 섬들은 어디를 먼저 가야 좋을지 모를 정도로, 땅을 비롯한 모든 것들이 매우 푸르고 아름답다. 에스파냐와는

콜럼버스의 책에 실렸던 삽화로 출항 직전의 모습을 그리고 있다.

비교할 수 없을 정도로 푸르고 아름다운 이 경관을 오래도록 구경했지만 한 번도 싫증나지 않았다.

에스파냐에서 염료나 약용 향료로 귀하게 여기는 초목들이 이 숲에도 많이 있으리라고 짐작되는데, 내게 그것에 관한 지식이 없어서 무척 유감스럽다. 곶에 가까이 갈수록 육지에 있는 나무와 꽃의 향기가 은은하게 풍겨 왔다. 세상에 이보다 더 감미로운 것이 없을 정도로 향긋하고 부드러운 내음이었다.

내일 항해를 시작하기 전에, 그 곶을 살펴보기 위해 섬에 들어가 볼 생각이다. 여기에는 마을이 없지만, 좀더 내륙으로 들어가면 있을 것이다. 나와 동행하고 있는 원주민들이 이곳에 황금으로 몸을 치장한 추장이 살고 있다고 했다. 아침에 그 마을로 가서 추장을 만나 이야기를 나누어 볼 계획을 세웠다. 나는 그들의 말을 별로 믿지 않았다. 한편으로는 내가 그들의 몸짓을 잘 파악하지 못하기 때문이고, 다른 한편으로는 그들에게 황금이 전혀 없으므로 그 추장이 황금을 조금만 갖고 있어도 그들의 눈에는 많아 보일 수 있다고 생각하기 때문이다.

내가 카보 에르모소라고 이름 붙인 곶은 사모에트 섬과 분리된 별개의 섬이고, 그 두 섬 사이에는 더 작은 섬이 또 하나 있다. 나는 자질구레한 곳까지 살펴보지는 않을 것이다. 그럴 경우 50년이 걸려도 다 끝낼 수 없을 것이기 때문이다. 가능한 한 여러 곳을 탐사하고 나서, 신의 보살핌으로 4월에 두 분 폐하께 돌아갈 수 있기를 바란다. 황금이나 향료가 많이 있는 곳을 발견할 경우, 그것을 가능한 한 많이 손에 넣을 때까지 그곳에 머무를 생각이다. 지금은 단지 그런 곳을 찾으려고 계속 항해하고 있을 따름이다.

콜럼버스가 아메리카 대륙을 발견할 수 있었던
세 가지 조건

1 에스파냐는 원래 두 나라였다??

에스파냐라는 통일된 나라가 생긴 것은 15세기 중반이다. 그 전까지는 아라곤 왕국과 카스티야 왕국으로 양분되어 있었다. 이렇게 두 개의 왕국이 생겨난 이유는 8세기 무렵 이슬람 세력이 이베리아 반도를 정복했기 때문이다. 땅을 빼앗긴 귀족들은 아스투리아스, 레온, 카스티야, 아라곤 등의 여러 왕국을 세워 잃어버린 땅을 되찾기 위해 싸웠다. 그중 카스티야 왕국과 아라곤 왕국이 톨레도, 세비야 등을 점령하며 주도적인 역할을 했다. 그러다 1469년 카스티야의 이사벨 여왕과 아라곤의 페르난도 2세의 결혼으로 이 두 왕국이 결합하면서 에스파냐가 탄생하게 된 것이다. 이들은 1492년에 이슬람교도 최후의 거점인 그라나다를 함락시킴으로써 레콩키스타(Reconquista)711년부터 1492년까지 780년 동안 에스파냐의 그리스도 교도가 이슬람 교도에 대하여 벌인 국토회복운동이다를 완성했다. 이때부터 에스파냐 왕국의 전성기가 시작되었고, 해외로 눈을 돌릴 여유도 생겼다.

성모 마리아 앞에 서 있는 이사벨과 페르난도

2 콜럼버스의 항해는 값비싼 향료 덕분이다??

당시 지중해 무역의 대부분, 특히 향료 무역은 베네치아(이탈리아)가 독점하고 있어 다른 국가가 끼어들 여지가 거의 없었다. 다시 말해 육로를 통해 유럽까지 다다른 향료가 일단 베네치아에 모였다가 유럽 각지로 전달되는 시스템이 확고하게 구축되어 있었던 것이다.

이 때문에 서쪽에 치우쳐 있던 포르투갈 등 몇몇 나라는 비싼 값에 향료서양인들이 육류를 주로 먹는 것은 익히 알고 있는 사실. 고기의 냄새를 제거하고 썩지 않게 하려고 사용하던 후추, 육두구, 계피, 정향 등이 바로 향료이다. 향료의 대부분은 동방에서 들여왔는데 이때 향료 무역의 경제적 이익은 상상을 초월할 정도로 막대한 것이었다를 구입해야만 했다. '해양왕'이라 불렸던 포르투갈의 엔리케 왕자는 아프리카를 돌아 인도로 통하는 항로를 개척하게 되면 직접 향료를 유럽으로 들여올 수 있을 거라는 생각에 신항로 개척을 추진한

다. 특히 1488년 바르톨로뮤 디아스가 희망봉을 발견하고 성공적으로 귀환함에 따라 포르투갈이 인도로 가는 동쪽 항로를 지배할 것이 거의 확실시 되었다. 그러다 보니 경쟁국인 에스파냐는 그 대안으로 서쪽 항로를 개척해 인도에 도달할 수 있는 방법을 강구해야 했다. 바로 그때 에스파냐의 두 왕 앞에 콜럼버스가 나타난 것이다. 에스파냐는 신항로를 개척할 사람이 필요했고, 콜럼버스는 자신의 탐험을 지원해 줄 사람이 필요했다. 양쪽의 필요가 절묘하게 맞아 떨어진 것이다.

당시 사람들이 즐겨 먹었던 향료인 후추, 정향, 육두구, 계피이다.

3 '프레스터 존 왕'을 찾아라!

당시 서유럽에는 "동방에 그리스도 교도인 프레스터 존 왕이 다스리는 나라가 있다. 그 나라와 연합하여 서쪽에서 유럽의 군대가, 동쪽에서는 프레스터 존의 군대가 공격해 들어간다면 중동의 이교도들은 망하고 말 것이다!"라는 이야기가 널리 퍼져 있었다.

수차례에 걸친 십자군 전쟁그리스도 교도들이 이슬람 교도들의 땅 안에 있는 그리스도교의 성지인 예루살렘을 탈환하려 200여 년간 벌인 전쟁이다. 에스파냐도 이 전쟁에 참여했다이 실패로 끝나게 되자, 이러한 절망적인 분위기 속에서 나왔던 이야기가 바로 프레스터 존 왕의 이야기였다. 스스로 신앙심 깊은 왕이라고 자처하는 포르투갈과 에스파냐의 왕들은 이 프레스터 존과 그의 나라를 찾기 위해 항해를 시도하게 된다. 그 결과 두 나라

는 신항로 개척과 아메리카 대륙 발견을 이루게 되었다.
실제로 바스코 다 가마는 인도 서부 지역에 도착했을 때, 그 지역의 왕을 만나자마자 "혹시

이슬람 교도들과 싸우는 십자군

임금님이 프레스터 존이 아니신지요?"라고 물어보기까지 했다고 한다.

흩어져 있는 섬에 새로운 이름을
지어 주다

10월 20일 〉 토요일

오늘 해가 뜨자마자 사모에트 섬, 즉 내가 이사벨라 섬이라고 이름 붙인 섬의 남서쪽에 있는 곳에서 닻을 끌어올렸다. 나는 그 곳을 카보 델라 라구나Cabo del la Laguna라고 명명했다. 남동쪽과 남쪽 지역을 경유해서 북동쪽과 동쪽으로 항해하기로 했다. 그 이유는 나와 동행하고 있는 원주민들이 말한 마을, 그 추장이 살고 있는 곳으로 가기 위해서였다. 그러나 수심이 너무 얕아서 그 마을 쪽으로 들어갈 수 없었다. 남서쪽 항로는 상당히 오랜 시간을 우회해야 하므로, 북북동 방향으로 돌아 섬을 일주하기로 결정했다. 풍향의 변화가 잦아서 밤중에만 해안선을 따라갈 수 있었다. 또한 이 섬 지역은 이쪽에는 암초가 있지만 저쪽에는 암초가 없는 식으로 해저 상태가 균일하지 못해서 닻을 내릴 장소를 낮에 직접 눈으로 확인해야만 했다. 그 때문에 밤새 가다 서다를 반복하며 항해했다. 두 범선은 좀더 일찍 육지 근처에 도착해 닻을 내렸다. 그쪽에서 보내오는 낯익은 신호를 살펴보니, 내가 이끄는 배도 정박하러 오리라고 기대하고 있는 것 같았다. 하지만 나는 그렇게 하고 싶지 않았다.

10월 21일 〉일요일

10시에 그 작은 섬의 곶에 도착해 닻을 내렸다. 물론 두 범선도 마찬가지였다. 식사를 마친 후, 섬에 상륙해 보니 그곳에는 텅 빈 집 한 채뿐이었다. 살림살이가 그대로 있는 것으로 보아, 원주민이 공포에 질려 달아나 버린 것이라고 추측했다. 집안에 있는 물건에 절대로 손대지 못하게 하고서, 선장 및 선원들과 함께 섬을 탐사하러 갔다. 지금까지 본 섬들도 매우 아름답고 푸르고 비옥했지만, 이 섬은 짙은 녹색을 띤 거목들이 숲을 이루고 있어 훨씬 더 빼어났다. 이 섬에는 큰 석호潟湖들이 있었는데, 그것들을 에워싼 채 멀리까지 펼쳐져 있는 숲과 주변 경관이

콜럼버스는 10여 년에 걸쳐 총 4번을 아메리카 대륙으로 항해했다. 그림은 각각의 항로이다.

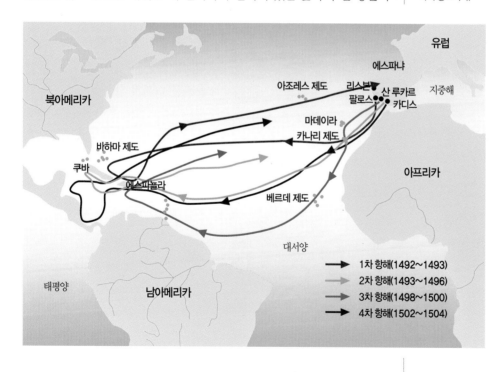

→	1차 항해(1492~1493)
→	2차 항해(1493~1496)
→	3차 항해(1498~1500)
→	4차 항해(1502~1504)

콜럼버스가 아메리카 대륙에 오르는 모습을 표현한 목판화 작품이다.

놀랄 정도로 아름답다. 이곳을 비롯하여 섬 곳곳에서 자라고 있는 초목들이 안달루시아의 4월처럼 푸르다. 또 새들이 지저귀는 소리도 너무 아름다워서, 누구도 이곳을 떠나고 싶은 생각이 들지 않을 것이 분명하다. 떼 지어 날면 햇빛을 가릴 정도로 앵무새들이 많고, 에스파냐와는 비교할 수 없을 만큼 놀랄 정도로 다양한 종류의 새들이 있다. 1천 여 종이나 되는 나무들은 저마다 독특한 열매와 감미로운 향기를 갖고 있다. 그 나무들에 대해 내가 잘 모른다는 사실이 너무나 유감이다. 어느 것 하나 귀중하지 않은 것이 없다고 확신하기 때문에 모든 나무와 풀의 견본을 채집했다.

다 함께 어느 석호 주변을 걷던 중에 내가 뱀_{이구아나로 추정된다} 한 마리를 발견해서 잡았다. 가죽을 벗겨 두 분 폐하께 가져다드릴 생각이다. 그

뱀이 우리를 보자마자 석호 안으로 뛰어들었지만, 수심이 그다지 깊지 않아서 쫓아가 창으로 잡을 수 있었다. 길이가 7피트쯤 되고, 배에는 튼튼한 다리가 달려 있다. 이 석호에는 이런 종류의 뱀이 많이 살고 있는 것 같았다. 여기서 알로에라는 식물을 처음 알게 되었다. 매우 귀한 것이라고 하므로 내일 알로에 10퀸틀quintal_{1퀸틀은 100킬로그램이다}을 배에 싣기로 결정했다. 물을 찾다가 정박하고 있는 곳에서 2분의 1리그쯤 떨어져 있는 인근 마을에 도착했다. 마을 사람들은 우리가 오고 있다는 소식을 듣자마자, 그들의 옷과 소지

품을 덤불 속에 감추고서 집을 버리고 달아나 버렸다. 나는 선원들에게 바늘 하나도 손대지 못하게 했다. 잠시 후 인디오 몇 명이 우리를 향해 다가왔다. 그리고 그들 중 한 명이 우리 앞 가까이까지 왔다. 내가 방울과 작은 유리구슬 몇 개를 주자 그는 매우 기뻐했다. 뭔가를 부탁할 수 있을 만큼 그와 친해지고 싶은 마음에 물을 좀 달라고 청했다. 내가 본선으로 돌아가자,

그들은 기쁜 마음으로 물이 가득 담긴 호리병박 몇 개를 들고 해안으로 내려와 우리에게 건네주었다. 나는 실에 꿴 유리구슬 꾸러미 몇 개를 더 주도록 했다. 그러자 그들은 내일 아침에 다시 오겠다고 했다.

나는 이곳에 배가 머물고 있는 동안 모든 물통에 물을 가득 채우고 싶었다. 그런 다음 시간이 나면 이 섬 주변을 일주하여 그 추장을 찾아가 이야기를 나누면서, 그가 몸에 지니고 있는 황금을 얻을 수 있는지 알아볼 생각이다. 그 다음에는 나와 동행하고 있는 인디오들에게 들은 정보를 근거로 판단해 볼 때 시팡고 섬이 분명한 또 다른 섬으로 갈 예정이다. 인디오들은 그 섬을 콜바Colba라고 불렀다. 그들의 말에 따르면 그 섬에는 매우 큰 배와 뱃사람들이 많이 있다고 한다. 또 섬의 규모도 아주 크다고 한다. 그 섬에 들른 다음에는 보이오Bohío라는 섬으로 갈 생각인데, 그 섬의 규모도 역시 무척 크다고 한다. 가는 도중에 그 사이에 있는 다른 섬들도 살펴볼 예정이지만, 그곳에 황금이나 향료가 얼마나 많이 있느냐에 따라 향후 계획을 결정할 것이다. 그러나 대륙, 즉 킨사이Quinsay 시로 가서 두 분 폐하의 친서를 그레이트 칸에게 전하고, 그의 답신을 받은 후에 돌아간다는 계획에는 변함이 없다.

콜럼버스의 아메리카 대륙 발견을 기념하여 발행한 우표들이다.

10월 22일 〉 월요일

어젯밤과 오늘 내내 이곳의 추장이나 다른 사람들이 황금이나 그에 상

응하는 물건을 가져오는지 기다렸다. 원주민들이 많이 몰려왔다. 그들도 다른 섬에 사는 원주민처럼 벌거벗고 다녔고, 몸은 여러 가지 안료로 칠한 상태였다. 흰색을 칠한 사람이 있는가 하면, 붉은색을 칠한 사람이 있었고, 검은색을 칠한 사람도 있었다. 또한 칠하는 방식도 정말다양했다. 그들은 투창과 무명실 타래를 갖고 와서, 그것을 선원들에게주고 깨진 유리 조각이나 접시 조각을 받아 갔다. 그들 중에는 황금을코걸이로 달고 있는 사람도 몇 명 있었다. 그들은 기꺼이 그것을 내주고, 매방울이나 몇 개의 유리구슬 등 하찮은 물건들을 받아 갔다. 사실그들은 우리의 출현만큼이나 우리가 주는 물건에 대해서도 대단히 경이롭게 생각하는 듯했다. 그것들이 아무리 하찮은 물건일지라도. 그들은 우리가 하늘에서 내려왔다고 생각했다.

내가 작은 섬이라고 부르는 섬의 곶 근처에 있는 석호에서, 세 척의배에서 쓸 물을 길어 왔다. 핀타호의 선장, 마르틴 알론소가 어제 내가잡은 것과 똑같이 생긴 뱀 한 마리를 잡았다.

한 고지도에 나타난 쿠바 섬.

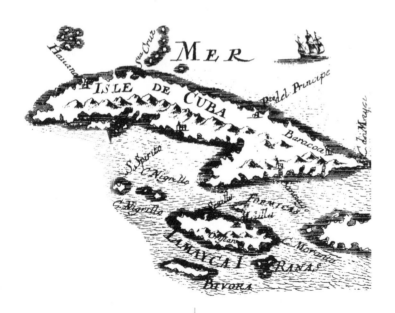

10월 23일 〉 화요일

오늘은 쿠바Cuba 섬으로 항해하고 싶다. 이곳 원주민들이 설명한 섬의 규모나 자원에 관한 정보를 근거로 판단해 볼 때, 그 섬은 시팡고 섬이 분명하다. 더 이상 여기서 기다리지 않고 또 애초의 계획대로 섬 주변을 일주하지도 않고, 곧장 그 마을로 가서 추장이나 지배자와 이야기를 나눌 생각이다. 여기에 금광이 있는지 여부를 파악하는 데 더 이상의 시간을 허비하고 싶지 않다. 또한 이 섬들을 일주하려면 다양한 풍향의 변화를 잘 이용해야 하는데, 바람이라는 것이 항상 인간의 의지대로 불지는 않기 때문이다.

거래의 가능성이 큰 곳으로 가는 편이 현명하다. 지체하지 말고 큰 이익을 올릴 수 있는 곳을 찾을 때까지 계속 항해하면서 많은 지역을 조사해 볼 필요가 있다고 생각한다. 지금 우리가 있는 곳에서 많은 양의 향료를 공급받을 수도 있을 것 같다. 그러나 정말 유감스럽게도 나는 향료에 대해 전혀 알지 못한다. 이곳에는 엄청나게 다양한 나무들이 있는데, 저마다 독특한 열매가 매달려 있다. 마치 에스파냐의 5, 6월처럼 푸르다. 또한 풀이나 꽃들도 마찬가지로 그 종류가 다양하다. 하지만 지금까지 우리가 알게 된 것이라고는 알로에밖에 없다. 두 분 폐하께 가져가기 위해 오늘도 많은 양의 알로에를 배에 신게 했다.

바람이 불지 않아서 아직 쿠바를 향해 출발하지 못했다. 바다는 잔잔하고, 비가 많이 내리고 있다. 어젯밤에는 비가 억수같이 내렸으나 춥지는 않았다. 이곳은 에스파냐에 있는 안달루시아의 5월처럼, 낮은 따뜻하고 밤은 상쾌하다.

멕시코 화가 디에고 리베라의 작품인 《에스파냐 인들이 도착하기 전과 그 후의 아메리카 역사》라는 대형 벽화의 일부분이다. 화가는 이 그림에서 행복했던 과거와 피로 얼룩진 미래를 대비시켜 강렬하게 표현했다. 이것은 과거를 그린 부분이고, 이 책의 96쪽에는 미래의 모습을 그린 부분이 있다. 이 두 그림에는 생활의 유쾌함과 노역의 비통함이 담겨 있다. 화가는 콜럼버스의 발견이 가져온 재난의 결과에 주목했다.

10월 24일 〉수요일

지난밤 자정 무렵 이사벨라 섬의 북쪽에 위치한 작은 섬의 곶에서 닻을 올리고, 쿠바 섬으로 항해하기 시작했다. 원주민들의 말에 따르면, 그 섬은 매우 클 뿐만 아니라 황금과 향료의 거래가 활발해서 큰 배와 상인들로 북적댄다고 한다. 그들은 서북서쪽으로 항해하면 그 섬에 도착할 수 있다고 했는데, 나도 그렇다고 생각한다. 이 지역의 섬에 사는 인디오들과 나와 동행하고 있는 원주민들이 나에게 말한 대로라면, 그 섬은 시팡고 섬이 틀림없다. 물론 내가 그들의 언어를 이해할 수 없으므로 모든 이야기는 몸짓으로 나눌 수밖에 없었다. 시팡고 섬에는 놀라운 것들이 많다고 한다. 내가 이미 본 적이 있는 지구의와 세계 지도를 살펴보아도 그 섬은 이 지역에 위치해 있는 것이 분명하다.

동틀 녘까지 서남서쪽으로 항해했는데, 바람이 멈추고 비가 내렸다. 바람이 전혀 불지 않다가 오후가 되어서야 상쾌한 미풍이 불기 시작했다. 그래서 모든 돛들, 즉 덮개 2개가 달린 큰 돛대의 돛, 앞 돛대의 돛, 돛을 펼치는 활대에 달린 돛, 뒤 돛대의 세로돛, 중간 돛대의 돛 등을 올렸고, 작은 보트를 선미에 실었다. 해 질 녘까지 계속 항해해 갔는데, 카보 베르데Cabo Verde가 보이기 시작했다. 페르난디나 섬의 남서쪽에 자리 잡고 있는 곳이었다. 그 곳까지는 북서쪽으로 7.5리그쯤 떨어져 있었다. 바람이 세차게 부는 데다가 쿠바 섬까지의 거리를 알 수 없어서, 밤중에는 항해하지 않기로 했다. 이 근처의 섬들은 해안이 가파르고, 해안으로부터 구포의 사정거리 2배쯤 떨어져 있는 해역에서도 바다 밑이 보이지 않는 데다가 암초나 모래톱까지 있어서 닻이 걸릴 위험이 컸다. 따라서 육안으로 잘 살펴보아야만 안전하게 닻을 내릴 수 있다.

앞 돛대의 돛만 남겨 두고 모든 돛을 내리기로 했다. 먹구름과 비를 동반한 강풍이 더욱더 세차게 불었다. 모두가 정신을 차릴 수 없을 정도로 배가 너무나 빨리 움직였다. 나는 앞 돛대의 돛도 내리라고 지시하여, 밤새 2리그밖에 항해하지 못했다.

10월 25일 〉목요일

일출 후부터 9시까지 서남서 방향으로 5.5리그쯤 항해하다가, 서쪽으로 항로를 바꾸었다. 오후 1시까지 6.5노트로 항해했고, 그 이후로 3시까지 35마일 정도를 나아갔다. 그때 육지가 보였는데, 7~8개의 섬들이 북쪽에서 남쪽으로 쭉 일렬로 늘어서 있었다. 그 섬들까지는 5리그 정도 떨어져 있었다.

세바실리안 마스터가 1540년경 그 당시의 정보와 상상력을 동원해 그린 아메리카 대륙 지도이다. 시팡고, 즉 일본의 위치로 보아 태평양이 매우 작게 그려져 있음을 알 수 있다.

10월 26일 〉금요일

그 섬들을 출발해 남쪽으로 항해했다. 5~6리그 정도를 항해하는 동안 주변이 온통 여울이었다. 그래서 섬 근처에 닻을 내렸다. 나와 동행하고 있는 인디오들의 말에 따르면, 그곳에서 쿠바 섬까지 자신들의 통나무배로 하루 반 정도가 걸린다고 했다. 통나무배는 통나무 하나로 만든 돛이 없는 작은 배이다. 쿠바 섬을 향해 다시 돛을 올렸다. 그 섬의 규모나 황금, 그리고 진주에 관해 인디오들이 몸짓으로 이야기한 내용을 근거로 삼아 판단해 보면, 그 섬은 시팡고 섬이 틀림없다.

10월 27일 〉토요일

일출 즈음에 닻을 올렸다. 나는 근처의 섬들을 이스라스 데 아레나Islas de Arena라고 불렀는데, 그 이유는 여울이 이 섬들의 남쪽으로 6리그에 걸쳐 펼쳐져 있었기 때문이다. 남남서 방향으로 항로를 잡고 오후 1시까지 6.5노트로 항해하여 약 32마일을 나아갔다. 일몰 때까지 같은 항로로 22마일을 항해했다. 어둡기 전에 육지를 보았다. 그러나 폭우로 밤새 정선한 채로 시간을 보냈다. 해 질 녘까지 남남서 방향으로 18리그를 항해한 셈이다.

10월 28일 〉일요일

쿠바 섬에 있는 가장 가까운 곳으로 가기 위해 남남서 방향으로 항해하다가, 여울과 다른 장애물이 전혀 없는 훌륭한 강어귀에 도착했다. 해안 주변의 바다는 수심이 깊고 암초도 없다. 강어귀는 수심이 12길이나 되었고, 배를 돌려서 나가기에 충분할 만큼 폭도 넓다. 쿠바 섬에는 그라나다 근처에 있는 페냐 데 로스 에나모라도스Peña de los Enamorados처럼 아름다운 고산高山이 2개가 있다. 그중 하나는 정상에 회교 사원처럼 생긴 아담한 봉우리가 얹혀 있다. 강 안쪽, 즉 강어귀에서 구포의 사정

거리쯤 떨어진 지점에 닻을 내렸다.

나는 이처럼 아름다운 풍경을 본 적이 없다. 그 강을 온통 에워싸고 있는 나무들이 짙푸르고 아름답다. 에스파냐와 달리, 그 나무들은 제각기 독특한 꽃을 피우고 열매를 맺고 있다. 엄청나게 많은 크고 작은 새들이 즐겁게 지저귀며 날아다닌다. 야자수들도 굉장히 많은데, 에스파냐나 기니Guinea의 야자수와는 사뭇 다르다. 키는 중간 정도이고 줄기에 겉껍질이 없으며, 잎사귀는 매우 커서 지붕을 잇는 재료로 쓰인다. 땅은 매우 평탄하다.

보트를 타고 육지로 갔다. 어부가 살고 있는 것으로 보이는 집 두 채를 발견했다. 그 어부들은 놀라서 도망친 것 같았다. 한 집에 개가 한 마리 있었는데 짖지 않았다. 두 집 모두에 야자나무 섬유로 짠 그물, 밧줄, 뿔로 만든 낚싯바늘, 뼈로 만든 작살, 여타의 어구 들이 있었다. 많은 사람들이 모여 각각의 집에서 생활하고 있음이 틀림없다. 나는 어떤 물건에도 손대지 말라고 지시했다. 선원들은 그 지시에 잘 따랐다. 안달루시아의 4, 5월처럼 풀이 한창 자라나고 있었다. 쇠비름과 시금치가 많이 있었다.

배로 돌아와서 강의 상류 지역으로 항해해 나아갔다. 푸른 초목과 숲을 구경하면서 새들의 노랫소리를 듣고 있으려니, 너무나 즐거워서 되돌아가고 싶지 않았다. 지금까지 본 곳 중에서 가장 아름다운 섬이다. 훌륭한 항구와 수심이 깊은 강들이 많이 있다. 바다도 파도가 거칠어 보이지 않는다. 그 이유는 해변의 풀들이 거의 해안선까지 내려와서 자라고 있기 때문이다. 파도가 거친 바다의 경우는 그렇지 않다. 지금까지 이 지역의 섬 주변 어디에서도 거친 파도를 만난 적이 없었

콜럼버스가 살았던 시대의 고지도이다. 그 부정확함이 당시 세계에 대한 인류의 인식이 잘못되었음을 보여 준다.

콜럼버스를 맞이하는 인어의 모습이다. 콜럼버스는 그가 인어 세 마리를 본 적이 있다고 기록을 통해 밝힌 바 있다. 그는 인어가 인간의 얼굴을 가지고 있지 않다고 주장했다. 아마 콜럼버스가 발견한 것은 커다란 포유동물인 해우였을 것이다. 캐리비안에는 인어의 노랫소리가 콜럼버스를 아메리카로 인도했다는 전설이 전해지고 있다.

다.

이 섬에는 곳곳에 빼어난 산들이 있다. 산들은 그다지 크지 않았지만 꽤 높았다. 나머지 지역의 높이도 시실리Sicily와 유사하다. 과나하니Guanahani에서 데려온 인디오들에게 들은 바에 따르면, 섬 도처에 강과 시냇물이 흐르고 있다고 한다. 또 큰 강이 10개나 되어서, 그들의 카누로도 20일 이내에 섬을 일주할 수 없다고 했다. 우리 배가 육지로 접근하고 있을 때 통나무배, 즉 카누 두 척이 우리 쪽으로 다가왔다. 그러나 선원들이 정박할 위치를 정하려고 보트를 타고 노를 저어가는 모습을 보자 이내 달아났다.

인디오들은 이 섬에 금광과 진주가 있다고 말했다. 진주가 존재한다는 증거인 대합조개를 발견했고, 진주가 있을 만한 곳도 찾았다. 나는 그레이트 칸이 거느리고 있는 큰 배들이 여기로 온다고 생각하는데, 대륙에서 이곳으로 오는 데 걸리는 기간은 10일 정도라고 본다. 나는 이 강과 항구를 산 살바도르San Salvador라고 불렀다.

10월 29일 〉 **월요일**

닻을 끌어올린 후, 인디오들이 말한 그 추장이 살고 있는 마을을 찾으러 서쪽으로 항해했다. 그 섬에는 각각 우리 배에서 북서쪽으로 6.5리그 정도 떨어진 지점과 동쪽으로 11리그 정도 떨어진 지점에 곶이 있다. 1리그쯤 나아갔을 때 강어귀가 그리 넓지 않은 강을 또다시 발견했다. 나는 그 강을 리오 데 라 루나Río de la Luna라고 이름을 붙였다. 만과 vespers성무일과 중 해 질 녘 6시경의 기도시간이다가 될 때까지 계속 항해했다. 그곳에서 다른 강들보다 훨씬 더 큰 강을 발견했다. 그 근처에 상당한 규모의 마을들이 있었다. 나는 그 강을 리오 데 마레스Río de Mares라고 이름 붙였다.

나는 보트 두 척을 한 마을로 보내서 그곳 사람들과 만나도록 했다. 우리 배에 동승한 인디오 중 한 명도 함께 보냈다. 우리는 그 인디오들의 말을 조금 이해할 수 있게 되었다. 그들은 우리와 함께 지내는 것을 매우 즐거워하는 것 같다. 남녀노소 구분 없이 모든 마을 사람들이 그들의 집과 소유물을 버려둔 채 달아나 버렸다. 나는 그 무엇에도 손대지 말라고 지시했다.

그곳의 집은 지금까지 본 것들보다 훨씬 나아 보인다. 대륙에 가까워질수록 집이 훨씬 더 나아질 것이라고 짐작했다. 그 집은 매우 커다란 야전 천막 같았다. 질서정연하지 못하고 마구잡이로 세워져 있었지만 집안은 깨끗하게 잘 정돈되어 있었다. 가구들도 깔끔하게 정리되어

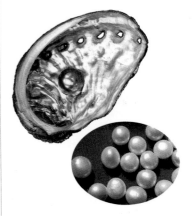

콜럼버스는 황금과 향료 외에 진주에도 관심을 가지고 있었다.

있었다. 그 집들은 모두 아름다운 야자나무 가지로 만들어져 있다.

여러 여성상과 가면처럼 정교하게 깎은 두상들이 많이 있었다. 그것이 장식용인지 숭배의 대상인지는 알 수 없었다. 개들이 있었지만 전혀 짖지 않았다. 집안에서 길들여진 야생 새들도 키우고 있었다. 그리고 놀라울 정도로 잘 만들진 어망, 낚싯바늘 등 다양한 어구들이 있었다. 선원들에게 절대 손대지 말라고 했다. 이 해안에 사는 사람들은 모두 어부인데 잡은 물고기를 내륙으로 가져가는 듯하다. 섬은 굉장히 크고 너무 아름다워서 자꾸 칭찬하지 않을 수 없다. 매우 향기로운 열매가 달린 나무도 많이 보인다. 소의 두개골로 보이는 뼈를 발견했는데, 아마도 소를 비롯한 가축들을 키우는 것 같다. 크고 작은 새들의 노랫소리와 밤에 들리는 귀뚜라미의 울음소리가 우리를 매우 즐겁게 한다. 춥지도 덥지도 않은 밤공기가 매우 상쾌하다. 다른 섬에서 이 섬으로 오는 도중에는 날씨가 무척 무더웠지만 이곳의 날씨는 5월처럼 따스하고 상쾌하다. 다른 섬들이 그렇게 더웠던 이유는 아마도 모두 평지인 데다가 우리가 여기로 오는 무렵에 무더운 동풍이 불었기 때문인 듯하다.

여기의 강물은 소금기가 섞인 물이라서 마시기에 적당하지 않다. 인디오들이 물을 어디에서 길어 오는지 알 수 없지만, 그들의 집에는 마실 수 있는 민물이 있다. 이 강은 배가 들어왔다가 뱃머리를 돌려 나갈 수 있을 정도로 폭이 넓다. 확실한 안내표지판도 몇 개 있다. 수심은 강 어귀가 7~8길 정도, 강 안쪽이 5길 정도 된다. 이 지역의 바다는 세비야에 있는 강처럼 항상 잔잔하고 진주가 자라기에 적합한 조건을 갖추고 있다. 커다란 달팽이 몇 마리가 있었는데, 먹어 보니 에스파냐의 것과는 다르게 맛이 없었다.

우리가 지금 머물고 있는 이 강과 항구의 남동쪽 지역에는 2개의 둥근 산이 있고, 서북서 방향으로는 지대가 아주 평평한 곳이 있다.

인디오들이 만든 여성 토우는 생식기가 크게 혹은 여러 개로 표현되어 있다. 여기서 여성의 생식기를 경배의 대상으로 여긴 인디오들의 생각을 엿볼 수 있다.

10월 30일 〉화요일

마레스 강에서 북서쪽으로 항해했다. 16리그 정도 항해해 갔을 즈음 온통 야자나무로 뒤덮인 곳이 나왔다. 카보 데 팔마스Cabo de Palmas라고 이름 붙였다. 핀타호에 탄 인디오들에 의하면, 그곳을 지나면 강이 하나 있는데 그 강에서 쿠바까지 4일 정도 거리라고 했다. 핀타호 선장은 인디오들이 쿠바를

고대 인디오 추모의식을 보여 주는 유물이다. 인디오들은 모든 일상 생활에 기쁜 의미를 부여함으로써 집단 생활에 활력을 높였다.

하나의 도시로 여긴다고 얘기했다. 또한 쿠바가 멀리 북쪽으로 뻗어 있는 대륙에 위치해 있는데, 그곳의 추장은 그들이 카미Cami라고 부르는 그레이트 칸과 전쟁 중이라고 했다. 그레이트 칸의 영토나 도시는 흔히 파바Fava라고 하는데, 그 밖에도 여러 가지 이름으로 불린다고 했다.

나는 이 강을 항해하여 쿠바의 추장에게 두 분 폐하의 서한을 동봉한 선물을 전하기로 결심했다. 이 임무에 적합한 선원이 하나 있는데, 그는 기니에서도 그와 비슷한 일을 수행한 적이 있었다. 그리고 과나하니 출신의 인디오 몇 명이 그 선원과 동행하겠다고 나섰다. 그들은 나중에 자신들을 고향 땅으로 돌려보내 달라는 조건을 걸었다.

내 생각에는 우리가 적도에서 북위 42도 지점에 있는 것 같다. 나는 그레이트 칸을 찾으려고 노력할 것이다. 그는 멀지 않은 곳, 그의 영토에 속하는 카타이Cathay 시에 도착해 있다고 믿는다. 내가 에스파냐를 떠나기 전에 들은 바로는, 그 도시는 매우 크다고 한다. 이곳의 땅은 모두 지대가 낮고 아름답다. 바다는 수심이 깊다.

10월 31일 〉 수요일

밤새 내내 맞바람을 맞으면서 항해했다. 강 하나가 나타났는데 강어귀의 수심이 너무 얕아서 들어갈 수가 없었다. 인디오들은 카누처럼 우리 배도 쉽게 항해할 수 있는 것으로 생각했다. 계속 항해하다가 여울로 둘러싸인 기다란 곳을 발견했다. 그 곳에는 작은 배들이나 정박할 수 있는 협소한 만이 있었다. 바람이 북풍으로 바뀐 데다가 해안이 북북서 방향과 남동 방향으로 뻗어 있어서 그곳으로 접근할 수 없었다. 앞쪽에 있는 또 다른 곳이 훨씬 더 길쭉했다. 이런 이유에다 금방이라도 강풍이 불 것 같은 날씨 때문에, 마레스 강으로 되돌아왔다.

11월 1일 〉 목요일

해가 뜨자마자 보트들을 육지로 보냈다. 육지의 원주민은 모두 달아나고 없었다. 얼마 후 한 남자가 나타났다. 나는 그를 괴롭히지 말고 그대로 두라고 지시했다. 보트들이 되돌아왔다. 식사를 마친 후, 인디오 중 한 명을 육지로 보냈다. 그는 육지와 조금 떨어진 곳에서 그 마을 사람들에게 큰 소리로 외쳤다. 그는 우리가 선량한 사람이라서 아무에게도 해를 끼치지 않고, 방문한 섬마다 물건을 나누어 주고 다닌다고 했다. 또 그레이트 칸의 사람이 아니라고 말한 다음, 바다로 뛰어들어 육지로 헤엄쳐 갔다. 섬사람 두 명이 그의 팔을 붙잡아 어느 집으로 데려가더니 그에게 여러 가지를 물었다. 우리가 그들에게 어떤 해도 끼치지 않을 것이라는 사실을 알게 되자, 그들은 안심하고서 16척 이상의 카누에다 무명실을 비롯한 갖가지 물건들을 싣고 우리 배로 다가왔다. 내가 찾는 것은 그들이 누카이nucai라고 부르는 황금뿐이라는 사실을 확실히 알리기 위해, 그들이 가져온 물건을 받지 말라고 지시했다. 그들은 육지와 우리 배 사이를 하루 종일 오갔고, 우리들은 편안한 마음으로 육지에 상륙했다.

▶ 아메리카 대륙에서의 첫 번째 미사를 그린
저명한 화가 블랑쉬의 작품이다.
화가는 이 그림으로 콜럼버스가
신의 이름으로 행한
탐험 활동을 찬미했다.

▼ 17세기에 선교를 위해
인디오들에게 뿌려진 전단이다.

◀ 문화적 우월감에 사로잡힌 유럽 인들에게 인
디오들이 기독교를 원하는지는 전혀 상관없
는 일이었다. 그들은 즉각 포교 활동을 시작
했다.

그들 중 황금으로 치장한 사람은 한 명도 없었지만, 은으로 만든 코걸이를 한 사람은 있었다. 덕분에 여기서 은이 난다는 사실을 알게 되었다. 그들이 몸짓으로 표현한 바에 따르면, 3일 이내에 수많은 상인들이 우리의 물건을 사려고 섬의 내륙에서 올 것이라고 한다. 그들은 우리의 도착 소식을 육지 곳곳에 사람들을 보내 알렸다고 했다. 또 그 상인들이 이곳의 추장에 대해 우리에게 알려 줄 것이라고 했다. 내가 그들의 몸짓을 통해 파악한 바로는, 그 추장이 여기서부터 육로로 4일 정도 걸리는 곳에 살고 있는 것이 분명하다.

이곳의 원주민들은 지금까지 본 다른 섬의 원주민과 성격이나 관습이 비슷하다. 우리 배에 함께 있는 인디오들이 기도를 올리는 모습을 본 적이 없으므로, 이곳의 원주민들도 종교가 없으리라고 생각된다. 그들은 우리가 가르쳐 준 대로 하늘을 향해 두 팔을 들고서 성모 찬가를 부르거나 성모 마리아에게 기도를 올리기도 하고, 손으로 성호를 긋기도 한다. 그들의 언어는 모두 다 똑같고, 모두 다 친구 사이이다. 내 생각에는 그들은 그레이트 칸과 전쟁 중인 것 같다. 그들은 그레이트 칸을 카빌라Cavila라고 부르고, 그의 영토를 바판Bafan이라고 부른다. 그들은 다른 인디오처럼 벌거벗고 돌아다닌다.

이곳의 강은 매우 깊어서 강어귀에 배들을 정박시킬 수 있다. 강어귀에서 1리그 정도 떨어진 상류 지역까지는 소금기가 섞인 물이고, 그 위로는 민물이다. 이곳은 대륙이고, 사이톤Zayton과 킨사이가 여기서부터 각각 100리그 정도 떨어져 있다고 확신한다. 파도의 흐름도 예전과 다르고 날씨도 추워졌다. 어제 북서쪽으로 항해하다가 발견한 이 같은 사실에 비춰 볼 때, 내 생각은 옳다.

별을 관측하여 위도를 측정하는 아스트롤라베

11월 2일 〉 금요일

나는 선원들 두 명, 즉 아야몬테Ayamonte 출신의 로드리고 데 헤레스Rodrigo de Jerez와, 루이스 데 토레스Luis de Torres를 보내기로 결정했다. 루이스 데 토레스는 무르시아Murcia의 총사령관과 함께 지낸 적이 있었다. 그는 한때 유대교 신자였는데, 헤브라이 어와 칼데아 어, 심지어는 아라비아 어까지도 할 줄 안다. 나는 두 명의 인디오를 그들과 함께 보냈다. 한 사람은 과나하니에서 데려온 인디오 중 하나이고, 다른 한 사람은 강가의 마을에서 살다가 작은 카누를 타고 우리 배로 왔던 그 인디오이다. 그들에게 필요할 때 음식을 사 먹으라고 구슬꾸러미를 주고서, 6일 이내에 돌아올 것을 지시했다. 또한 향료 견본을 주면서 향료를 찾아보라고 지시했다.

당시 항해가들은 별자리의 각도를 측정하여 방위를 알아냈다. 이것은 항해 중에는 매일 해야 하는 중요한 일이었다. 그렇지 않으면 길을 잃기 때문이다.

이곳의 추장을 알현하는 방법, 그리고 에스파냐의 국왕 폐하와 여왕 폐하를 대신하여 전달할 내용에 대해 그들에게 설명했다. 즉, 우리는 에스파냐의 국왕 폐하와 여왕 폐하의 명을 받아 이곳에 왔으며, 그 명령은 추장의 안부를 묻고 우호관계를 맺어 그가 원하는 것은 무엇이든 돕고 선물과 함께 두 분 폐하의 서신을 전달하는 것이다. 또한 그들은 내가 알려 준 항구와 섬들이 여기서 얼마나 떨어져 있는지에 관해서도 파악해야 했다.

오늘 밤 사분의四分儀를 이용해서 북극성의 고도를 측정한 후, 우리의 위치가 적도로부터 북위 42도실제로 쿠바는 이 위치가 아니다가 되는 지점에 있음을 알았다. 내 판단에 따르면 우리는 이에로 섬에서부터 이곳 대륙까지 1,317리그를 항해했다.

멕시코의 저명한 현대 화가 프리다 칼로의 작품 〈우주, 대지(멕시코), 나, 리베라, 그리고 세뇨르 소노틀의 사랑의 포옹〉이다.
우주는 만물을 포옹하고, 하늘은 아메리카 대륙을 포옹하고, 아메리카 대륙은 인디오의 어머니를 포옹하고
– 그녀의 모유는 끊임없이 흐르고 있다 – 인디오의 어머니는 화가와 그의 정인, 리베라를 포옹하고 있다.
작가는 이 작품에서 인디오의 대지에 대한 깊은 사랑을 표현하고 있다.

11월 3일 › 토요일

그 강어귀는 커다란 석호, 즉 수심도 깊고 암초도 없는 매우 아름다운 항구를 이루고 있었다. 또 뱃바닥을 청소하려고 배를 기울이기에 적당한 모래사장도 있고, 땔나무도 풍부하다. 나는 아침에 보트를 타고 민물이 있는 상류 지역까지 약 2리그를 올라갔다. 지형을 파악하기 위해 작은 언덕에 올랐다. 하지만 커다란 숲밖에 볼 수 없었다. 숲은 생기가 넘치고 상쾌한 향기로 가득했다. 그 숲에 향료 식물들이 자라고 있다고 확신한다. 아름다운 경치를 바라보면서 새들의 노랫소리를 듣고 있으니 전혀 지루하지 않았다.

무명실과 침구용 그물을 교환하려고 많은 카누들이 우리 배로 왔다.

11월 4일 › 일요일

어제 본 새 몇 마리를 잡으러 동이 트자마자 보트를 타고 육지로 갔다. 배로 돌아오자 마르틴 알론소가 육계肉桂나무계수나무라고도 하는데, 뿌리·줄기·가지를 말리면 향료 중 하나인 계피가 된다 가지 두 조각을 나에게 가져왔다. 자신의 배에 탄 포르투갈 출신의 선원이 2개의 커다란 향료 묶음을 갖고 있는 인디오를 보았는데, 물물교환을 하는 사람은 누구라도 처벌하겠다는 나의 지시 때문에 감히 교환하지 못했다고 말했다. 또한 그 인디오는 호두 같이 생긴 붉은 것들을 나르고 있었다고 했다. 핀타호의 갑판장이 두 그루의 육계나무를 발견했다고 해서 확인하러 가 보았는데, 육계나무가 아니었다. 내가 그 지역의 인디오들에게 육계와 후추를 보여 주자마자, 그들은 곧 그것이 무엇인지 알아보았다. 그뿐 아니라 몸짓으로 여기서 남동쪽으로 가면 많이 있다고도 알려 주었다.

또 황금과 진주를 보여 주자, 나이든 인디오 중 몇 명이 보이오라는 곳에 대해 말해 주었다. 그들은 그곳에 엄청난 양의 황금이 있다며, 그곳 원주민들은 목, 팔, 다리, 귀 등을 황금으로 치장하고 다닌다고 말했

다. 진주도 마찬가지라고 했다. 그들은 큰 배와 상인이 모두 남동쪽에 있다고 했다. 또 거기서 멀리 떨어진 곳에 외눈박이 사람이 살고 있다고 했고, 코가 개처럼 생긴 식인종이 살고 있다고 했다. 그들은 그 식인종이 사람을 잡아다가 목을 잘라서 피를 마시고 생식기를 자른다고 했다.

나는 배로 돌아가서 추장에게 보낸 사람들을 기다리기로 결정했다. 만일 그들이 우리가 찾는 것에 관한 좋은 소식을 가져오지 않으면, 그때 이 지역을 탐색하기로 했다. 이미 언급했듯이 이곳의 원주민들은 매우 온순하고 겁이 많다. 또 벌거벗은 채로 다니며, 무장도 하지 않고 종교도 없다. 땅은 매우 비옥하다. 그들은 니아메스niames참마인 듯하다를 많이 재배하는데 니아메스는 당근처럼 생겼고, 그 맛은 밤과 비슷하다. 또한 그들은 에스파냐와는 비교할 수 없을 정도로 매우 다양한 종류의 콩을 재배하고, 목화는 씨를 뿌리지 않아도 야생에서 많이 자라고 있다. 목화 채취는 1년 내내 가능한 것 같다. 동일한 목화나무 덤불에서 꼬투리가 이미 벌어진 것이 있는가 하면, 벌어지고 있는 것도 있고, 이제 막 꽃이 핀 것도 있다. 또 일일이 언급할 수 없는 수백여 종의 과일들이 있는데, 모두 다 유용할 것이다.

11월 5일 〉 월요일

동틀 무렵에 나는 본선을 비롯한 배들을 모두 정비하도록 지시했다. 하지만 불의의 사태에 대비하여 한꺼번에 정비하지 말고, 두 척은 정박했던 곳에 그대로 두도록 했다. 물론 이 지역의 인디오들이 공격할 위험이 없다면, 세 척 모두 한꺼번에 정비할 수 있을 것이다. 배를 정비하고 있을 때, 니냐호의 갑판장이 유향수 몇 그루를 발견했다며 포상을 요구하러 왔다. 하지만 깜박 잊고서 견본을 가져오지 않았다. 그에게 포상을 약속하

멕시코 화가 디에고 리베라의 〈위대한 도시 테노치티틀란〉이다. 번창했던 인디오의 도시 생활을 그리고 있다. 이처럼 번영했던 아메리카 대륙의 도시는 콜럼버스가 도착한 후 침입자들에 의해 파괴되었다.

고서 로드리고 산체스와 디에고Diego 선장을 그 나무가 있는 곳으로 보냈다. 그들은 약간의 유향과 유향수의 견본 하나를 들고 왔다. 비록 아직 채취하기에 적당한 시기는 아니었지만, 유향이 있다는 사실을 알게 되었다. 이곳에는 연간 1천 퀸틀 정도의 유향을 채취할 만큼 충분한 유향수가 자라고 있다. 또한 알로에로 보이는 식물들도 많이 발견했다.

　마레스 항은 세상에서 가장 아름다운 항구 중 하나이다. 이곳은 최상의 기후 조건을 가지고 있으며 정말 친절한 사람들이 사는 곳이다. 이곳이 번창한 항구가 될 경우, 세계 도처에서 오는 중요한 상인들의 안전을 보장할 수 있도록 약간 높은 절벽이 있는 곳에 요새를 만들어도 좋을 것 같다. '우리의 주님께서는 어떤 승리든지 모두 다 그의 손으로 주관하시어, 주님을 섬길 수 있는 방향으로 모든 것을 이끌어 주신다.'

　어느 인디오가 몸짓으로 유향이 위통에 효험이 있다고 말했다.

11월 6일 〉화요일

내륙을 조사하도록 보냈던 두 선원과 그 일행이 지난밤에 돌아왔다. 그들이 말한 내용은 다음과 같았다.

12리그 정도 갔을 때 50여 가구가 모여 있는 마을에 도착했다. 한 가구마다 많은 사람들이 살고 있어서 거주자는 1천여 명 가량 되었다. 그 집들은 커다란 야전 천막처럼 생겼다. 우리는 그곳의 관습에 따라 성대한 환대를 받았다. 남녀 구분 없이 모든 원주민들이 우리를 보러 왔다. 그들은 가장 좋은 집에 잠자리도 마련해 주었다. 원주민들은 우리들이 하늘에서 온 것으로 생각하여, 놀라움 속에서 몸을 만져 보기도 하고 손발에 입을 맞추기도 했다. 우리는 원주민들이 하는 대로 내버려 두었다. 음식도 대접받았다. 우리가 그곳에 도착하자, 추장이 직접 팔을 잡고 가장 중요한 집으로 안내했다. 그리고 이상야릇하게 생긴 의자에 앉도록 했다. 그 의자는 짧은 팔다리와 약간 올라간 꼬리를 가진 어떤 동물 모양의 나무판으로 만들어져 있었다. 앉을 자리가 넓어 안정감이 있었다. 앞면 머리 부분에는 황금으로 된 눈과 귀가 붙어 있었다. 원주민들은 그 의자를 두오duho라고 불렀다. 원주민 남자들이 우리를 중심으로 바닥에 둘러앉았다. 함께 간 인디오가 우리의 생활 방식에 관해 원주민들에게 설명하면서, 우리가 선량한 사람들이라고 말했다. 잠시 후 원주민 남자들은 모두 바깥으로 나가고, 여자들이 들어와서 우리 주위에 둘러앉았다. 그들은 손발에 입을 맞추고, 자신들과 마찬가지로 뼈와 살이 있는지를 파악하려는 듯이 여기저기를 만졌다. 밤 맛이 나는 삶은 뿌리를 먹었다. 5일간 머물러 달라는 요청을 받았다. 우리가 제독이 준 육계, 후추 등의 향료를 원주민들에게 보여 주자, 원주민들은 그것이 남동쪽 지역에 많이 있지만 그 장소는 정확히 모르겠다고 몸짓으로 알려 주었다.

선원들은 내륙에 커다란 도시가 없다는 사실을 확인하고 돌아왔다.

인디오들이 사용하던 의자 두오

그들은 함께 오고 싶어 하는 사람들을 모두 데려왔더라면 남녀를 합해서 500여 명은 넘었을 것이라고 했다. 원주민들은 선원들이 하늘로 돌아가는 것으로 여기는 듯했다. 선원들은 그 마을의 추장과 그의 아들, 그리고 그 마을 사람 한 명을 데리고 왔다. 나는 그들을 정중하게 대접하며 이야기를 나누었다. 그는 이 지역의 육지와 섬들에 관해 이야기했다. 나는 그들을 두 분 폐하께 데려가야겠다고 생각했다. 그러나 무슨 이유 때문인지 그들은 갑자기 육지로 돌아가겠다고 했다. 아마도 날이 저물자 공포심이 생긴 것 같았다. 본선을 뭍에서 건조시키고 있었기 때문에 그들이 돌아가도록 내버려 두었다. 추장은 동틀 무렵 다시 오겠다고 했지만, 다시 오지 않았다.

1492년 1월 에스파냐는 마지막 이슬람 점령지 그라나다 대도시에서의 전투를 승리로 이끌었다.

두 선원은 마을로 가는 도중에 많은 원주민들을 보았는데, 남녀가 향기로운 연기가 나는 불붙은 풀담뱃잎을 돌돌 말아서 만든 엽궐련이다을 손에 들고 있었다고 했다. 또 5채 이상의 가옥이 있는 마을을 보지 못했고 원주민들이 하나같이 그들에게 경의를 표했다고 했다. 그들은 또 이렇게 말했다.

내륙에서 많은 종류의 나무, 풀, 향기로운 꽃을 보았다. 또한 매우 다양한 종류의 새들을 보았는데, 자고와 나이팅게일이 지저귀고 있으며 거위들이 떼를 지어 다니는 풍경을 제외하고는 에스파냐와 너무나 달랐다. 짖지 않는 개들 말고는 네발 달린 짐승은 구경하지

인디오들의 엽궐련이 잘 묘사되어 있다. 이후 엽궐련은 매혹적인 상품으로 유럽에서 유행했다.

못했다. 땅이 너무나 비옥해서 작물들, 즉 니아메스와 에스파냐에서는 볼 수 없는 여러 종류의 콩 그리고 기장 등이 잘 자라고 있었다. 많은 양의 목화를 채취해서 실로 잣고 옷감을 만드는 모습도 보았다. 어느 집에는 500아로바 이상의 목화가 쌓여 있었다. 풍년이 들면 한 해에 4천 퀸틀 정도를 생산할 수도 있다고 했다. 원주민들은 목화를 재배하지 않아도 야생에서 1년 내내 채취할 수 있다. 목화는 꼬투리가 크고 품질이 아주 좋다.

원주민들은 정말 형편없는 가격으로도 자신이 가진 것들을 거래했다. 예컨대 몰 끄트머리 하나와 큰 바구니에 가득 담긴 목화를 교환할 정도로 그들은 자신이 가진 것은 무엇이든 주었다. 전혀 때 묻지 않고 전쟁도 모르는 사람들이다. 여자들은 작은 무명천으로 치부만 겨우 가리고 있다. 그들은 잘생기고 피부색도 그리 검지 않다. 오히려 카나리 제도에 사는 여자들의 피부색이 그들보다 더 검은 편이다.

'두 분 폐하, 저는 그들의 언어를 잘 아는 독실한 종교인이 있으면,

그들이 모두 쉽게 그리스도 교도가 될 수 있다고 확신합니다. 따라서 두 분 폐하께서 일찍이 성부와 성자와 성령을 받아들이지 않으려고 하는 자들을 멸망시켰듯이, 이 종족을 개종시켜 교회로 이끌기 위해 단호한 노력을 기울이겠다고 주님의 이름으로 결정하시리라 믿습니다. 그렇게 되면 두 분 폐하께서 승하하신 후에도(사람은 누구나 몸이 세상을 떠나기 마련이므로), 왕국은 이단이나 악으로 물들지 않고 평온한 상태를 유지할 것이고 두 분 폐하께서는 영원한 창조주의 왕좌 앞에 서시게 될 것입니다. 창조주께 기원합니다. 두 분 폐하께서 만수무강하시고, 왕국과 영토가 더욱 번창하며, 이제까지와 마찬가지로 성스러운 그리스도교를 한층 더 널리 전파하기 위해 그 의지와 뜻을 굳게 하시도록 도우시길 기원합니다. 아멘.'

오늘 나는 배를 다시 띄웠다. 황금과 향료를 찾기 위해 그리고 탐험을 계속하기 위해 목요일에 출발하여 일단 남동 방향으로 항해할 예정이다. 그러나 항해는 역풍 때문에 미뤄지고 있다.

그라나다 도시에 있는
알람브라 궁전

곳곳에서 두려움에 떠는
인디오를 만나다

11월 12일 〉월요일

새벽 당직시간새벽 4시부터 8시까지이다이 끝날 무렵, 마레스 강에 있는 항구를 출발했다. 동행한 인디오들이 바베케Babeque라고 부르는 섬을 향해 항해했다. 그들의 몸짓에 따르면, 그 섬 사람들은 한밤중에 횃불을 들고 해변에서 황금을 채취한 후 그것을 망치로 두들겨 황금 막대기를 만든 다고 했다. 그 섬을 찾기 위해 동미남 방향으로 항로를 잡았다. 날씨가 약간 쌀쌀하다. 겨울이 다가오고 있는 지금, 북쪽으로의 항해는 현명하 지 못한 일이다.

해안을 따라 8.5리그를 항해하다가 강 하나를 발견했고, 4리그를 더 항해하다가 또 다른 강 하나를 발견했는데, 두 번째 본 강은 이제까지 본 강들보다 훨씬 컸다. 나는 두 가지 이유에서 강어귀에 배를 멈추지 도 강으로 들어가지도 않았다. 첫 번째 이유는 날씨와 바람이 바베케 섬으로 항해하기에 적합했기 때문이다. 두 번째는 시간이 그리 많지 않 았기 때문이다. 강 주변에서 크거나 주목할 만한 도시를 발견하려면 강의 상류 지역을 탐사해야 하고 이를 위해서 우리 배보다 훨씬 더 작은 배가 필요하다. 이 지역 전체 특히 그 강 근처에 사람들이 거주하고 있다면 나중에 특별히 탐사할 가치가 있다. 나는 그 강을 리오 델 솔Río del Sol이라고 이름 붙였다.

11월 11일 일요일, 어제 그 강에 거주하고 있는 원주민 몇 명을 붙잡아 두 분 폐하께 데려가면 좋겠다고 생각했다. 그럴 경우에 그들은 에스파냐 어를 배워서 자신이 사는 지역에 관해 설명할 수 있고, 우리의 관습과 종교를 익힐 수도 있다. 또 고향으로 되돌아오면 통역자로서 활동할 수도 있다. 내가 관찰한 바에 의하면 그들은 종교도 없고 우상숭배도 없다. 그들은 성격이 온순하고, 악의 의미를 모를 뿐만 아니라 살인이나 범죄자 체포라는 말도 모른다. 또 무장도 하지 않고, 선원의 사소한 장난에도 놀라 도망칠 정도로 겁이 많다. 그들은 하늘에 신이 있다는 것을 쉽게 받아들인다. 인디오들은 우리가 하늘에서 내려왔다고 확신하고 있다. 그들은 우리가 하는 대로 기도문을 암송하고 성호도 긋는다.

따라서 두 분 폐하께서 결단을 내려 그들을 그리스도교로 개종시킬 수 있도록 도우셔야 한다.

그림 속의 콜럼버스는 십자군 동방원정의 모습을 연상케 한다. 그의 항해는 종교적인 목적도 있었다.

일단 이 일이 시작되면 조만간 대부분의 사람들이 우리의 성스러운 신앙으로 개종할 것이고, 그들의 넓은 영토와 재산 그리고 그들 모두가 에스파냐에 귀속될 것이라고 생각된다. 이 지역에는 틀림없이 엄청난 양의 황금이 있을 것이다. 우리와 동행하고 있는 인디오들이 아무런 근거 없이 말하지는 않았을 것이다. 원주민들은 이 지역 섬들 어딘가에 있는 황금을 캐내 장식품으로 가공하여 귀, 목, 팔, 다리 등을 치장하고 있다. 또한 보석, 진주, 엄청난 양의 향료도 있다.

지난밤에 떠난 마레스 강에는, 아주 많은 양의 유향이 있음이 확실하다. 더 많이 필요하다면 나무를 심기만 하면 된다. 그러면 얼마든지 생산량을 늘릴 수 있다. 이곳에는 유향수처럼 생긴 이파리와 열매가 달린 아주 큰 나무들이 많다. 플리니우스Plinius가 언급한 적이 있는, 에게 해의 키오스Chios 섬에 있는 것들보다 나무와 열매 둘 다 훨씬 더 크다. 나는 수액이 나오는지를 알아보기 위해, 그 나무 몇 그루에 구멍을 내 수액을 받으라고 했다. 그러나 우리가 강에 머무는 동안에 비가 내렸기 때문에 수액은 두 분 폐하께 가져갈 적은 양밖에 채취하지 못했다. 지금은 수액을 채취할 적당한 시기도 아니다. 수액 채취는 나무들이 겨울을 나고 꽃을 막 피우려고 할 때가 최적기이다. 지금 여기에 있는 것들은 열매들이 거의 무르익고 있다.

또한 엄청난 양의 목화도 얻을 수 있다. 내 생각에 목화는 에스파냐로 실어 가기보다는 이곳에서 거래하는 것이 좋을 듯하다. 틀림없이 발견하게 될 그레이트 칸의 도시들과 장차 두 분 폐하를 기꺼이 섬기게 될 여러 추장들의 도시에서도 잘 팔릴 것이기 때문이다. 또한 에스파냐

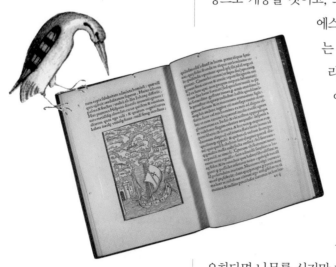

콜럼버스가 첫 번째 항해를 마치고 출간한 책으로 바젤의 삽화가 그려져 있다.

와 그 동쪽 지역에서 만든 상품도 이 지역의 도시에 공급될 것이다. 비록 돈이 될 만큼 값어치가 있지는 않지만, 알로에도 무한히 공급할 수 있다. 반면에 유향은 이미 언급한 키오스 섬에서만 생산되는 상품이므로 주의를 기울일 필요가 있다. 내 기억이 옳다면, 키오스 섬에서는 유향으로 5만 두카트ducat375마라베디의 가치를 지니는 금화이다 이상을 벌어들이고 있다고 한다.

게다가 앞에서 언급한 강어귀는 내가 본 항구 중에서 가장 아름답다. 강폭이 넓고, 수심도 깊으며 암초도 없다. 또한 해안가 절벽 옆에 어떤 종류의 배라도 정박할 수 있어서 요새나 마을을 건설하기에 적당하다. 그 땅은 지대가 높고, 기후가 온화하며 맛이 좋은 물도 있다.

어제 여섯 명의 젊은 남자들이 탄 카누 한 척이 우리 배 옆으로 왔다. 그들 중 다섯 명이 배로 올라왔는데 나는 그들을 붙잡아 두라고 지시했다. 그들은 우리와 동행하게 되었다. 그 후 나는 그 강의 서쪽에 있는 어느 집으로 선원들을 보냈는데, 그들은 젊은 여자와 나이든 여자 일곱 명과 어린아이 세 명을 데리고 왔다. 내가 이들을 데려온 이유는, 원주민 여자들이 있으면 원주민 남자들이 에스파냐에서 보다 얌전하게 행동하리라는 생각이 들었기 때문이다. 일찍이 포르투갈에서는 기니의 남자를 데려다가 말을 가르치면서 후하게 대접하고 선물을 준 적이 있다. 그러나 일을 하라

콜럼버스가 직접 그린 본선 산타마리아호의 모습

멕시코 화가 디에고 리베라의 채색 벽화 〈에스파냐 인들이 도착하기 전과 그 후의 아메리카 역사〉의 일부분이다. 그림 속에서 에스파냐 인과 그 수행자들은 인디오들에게 강제 노역을 시켜 채광과 벌목을 하고 있다. 감독관은 채찍을 휘두르고 있고, 우두머리는 노예 무역을 하고 있다. 피로 얼룩진 아메리카의 역사는 이렇게 시작되었다.

고 그의 고향땅으로 돌려보내면, 그들은 종종 자신들의 땅에 도착하자마자 사라져 다시는 나타나지 않았다. 물론 그와 반대되는 경우도 있긴 했다. 원주민 여자들이 있으면 원주민 남자들은 어떤 임무든 열심히 수행할 것이고, 원주민 여자들은 에스파냐 사람들에게 그들의 언어를 잘 가르칠 것이다. 그들의 언어는 인디아스 전 지역에서 사용할 수 있으며 그들은 모두 서로 말이 통한다. 또 카누를 타고 어느 섬이나 돌아다닌다. 그러나 기니의 경우는 완전히 다르다. 그곳에는 언어가 수천 가지라서 서로 간에 의사소통이 불가능하다.

지난밤 한 원주민 여자의 남편이자 세 아이들, 즉 사내아이 한 명과 여자아이 두 명의 아버지인 남자가 카누를 타고 본선으로 와서 자신도 함께 데려가 달라고 부탁했다. 나는 기꺼이 그를 받아들였다. 배에 있던 다른 원주민들이 훨씬 더 즐거워했다. 아마도 그들은 모두 친척관계인 것 같다. 그 남자의 나이는 45세이다.

일몰 전까지 동미남 방향으로 19리그를 항해하여, 내가 카보 데 쿠바Cabo de Cuba라고 이름 붙인 곳에 도착했다.

11월 13일 〉화요일

2개의 거대한 산 사이에서 광활한 땅을 보았기 때문에, 나는 지난밤 내내 돛을 내리고 배를 파도에 내맡긴 채 시간을 보냈다. 바로 해 질 녘에 보았는데, 마치 쿠바와 보이오 사이를 가르는 경계선처럼 보인다. 동행한 인디오들도 몸짓으로 그렇다고 했다. 날이 밝자마자 돛을 올린 후, 지난밤에 2리그쯤 떨어져 보였던 곳을 지나 남남서 방향으로 5리그를 항해하여 커다란 만으로 들어갔다. 여기서 2개의 거대한 산 틈새에 있는 곳까지 또다시 5리그 정도를 항해해야 했다. 나는 그곳이 바다의 내포內浦바다나 호수가 육지 안으로 휘어 들어간 부분인지 알 수 없었다.

동쪽에 위치해 있는 바베케 섬으로 항해하는 것이 나의 목표였다. 지금까지 경험한 적이 없을 정도로 거세게 부는 바람을 헤치고 나아갔지만 안전하게 잠시 쉴 수 있는 마을조차 찾을 수 없었다. 결국 바다로 나가 북풍을 받으면서 동쪽으로 항해하기로 결정했다. 아침 10시에 항로를 바꾸고 난 후부터 일몰 때까지 6.5노트로 항해했다. 카보 데 쿠바로부터 동쪽으로 44.5마일, 즉 15리그를 나아갔다.

바람이 불어오는 쪽에 있는 보이오라는 또 다른 섬의 해안은 – 내 계산으로는 – 앞에서 언급한 만에 있는 곳에서 64마일, 즉 21리그 정도 떨어져 있다. 그 해안은 전체적으로 동남동에서 서북서 방향으로 뻗어 있다.

17세기 후반에 제작된 멕시코 일대 지도이다. 지도 왼쪽에 그려진 그림을 통해 당시 인디오의 처지를 짐작할 수 있다.

11월 14일 〉 수요일

지난밤 내내 돛을 내리고 배를 파도에 내맡긴 채 시간을 보냈다. 그 이유는 주변을 탐사할 수 없는 밤중에 섬들 사이를 항해하는 것은 아무 의미도 없기 때문이다. 동행한 인디오들이 어제 나에게 마레스 강에서 바베케 섬까지 3일 정도 걸릴 것이라고 말했다. 하루에 7리그 정도 갈 수 있는 그들의 카누를 기준으로 한 말이다. 바람이 내가 원하는 대로 불지 않아서, 정동 방향으로 가지 못하고 동미남 방향으로 항로를 바꿀 수밖에 없었다. [……] 일출 즈음 바람이 북풍에서 북동풍으로 바뀌었기 때문에 정박할 만한 곳을 찾기로 했다. 만약 찾지 못한다면 쿠바 섬에 있는 항구로 되돌아가야 했다.

밤중에 동미남 방향으로 19마일과 남쪽으로 [……] 마일을 항해했다. 많은 후미바다의 일부가 육지 속으로 깊숙이 들어간 곳와 작은 섬들과 항구들이 있는 육지에 도착했지만, 강풍과 거친 파도 때문에 감히 그쪽으로 다가갈 엄두가 나지 않았다. 또 해안을 따라 북서미서 방향으로 항해하면서 많은 항구들을 발견했지만, 어느 곳에도 접근할 수 없었다. 이렇게 51마일을 항해한 후, 폭이 3분의 1마일이나 되고 수심이 깊은 해협을 발견했다. 그 해협에는 훌륭한 강과 항구가 있어서 그곳으로 가기로 했다. 뱃머리를 남남서쪽으로 돌렸다가 그 다음에는 남쪽으로, 마지막에는 남동쪽으로 향하게 했다. 이곳은 수심이 깊고 폭이 넓었다.

근처에서 수많은 섬을 발견했는데, 그 크기가 상당히 크고 지대가 매우 높았다. 여러 가지 종류의 나무와 수많은 야자나무들이 그곳에 꽉 들어차 있었다. 나는 많은 섬과 산을 보고 놀랐다. 그저께부터 이 지역의 해안과 섬들을 따라오며 본 산들이 세상에서 가장 높고 아름다우며 깨끗하다고 두 분 폐하께 확실하게 말씀드릴 수 있다. 이 섬들은 안개나 눈이 없고, 주변의 수심이 매우 깊은 데다가 바다 속이 들여다보일 정도로 깨끗하다. 내 생각으로는, 이 섬들은 세계 지도상에서 가장 멀리 있는 동양으로 묘사된 무수한 섬들임에 틀림없다. 나는 이곳에는 상당한 보석들과 향료들이 있고, 또한 섬들이 멀리 남쪽으로 뻗어가다가 사방으로 흩어져 있다고 믿는다.

나는 이곳을 마르 데 누에스트라 세뇨라Mar de Nuestra Señora라고 이름을 붙이고, 또한 이 지역의 섬들로 통하는 해협 근처에 있는 항구를 푸에르토 델 프린시페Puerto del Príncipe라고 이름을 붙일 것이다. '두 국왕 폐하께서는 제 평가가 지나치다고 생각지 마십시오. 아직 이곳에 대해 백분의 일도 말씀드리지 못했습니다. 이 섬들 중 몇 개는 하늘에 닿아 있는 것처럼 보입니다. 그 섬의 꼭대기는 마치 다이아

수도사복을 입은 콜럼버스이다. 그는 제 3차 항해 중 강제로 호송되어 한동안 수도사 생활을 해야 했다.

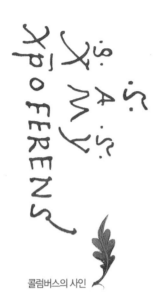

콜럼버스의 사인

몬드의 가장자리처럼 생겼습니다. 다른 섬은 높디높은 고원처럼 생겼고 그 기슭은 큰 범선도 정박할 수 있을 만큼 매우 깊습니다. 물론 암초는 없습니다. 이곳은 온통 숲으로 뒤덮여 있습니다.'

11월 15일 〉목요일

본선의 보트로 이 지역의 섬들을 탐사하기로 결정했다. [……] 유향수와 엄청나게 많은 알로에가 자라고 있었다. 몇몇 섬에서는 인디오들이 빵을 만들어 먹기 위해 뿌리식물을 재배하고 있었다. 여기저기에 불을 놓은 흔적이 보인다. 샘물이 보이지 않는다. 원주민 몇 명을 발견했지만, 모두 달아나 버렸다. 내가 돌아다닌 곳은 수심이 15~16길 정도 되었다. 그 바닥은 깨끗한 모래였다.

11월 16일 〉금요일

나는 이 지역의 섬들 곳곳에 십자가를 세우고 있다. 이번에도 십자가를 세우기 위해 항구로 통하는 해협에서 보트를 타고 육지로 갔다. 한 곳에서 십자가 모양을 하고 있는 통나무 2개를 발견했다. 마치 어느 목수가 만들기라도 한 것 같았다. 나는 그 앞에서 경의를 표하고, 그 통나무 2개로 훌륭한 십자가를 만들라고 지시했다.

해안에서 사탕수수를 발견했지만, 어디서 자라고 있는지는 알 수 없었다. 강을 따라 떠내려 와서 그 해안에 쌓여 있는 것 같았다. 남동쪽에 위치한 항구의 입구 안쪽에 있는 후미로 갔다. 그곳에는 돌출된 바위가 높은 절벽을 이루고 있는 곳이 있는데 그 아래쪽은 수심이 엄청나게 깊다. 세상에서 가장 큰 범선도 정박할 수 있을 정도이다. 또한 마치 홀처럼 생겨서 닻 없이도 여섯 척의 배가 정박할 수 있는 모퉁이도 있다. 섬들로 가득 찬 이 바다가 언젠가 거대한 무역의 장으로 바뀐다면, 이곳은 요새를 건설하기에 가장 적합한 곳이다. 본선으로 돌아왔을 때, 나와 동행하고 있는 인디오들이 큰 바다달팽이를 잡고 있었다. 나는 선원들에게 그 인디오들과 함께 바다 속으로 들어가서 나카라스_nácaras_, 즉 진주가 나오는 굴이 있는지 살펴보게 했다. 굴은 많았지만 진주는 나오지 않았다. 아직은 제철이 아닌 것 같다. 아마도 5, 6월이 진주를 채취할 수 있는 적당한 시기인 것 같다.

선원들이 오소리를 닮은 동물 한 마리를 발견했다. 그들은 어망으로 물고기를 잡았는데, 다랑어와는 다르고 마치 돼지처럼 생긴 물고기 한 마리를 비롯해 엄청나게 많은 물고기가 걸려들었다. 그 물고기는 온몸이 딱딱한 각질로 되어 있는데, 눈, 꼬리, 항문 부위는 부드러웠다. 나는 두 분 폐하께 보여 드리려고 그것을 염장鹽藏하라고 지시했다.

11월 17일 〉토요일

아침에 보트를 타고 아직 보지 못한 남서쪽 섬들을 탐사하러 갔다. 섬들이 매우 푸르고 상쾌한 느낌을 주었다. 섬과 섬 사이의 수심이 대단히 깊었다. 어떤 섬들 사이로는 민물이 흐르고 있다. 높은 산의 샘에서 흘러나오고 있는 것 같았다. 계속 나아가다가 수심이 얕고 몹시 차가운 민물이 흐르는 아름다운 강을 발견

아메리카를 발견한 콜럼버스가 지구본을 들고 있다. 그림 아래쪽에는 그의 발 아래 짓밟힐 운명에 처한 인디오를 보여 주고 있다.

했다. 강가에는 키가 큰 야자나무가 많이 자라고 있는 아름다운 초지草
地가 있었다. 그 야자나무들은 지금까지 내가 본 것들 중에서 가장 키가
컸다.

인도에서 자라는 호두와 종류가 같은 커다란 호두, 인도의 쥐처럼
생긴 큰 쥐, 그리고 큰 게 몇 마리를 발견했다. 새들이 매우 많았고, 강
렬한 사향노루의 향냄새가 풍겨 왔다. 틀림없이 이곳에 사향노루가 살
고 있는 것 같다.

내가 마레스 강에서 붙잡은 젊은 인디오 여섯 명 중에서 가장 나이
가 많은 두 명이 도망쳤다. 그들은 니냐호에 타고 있었다.

11월 18일 〉일요일

각 배의 선원들을 많이 거느리고 보트에 올라 다시 육지에 상륙했다.
푸에르토 델 프린시페로 통하는 해협의 입구에 통나무 2개로 만든 커
다란 십자가를 세웠다. 잘 보이도록 나무들이 없는 공간에 자리를 잡았
다. 매우 높고 멋있어 보인다.

여기는 이 해역에서 본 다른 항구들보다 조수간만의 차가 매우 심하
다. 섬들이 많기 때문이므로 크게 놀랄 일은 아니다. 여기서는 달이 남
서미남 방향에 있을 때, 조수가 낮아지기 때문에 에스파냐와는 정반대
이다.

오늘은 일요일이라서 항해
하지 않았다.

11월 19일 〉월요일

일출 전, 바다가 잠잠한
상태에서 돛을 올렸다.
정오경에 동풍이 가볍

콜럼버스와 학자들이 원정항해의 실제
가능성에 대해 토론하고 있다. 몇몇 사
람들은 콜럼버스를 극심히 반대했다. 그
들은 콜럼버스가 신에게 도전하고 있으
며 신이 인간계에 정해 놓은 경계선을
침범하려 한다고 비난하면서 이 일이 재
난을 불러올 것이라고 했다. 그리고 콜
럼버스를 엄격한 종교재판에 회부해야
한다고 주장했다.

게 불어 와서 북북동 방향으로 항해했다. 일몰 때, 푸에르토 델 프린시페는 남남서 방향으로 약 7리그쯤, 바베케 섬은 정동 방향으로 50마일 정도 떨어져 있었다. 북북동 방향으로 밤새 항해하여 48마일 정도를 나아갔고, 아침 10시까지 9.5마일을 더 나아가 합계 19리그를 항해했다.

11월 20일 〉 화요일

바베케 섬, 즉 바베케 제도는 동남동 방향에 있었는데, 바람이 역풍으로 불었다. 풍향의 변화가 전혀 없고 파도가 거세어져서 푸에르토 델 프린시페로 돌아가기로 결정했다. 우리는 그곳에서 이미 26.5리그를 항해해 왔다. 나는 13리그쯤 떨어져 있는 이사벨라 섬으로 가지 않았다. 물론 오늘 그곳에 정박할 수도 있었지만, 두 가지 이유에서 가지 않았다. 첫 번째 이유는, 내가 가 보고 싶은 2개의 섬이 보였기 때문이다. 두 번째는, 산 살바도르 섬이라고 이름을 붙인 과나하니 섬에서 붙잡아 온 인디오들이 달아나지 않을까 걱정되었기 때문이다. 과나하니 섬은 이사벨라 섬에서 8.5리그밖에 떨어져 있지 않다. 나는 그들이 필요하고, 카스티야로 데려가고 싶다. [⋯⋯] 그들은 내가 황금을 찾으면 고향으로 돌아갈 수 있다고 생각하고 있다.

　푸에르토 델 프린시페에 가까이 갔지만, 밤인 데다가 조류가 배를 북서쪽으로 밀고 올라가 그곳에 입항할 수 없었다. 우리는 항로를 바꾸어 강풍을 타고 북동쪽으로 항해했다. 세 번째 당직시간에 강풍이 잠잠

1459년에 만들어진 지도다. 당시의 세계관은 콜럼버스의 항해에 큰 걸림돌이었다.

해지면서 풍향이 바뀌어서 동미북 방향으로 나아갔다. 남남동풍이 불다가 새벽녘에 남풍으로 바뀌더니 간간이 남동풍도 불었다. 일출 때, 푸에르토 델 프린시페의 위치를 확인했다. 그곳은 남서미서 방향으로 약 38마일, 즉 12.5리그 정도 떨어져 있었다.

11월 21일 〉수요일

일출 무렵에 남풍을 타고 동쪽으로 항해했다. 역조로 인해 조금밖에 나아갈 수 없어서, 만과까지 19마일밖에 항해하지 못했다. 그런데 바람이 동풍으로 바뀌어서 남미동 방향으로 뱃머리를 돌려 일몰 때까지 9.5마일을 항해했다. 마레스 항에서처럼, 우리가 적도로부터 북위 42도 지점에 있음을 확인했다. 하지만 항구에 도착해서 사분의를 고쳐야 할 것 같았다. 우리가 그렇게 북쪽으로 올라가 있을 리가 없다. 날씨가 너무 더웠기 때문에 나는 카스티야와 동일한 높이에서 북극성을 찾아내고는 당황했다. 그 열기 덕분에, 내가 항해하고 있는 이 섬과 그 주변에서 반드시 많은 황금이 나올 것이라고 생각했다.

오늘, 마르틴 알론소가 탐욕에 눈이 멀어서 내 허락도 받지 않고 핀타호를 이끌고 제멋대로 항해에 나섰다. 핀타호에 동승한 인디오가 그에게 많은 황금을 주겠다고 한 말을 믿었던 모양이다. 그는 일행을 기다리지 않고 혼자 가 버렸다. 그것은 악천후 때문이 아니라 그의 선택이었다. 그는 나의 말을 거스르고 가 버렸는데, 전에도 이런 일이 여러 번 있었다.

11월 22일 〉목요일

수요일 밤에 바다가 거의 잠잠한 상태에서 동

인디오가 처음 유럽 땅에 오게 된 것은 콜럼버스에 의해서이다. 그림은 유럽 인의 눈에 비친 인디오들의 모습이다.

풍을 타고 남미동 방향으로 항해했다. 세 번째 당직시간에 바람이 북북동풍으로 바뀌었지만 항로를 유지하여 계속 남쪽으로 나아갔다. 그쪽에 있는 육지를 보기 위해서였다. 일출 즈음, 역조 때문에 우리가 전날과 마찬가지로 육지에서 32마일 정도 떨어져 있다는 것을 발견했다. 지난밤 마르틴 알론소는 바베케 섬으로 가려고 동쪽으로 항해했다. 인디오들이 그 섬에 엄청난 양의 황금이 있다고 했다. 그는 우리와 13마일 정도 떨어져 있었다. 나는 밤새 육지 쪽으로 항로를 유지하면서 돛을 내리고 등불을 밝혀 두도록 했다. 왜냐하면 마르틴 알론소가 우리 쪽으로 오고 있다고 생각했기 때문이다. 우리가 다시 합류할 수 있도록 도우려는 듯 상쾌한 바람이 부는 맑은 밤이었다.

11월 23일 〉 금요일

하루 종일 가벼운 바람을 타고 육지를 향해 남쪽으로 항해했지만, 줄곧 조류의 방해를 받았다. 결국 해 질 녘에는 아침보다도 더 육지에서 멀어져 있었다. 동북동풍이 불어 남쪽으로 항해하기에 적당했지만, 바람의 세기가 약했다. 남쪽에 있는 곶 가까이에 동쪽으로 뻗어 있는 또 다른 육지 혹은 곶이 자리 잡고 있었다. 인디오들은 그곳을 보이오라고 부른다. 또한 그곳이 규모가 무척 크고, 이마에 외눈이 달린 식인종이라고 알려진 사람들이 살고 있다고 했다. 인디오들은 그들을 무척 두려워했다. 우리가 이 항로로 항해하고 있는 사실을 알게 된 인디오들은 식인종들이 잘 무장되어 있으므로 우리들을 잡아먹을지도 모른다고 하더니 곧 말문을 닫아 버렸다. 나는 그들의 말에 어느 정도 일리가 있다고 여겼고, 식인종들이 무장하고 있다면 상당히 지능이 높은 종족일 것이라고 생각했다. 인디오들은 아마도 포로로 잡혀간 사람들이 고향으로 돌아오지 않으면 잡아먹혔다고 생각하는 것 같다. 우리를

▶ 아메리카 식인종 부족의 연회를 그린 이 삽화는 1596년 출판된 《인디아스의 역사》에 실린 것이다. 콜럼버스는 물론 그의 수행원들 역시 아메리카의 식인종에 대해 기록을 남겼다. 그들은 아메리카 식인종은 포로와 어린아이를 살찌워 잡아먹는다고 했다.

맨 처음에 보았을 때, 그들은 나와 우리 일행에 대해서도 비슷하게 생각했다.

11월 24일 〉 **토요일**

밤새 항해했다. 제삼시과성무일과 중 오전 9시경의 기도시간이다에 평평한 모양으로 생긴 섬에 도착했다. 그 섬은 지난주 바베케 섬으로 가는 도중에 지나갔던 바로 그곳에 있었다. 산과 산 사이에서 거친 파도가 일렁이고 있었기 때문에 감히 육지에 접근할 수 없었다. 마침내 많은 섬들이 있는 마르 데 누에스트라 세뇨라에 도착했다. 그 섬들로 가는 해협의 입구에 있는 항구로 들어갔다. 처음부터 이 항구를 알았다면, 그래서 마르 데 누에스트라 세뇨라에 있는 섬들을 돌아다니면서 시간을 보내지 않았더라면, 이렇게 주변을 헤매다 제자리로 돌아올 필요가 없었을 것이다. 하지만 그 섬들을 돌아다닌 시간들이 헛되지는 않았다.

　육지에 도착하자마자 보트를 보내 그 항구의 수심을 재도록 했다. 수심은 6~20길이었으며 깨끗한 모래사장이 있었다. 그 평평한 모양의 섬을 북쪽에 둔 채, 뱃머리를 남서쪽으로 돌려 항해하다가 그 다음에

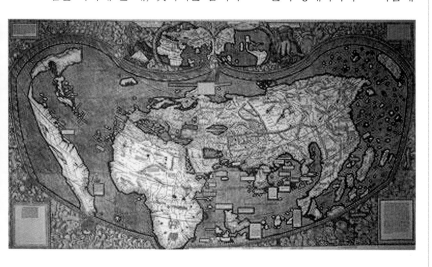

콜럼버스의 발견에 근거하여 16세기에 만들어진 지도이다.

서쪽으로 나아갔다. 이 섬과 다른 한 섬이 석호를 형성하고 있는데, 배를 매는 밧줄 없이도 에스파냐의 모든 배들을 거센 바람으로부터 안전하게 정박시킬 수 있을 정도로 넓다.

남동쪽으로 난 입구는 뱃머리를 남남서쪽으로 돌리면 들어갈 수 있고, 서쪽 끝에는 폭이 넓고 수심이 깊은 출구가 있다. 배들은 두 섬 사이를 항해할 수 있다. 북쪽에서 이 해안으로 오는 사람들은 누구나 이 섬들을 발견할 수 있다. 그 까닭은 이 해안에 있는 많은 산들 중에 가장 길고 높게 동서로 뻗은, 그래서 눈에 띄는 산의 기슭에 이 섬들이 위치해 있기 때문이다. 또한 모래사장이 입구까지 펼쳐져 있고, 외곽에는 암초가 그 산과 나란하게 뻗어 있다. 이것은 모두 남동쪽에 있다. 평평한 모양의 섬이 있는 쪽에, 또 다른 작은 암초가 있다. 앞서 설명한 바 대로, 그 둘 사이에는 너비와 깊이가 충분한 곳이 있다.

잠시 후, 남동쪽 입구에 있는 항구 안으로 매우 크고 아름다운 강이 보였다. 지금까지 본 어느 강보다도 수량이 많았는데 강어귀까지 민물이 흐르고 있다. 강어귀에 모래톱이 있었지만 강 안쪽은 수심이 8~9길 정도 되었다. 다른 강처럼 야자나무 숲이 우거져 있다.

황금이 박히거나 함유된 돌멩이들

11월 25일 〉 일요일

일출 전, 평평한 모양을 한 섬의 남동쪽에 있는 곳을 살펴보려고 보트를 타고 1.5리그쯤 갔다. 나는 그곳에 또 다른 강이 하나 있으리라고 생각했다. 그 곳을 돌아보다가 그 곳의 남동쪽에서 석궁 사정거리의 2배쯤 떨어진 지점에 이르렀다. 그곳은 아름답고도 거대한 물줄기가 산에서 요란스런 소리를 내며 흘러내리고 있었다. 강으로 가 보니, 황금빛 파편이 박힌 돌들이 물 속에서 반짝이고 있었다. 타구스Tagus 강과 바다가 만나는 합류 지점에서 황금이 발견되었다는 기억이 떠올랐다. 이 강에 황금이 있으리라고 확신했다. 두 분 폐하께 가져가기 위해서 돌 몇 개를 채취하라고 지시했다.

돌을 채취하는데 견습선원들이 이곳에 소나무 숲이 있다고 소리쳤다. 산을 올려다 보니 키가 크고 빼어난 나무들이 마치 굵고 가는 방추물레에서 실을 감는 가락, 북이라고도 한다처럼 빽빽이 서 있었다. 형언할 수 없을 정도로 큼 직하고 곧았다. 여기서 배를 만들 수 있겠 다는 생각이 들었다. 또한 에스파냐에서 큰 배를 만들 때 판자와 돛대를 얼마든지 공급 할 수 있겠다고 생각했다. 떡갈나무와 딸기 나무도 있었다. 이곳에는 수력 제재소를 만 들기에 적당한 강과 자원이 있었다.

날치를 그린 판화로 라스카사스의 《인 디아스의 역사》에 실린 유명한 삽화 중 하나이다.

높고 아름다운 산이 있어서 산들바람이 이제까지보다 더욱더 시원 했다. 해안에서 철 빛깔이 나는 돌과 선원들이 은광석이라고 주장한 돌 이 많이 발견되었는데, 이것들은 모두 강물에 씻겨 내려온 것들이었다. 니냐호의 뒤 돛대와 그것의 활대로 쓰려고 나무를 자르라고 했다.

강어귀를 지나 곶의 남동쪽 기슭에 자리 잡은 후미로 들어갔는데 그 곳은 매우 넓고 수심이 깊어서 항구로서 최적의 장소였다. 100여 척의 배가 밧줄이나 닻 없이도 정박할 수 있을 것 같다. 산이 매우 높고, 아 름다운 시냇물이 흐르고 있다. 언덕 위에는 소나무가 우거져 있고, 곳 곳이 아름답고 다양한 나무들로 가득 차 숲을 이루고 있었다. 우리 뒤 쪽에도 2~3개의 강들이 있었다.

나는 이루 말할 수 없이 기쁘고 즐겁다. 이 모든 것들, 특히 소나무 에 주목할 필요가 있다. 왜냐하면 장비만 있으면 여기서 원하는 대로 배를 만들 수 있기 때문이다. 여기는 나무가 많아 송진도 쉽게 구할 수 있다. 내 찬사는 실제의 백분의 일도 되지 않는다. 주님의 은총으로 늘

전보다 훨씬 멋있는 광경을 볼 수 있다. 나의 탐험이 계속되면서 땅, 숲, 식물, 열매, 꽃, 사람 등 모든 것들이 더욱더 좋아지고 있다. 내가 가는 곳은 어디든지 항상 새롭다. 내가 보는 순간 경이로움으로 충만하다. 듣는 이에게 이 경이로움을 어떻게 전해야 할지 모르겠다. 백 번 듣는 것이 한 번 보는 것만 못하다.

11월 26일 〉 월요일

평평하게 생긴 섬 안쪽에 있는 산타 카탈리나Santa Catalina 항구에 머물고 있다가, 해 뜰 무렵 닻을 끌어올렸다. 약하게 부는 남서풍을 타고 해안을 따라, 카보 델 피코Cabo del Pico를 향해 동남쪽으로 항해했다. 바람이 잦아들어 많은 시간이 걸려서 그 곳에 도착했다. 도착해 보니 그 지점에서 남동미동 방향으로 50마일쯤 떨어져 있는 지점에 다른 곳이 있었다. 더 가까이에 또 다른 곳이 있었는데 위치는 남동미남 방향으로 15마일 정도 떨어져 있었다. 그 곳을 카보 데 캄파나Cabo de Campana라고 이름 붙였다. 바람이 쥐 죽은 듯 잠잠해서, 해 질 녘 전에 도착하지 못했다. 하루 종일 항해한 거리가 약 24.5마일, 즉 8리그 정도뿐이었다. 이 항로에는 모든 선원이 아주 멋있다고 감탄한 항구가 9개, 큰 강이 5개나 있어서 기록해 두었다. 모든 것들을 잘 살펴보기 위해 해안 가까이 접근해서 항해하고 있다.

모든 지역이 지대가 높고 아름다운 산으로 이루어져 있었다. 그 산들은 메마른 바위투성이가 아니라서 걸어 다니기 좋다. 또한 아름다운

콜럼버스의 선단은 모두 세 척으로 산타 마리아호, 핀타호, 니냐호였다.

계곡들도 있다. 언덕과 계곡에는 키가 크고 싱싱한 나무들이 우거져 있어서, 보는 이의 눈을 즐겁게 해 준다. 나무들은 대부분 소나무이다. 카보 델 피코의 뒤쪽, 즉 남동쪽에는 각각 둘레가 2리그쯤 되는 작은 섬 2개가 있는데, 그 뒤쪽으로 3개의 훌륭한 항구와 2개의 큰 강이 있다.

아메리카 대륙에 오르는 콜럼버스. 한 손에는 깃발을 다른 한 손에는 칼을 들고 있다.

바다 쪽에서 보면 이 해안 어느 곳에도 집이 보이지 않았다. 하지만 사람들이 있다는 증거가 보였다. 우리가 가는 곳마다 사람들이 불을 피웠던 흔적이 보였다.

오늘 카보 델 캄파나의 남동쪽으로 보인 육지는 인디오들이 보이오라고 부르는 섬이 틀림없다. 그 육지와 곶 사이가 상당히 떨어져 있기 때문이다. 지금까지 만난 모든 인디오들은 '카니바Caniba' 또는 '카니마Canima'라는 말만 들어도 벌벌 떨었다. 인디오들은 그들이 매우 큰 보이오 섬에 살고 있다고 했다. 그러나 내가 보기에는 인디오들이 워낙 겁이 많고 싸움이 서툴기 때문에 그들이 땅과 집을 장악한 것 같다. 그들이 보이오라는 이 섬 부근에 살고 있기 때문에, 우리와 동행한 인디오들은 이곳에서 멀리 떨어진 곳에서 살아온 것이라고 생각한다. 내가 그쪽으로 항로를 바꾸자 인디오들은 그들에게 잡아먹힐까봐 두려움에 질려 말을 하지 못했다. 나는 그들을 안심시킬 수가 없었다. 인디오들은 보이오 사람들이 얼굴은 개처럼 생겼고 외눈박이라고 했다. 나는 그 말이 사실이 아니라고 생각한다. 인디오들을 포로로 잡아간 사람들은 틀림없이 그레이트 칸의 지배하에 있는 사람들일 것이다.

11월 27일 〉화요일

어제 일몰 때, 우리는 캄파나라는 곳으로 접근하는 중이었다. 바람이 부는 방향으로 훌륭한 항구가 5~6개나 있었지만, 하늘이 맑고 바람도 약해서 육지로 가서 닻을 내리지 않기로 결정했다. 이유는 일정이 예정 보다 늦어졌기 때문이다. 일단 상륙하게 되면, 그곳의 아름다운 자연이 불러일으키는 욕망과 기쁨에 도취되어 나의 목표 달성이 지연될 것이 분명하기 때문이다. 동틀 녘까지 바다에서 닻을 내리고 파도에 배를 내 맡긴 채로 시간을 보냈다.

아침에 보니 우리 배들이 해 질 녘에 머물렀던 지점에서 5~6리그 이상이나 떨어진 캄파나의 육지 부근에 가 있었다. 밤사이 조수와 조류 때문에 일어난 일이었다. 그 곳 너머로 땅과 땅을 나누고 있는 것처럼 보이는 광활한 공간이 보였고 그 사이에 섬 하나가 보이는 듯했다. 나 는 남서풍을 타고 항해하기로 결정했다. 그 광활한 공간은 커다란 만에 불과했는데, 그 만의 남동쪽 끝자락에 있는 곳에 섬처럼 보이는 사각형 모양의 높은 산이 자리 잡고 있었다.

바람이 갑자기 북풍으로 바뀌어 항로를 남동쪽으로 바꾸었다. 해안 을 따라 펼쳐지는 풍경들을 바라보며 항해했다. 카보 데 캄파나의 기슭 에 훌륭한 항구와 큰 강이 있었다. 거기서 4분의 1리그를 가자 다른 강 이 나왔고, 2분의 1리그를 더 가자 또 다른 강이 나왔다. 다시 그곳에서 2분의 1리그 지점과 다시 2분의 1리그가 떨어진 지점에도 강이 있었다. 그리고 4분의 1리그 지나 또 강이 나왔고, 1리그를 더 나아가자 또 다 른 강이 나왔다. 그곳은 카보 데 캄파나에서 15마일 떨어진 지점이었 다. 이 강들은 모두 그 곳의 남동쪽에 위치해 있었다. 대부분의 강이 폭

이 넓고 입구에 모래톱이나 암초나 여울과 같은 장애물이 없어서 큰 배들도 정박할 수 있는 훌륭한 항구를 이루고 있다.

마지막에 본 강에서 남동쪽으로 해안을 따라가던 중에 큰 마을을 발견했다. 이 마을은 지금까지 본 마을 중에서 가장 컸다. 대단히 많은 원주민들이 벌거벗은 채 손에 투창을 들고 소리를 지르면서 해안으로 몰려왔다. 그들과 이야기하기 위해 돛을 내리고 정박했다. 두 배의 보트들을 내려 육지로 보냈다. 선원들에게 인디오에게 해를 끼치지도, 해를 당하지도 말라고 당부한 후 몇 가지 사소한 물건을 그들에게 주라고 지시했다.

인디오들은 선원들이 상륙하지 못하도록 저항하는 몸짓을 했다. 하지만 선원들이 전혀 두려워하지 않고 해안으로 다가가자 해변에서 물러났다. 두세 명의 선원들이 보트에서 내리면 인디오들이 두려워하지 않으리라고 생각했다. 두 명의 선원이 해변으로 올라서면서 인디오의 말로 두려워하지 말라고 소리쳤다. 그 선원들은 우리와 동행하고 있는 인디오들에게 그들의 언어를 조금 배웠다. 하지만 어른이고 어린아이고 할 것 없이 모두 달아나 버렸다.

1500년경에 그려진 아메리카 대륙이 포함된 세계 지도이다. 놀랍게도 아프리카 대륙의 윤곽이 이미 완성되어 있다. 또 아메리카 대륙이 거대한 변경으로 드러나 있는데, 어떤 대륙보다도 광활해 보인다.

세 명의 선원이 그들의 집 안으로 들어가 보았다. 그 가옥은 지금까지 본 가옥들과 비슷했는데 지푸라기로 만들어져 있었다. 집 안에는 사람도, 살림살이도 전혀 보이지 않았다. 선원들이 배로 돌아왔다. 우리는 정오에 돛을 올리고 동쪽으로 8리그쯤 떨어져 있는 아름다운 곳으로 출발했다. 그 만을 가로질러 2분의 1리그를 항해했을 때, 남쪽에 매우 훌륭한 항구가 나타났다. 동남쪽으로는 기복이 심한 평야가 산에 둘러싸인 채 아름다운 들판을 이루고 있었다. 그곳에 있는 마을에서 연기가 제법 솟아오르고 있었다. 또한 땅이 잘 가꾸어져 있었다. 그래서 항구에 상륙하여 거래를 할 수 있는지 원주민들과 이야기를 나누어 보기로 결정했다.

다른 항구들에 관해 언급했지만, 이 항구만큼 아름다운 곳은 없었던 것 같다. 항구 주변의 땅은 위치나 지세가 아주 좋고, 거주하기에도 최적의 조건이다. 풍경도 아름다운데 소나무와 야자나무가 울창하게 우거진 숲이 경이롭다. 남서쪽으로 뻗어 있는 대평원도 눈길을 사로잡는다. 완전한 평지는 아니지만 기복이 있는 낮은 언덕들로 이루어진 그 대평원은 세상에서 가장 아름다운 광경이다. 산에서 흘러 내려오는 많은 시냇물들이 그 대평원을 가로지른다.

닻을 내리고 항구의 수심을 측정하려고 보트를 띄웠다. 이 항구는 납작한 접시처럼 생겼다. 항구의 안쪽으로 보트를 타고 가다가 남쪽에서 갤리선도 충분히 들어갈 수 있을 만한 강을 발견했다. 그 강어귀는 가까이 다가가지 않고서는 결코 발견할 수 없는 곳에 위치해 있었다. 너무 아름다워서 그 안으로 들어가고 싶은 유혹을 받았다. 보트 길이만큼 들어가 수심을 재니 8길이나 되었다. 보트를 타고 상류 지역까지 꽤 먼 거리를 올라갔다. 물속의 모래까지 보일 정도로 맑은 물, 전에 보았던 것들보다 훨씬 키가 크고 더욱더 아름다운 다양한 종류의 야자수, 헤아릴 수 없는 각양각색의 나무, 새, 초록색의 평원 등등. 이 모든 아름다움과 싱싱함 때문에 나는 영원히 그곳에 머물고 싶었다.

'두 분 폐하, 이 땅의 아름다움은 너무나 대단합니다. 상쾌함과 아름다움에 있어서 이곳보다 나은 곳을 찾기란 불가능합니다. 이 아름다움을 두 분 폐하께 설명하려고 아무리 노력해도, 모든 진실을 말로 하기에는 제 혀가 너무 짧고, 기록하기에는 제 손이 모자랍니다. 저는 선원들에게 귀에 못이 박히도록 이 이야기를 해 왔습니다. 이곳은 정말 어떻게 묘사해야 좋을지 적절한 말을 찾을 수 없어 말문이 막힐 정도로 매우 아름답습니다. 여러 지역에 관해, 나무와 꽃과 식물 그리고 항구 등 모든 경치에 관해 제가 할 수 있는 한 자세히 기록했습니다. 하지만 제 모습을 제대로 살리지 못한 것 같습니다. 다른 사람들도 모두 이곳보다 아름다운 곳은 찾을 수 없다고 말했습니다. 저는 이제 더 이상 이곳의 아름다움에 관해 쓰지 않겠습니다. 대신 다른 사람들이 글로 기록하길 바랍니다. 그들이 이곳의 아름다운 모습을 있는 그대로 묘사할 수 있는 뛰어난 능력을 갖추고 있다면 더욱더 좋겠습니다.

이곳에서 얻게 될 이익에 대해서는 언급하지 않겠습니다. 두 분 폐하, 이 땅에는 가치 있는 것들이 엄청나게 많다고 확언합니다. 하지만 어떤 항구에서도 지체하지 않을 생각입니다. 가능한 한 많은 곳을 탐사하여 두 분 폐하께 보고 드리고 싶기 때문입니다. 더욱이 저는 원주민들의 언어를 모릅니다. 원주민들도 저의 말을 이해하지 못합니다. 저의 일행들도 마찬가지입니다. 때문에 배에 동승하고 있는 인디오들의 의사표현을 잘못 이해하는 경우가 종종 있었습니다. 또한 그들을 신뢰할 수 없습니다. 그들이 계속 달아나

진상된 물품을 그려 놓은 진상목록이다. 인디오는 각각의 물품을 자세히 채색하여 그려 놓았다.

려고 시도하기 때문입니다. 하지만 이제는 주님의 도움으로 가능한 한 많은 것을 살펴보고 이해하면서 배우려고 합니다. 일행 중 한 사람에게 원주민들의 언어를 배우게 할 계획입니다. 지금까지 파악한 바로는 그들의 언어는 이 지역의 모든 곳에서 통용되고 있습니다. 때문에 어떤 일이 유익한지를 파악하는 일과 그들을 그리스도교로 개종하는 일이 보다 쉬워질 것입니다. 더구나 그들은 신앙도 없고 우상숭배도 없어서 쉽게 개종할 것입니다. 만일 두 분 폐하께서 이곳에 도시와 요새를 건설하도록 허락해 주신다면 이 지역은 빠르게 변할 것입니다.

세상에서 이곳만큼 좋은 곳은 없을 것이라고 확언합니다. 비옥한 땅, 폭염도 혹한도 없는 기후, 맛좋고 깨끗하고 풍부한 물 등이 있기 때문입니다. 질병이 창궐하는 기니의 강들과는 다릅니다. 주님께 감사드릴 일이지만, 지금까지 이곳에서는 두통을 호소한 사람도 없었고 질병으로 앓아누운 사람도 없습니다. 평생 동안 결석結石으로 시달려 온 노인이 있었는데, 이곳에서 이틀을 보낸 후에 모두 나았습니다. 이 이야기는 세 척의 배 모두에 해

인디오들은 섬을 옮겨 다닐 때 통나무 배, 즉 카누를 이용했다. 콜럼버스는 150명을 태울 수 있을 정도의 커다란 카누도 있다고 했다.

당합니다. 일이 순조롭게 진행되어 두 분 폐하께서 이곳으로 학자를 파견하신다면 곧 모든 진상을 아시게 될 것입니다.

제가 일찍이 훌륭한 항구와 주변 환경을 갖추고 있는 마레스 강가에

촌락과 요새를 건설하기에 적합한 부지가 있다고 말씀드린 바 있습니다. 제가 말씀드린 것은 모두 사실이며, 촌락과 요새의 부지로 마레스 강가와 더불어 이곳 마르 데 누에스트라 세뇨라에 필적할 만한 곳은 없습니다. 이곳의 내륙에는 큰 마을이 많은데 사람들도 많이 살며 큰 이익을 얻을 수 있는 물건도 많이 있습니다. 지금까지 제가 발견한 그리고 앞으로 귀국하기 전까지 발견하게 될 모든 지역과 그리스도교 세계가 거래하게 될 경우, 에스파냐는 이 모든 지역을 지배하면서 다른 나라보다 더 활발하게 거래할 수 있을 것입니다. 두 분 폐하께서는 그리스도 교도들을 제외한 다른 외국인들은 여기서 장사를 하거나 발을 들여놓지 못하게 해야 한다고 생각합니다. 이것은 그리스도교의 성장과 번영을 위한 길입니다. 또한 이 사업의 처음이자 마지막 목표가 그리스도교의 전파이기 때문입니다. 따라서 두 분 폐하께서는 그리스도 교도 이외에는 어느 누구도 여기에 오지 못하도록 조치하셔야 합니다.'

나는 강 상류 지역으로 올라가다가 몇 개의 지류를 발견했다. 또한 그 항구 주변을 돌아다니다가 강어귀에서 과수원처럼 생긴 아름다운 숲과 통나무로 만든 카누 한 척을 발견했다. 12인용 푸스타 선만 한 그 카누는 햇볕이나 강물에 손상되지 않도록 커다란 야자수 이파리로 지붕을 이은 일종의 선고船庫에 보관되어 있었다.

이곳은 훌륭한 항구, 맛좋은 물, 비옥한 땅, 쾌적한 주변 환경, 풍부한 목재 등을 갖추고 있어서, 촌락이나 도시 그리고 요새를 건설하기에 안성맞춤이다.

콜럼버스의 항해에 관한

몇 가지 궁금증

1 콜럼버스는 어떤 배를 타고 떠났을까?

당시에는 캐랙(Carrack) 선보다는 캐러벨(Caravel) 선이 널리 이용되고 있었다. 그래서인지 콜럼버스도 두 척의 캐러벨 선과 한 척의 캐랙 선으로 항해를 떠났다.

산타마리아호

콜럼버스가 1차 항해 때 사용한 배인 산타마리아호는 그다지 생명이 길지 않았다. 출항 후 5개월 만인 12월 24일 아메리카 대륙에서 좌초되었고, 그 후 1943년 콜럼버스가 다시 다시 그곳을 찾았을 때는 그 흔적을 찾아볼 수 없었다. 그 때문에 산타마리아호에 대해서는 믿을 만한 자료가 없다. 가장 믿을 수 있고 확실한 자료는 콜럼버스가 남긴 항해일지뿐이다. 그러나 이마저도 산타마리아호가 그 당시 가장 최신식의 캐랙 선이라는 기록뿐이어서, 그 크기에 대해서는 여전히 의견이 분분하다. 캐랙 선은 역풍에 유리한 삼각범과 뒤에서 부는 순풍에 유리한 사각범의 장점을 혼용한 배이다. 그래서 강한 계절풍을 타고 넓은 바다를 항해하는 데 적합했다. 캐랙 선의 크기는 점차 커져 15세기에 400백 톤 정도였던 것이 16세기에는 1천 톤 이상이 되었다.

핀타호와 니냐호

포르투갈에서 개발한, 삼각범만을 장착한 배가 캐러벨 선이다. 삼각범은 사각범보다 역풍에 유리하다. 또 물에 잠기는 부분이 작고 속도가 빨라서 바람의 방향이 일정치 않은 연안 항해에 유리해 지중해 지역에서 많이 사용되었다. 캐러벨 선은 13세기에는 어업용으로 이용되다가 점차 연안 항해선으로 사용되면서 크기가 커졌고, 15세기에 들어서는 해양왕 엔리케의 아프리카 서해안 탐험에도 사용되었다.

콜럼버스도 캐러벨 선을 좋아하여 니냐호와 핀타호 두 척을 캐러벨 선으로 만들었다. 그러나 대양 항해에는 부족한 점이 많아서 후에 니냐호를 캐랙 선으로 개조한 후 귀항길에 올랐다.

핀타호

니냐호

2 콜럼버스와 선원들은 뭘 먹고 지냈나?

몇 달씩 바다 위에서 지내야 하는 선원들. 충분한 영양 보충이 필요하지만 당시에는 꿈도 꿀 수 없는 일이었다. 왜냐하면 음식을 보관할 수 있는 냉장고가 당시에는 없었으니까. 때문에 선원들은 말리거나 절인 혹은 발효시킨 - 한마디로 오래 보관할 수 있는 - 음식만을 먹을 수 있었다. 결국 빵, 치즈, 소금에 절인 고기뿐이었다.

하지만 빵도 우리가 요즘 먹는 그런 빵이 아니라, 말라빠진 과자인 'Sea biscuit'이라는 선원용 빵이었다. 소금에 절인 고기는 대부분이 쇠고기였는데 이것도 오래 지나다 보면 상하기 일쑤였다. 하지만 선원들은 달리 먹을 수 있는 것이 없었으므로 상한 것을 알면서도 먹을 수밖

에 없었다. 게다가 야채를 먹을 수 없었기 때문에 비타민 부족으로 괴혈병에 시달리곤 했다. 이와 함께 술도 싣고 다녔는데 알코올 성분이 힘든 일을 하는 선원들에게 힘을 돋우어 주기도 했다.

선원들이 먹던 빵 'Sea biscuit'

결론은 한마디로 "선원들은 결코 좋은 음식을 먹지 못했다."는 것이다. 장기간의 항해에 지친 선원들이 반란을 일으키려 했다는 《콜럼버스 항해록》의 이야기도 혹시 이 때문이 아니었을까?

3 콜럼버스는 어떤 도구를 가지고 떠났을까?

사분의

사분의는 별의 높이로 위도를 측정하는 데 사용된 최초의 기구로, 항해용으로 사용된 것은 1450년경부터이다. 16세기에 이르러 티코 브라헤는 이것으로 화성을 관측하기도 했다.

아스트롤라베

별을 관측하여 위도를 측정하는 천체 관측기 아스트롤라베 (astrolabe)이다. 당시에는 장거리 항해 시에 반드시 갖추어야 하는 필수적인 기구였다.

모래시계

모래시계는 시간을 측정하는 기구로, 항해용으로는 반시간 혹은 한시간 단위로 된 것이 사용되었다. 하지만 사람이 때가 되면 손으로 뒤집어 주어야 했기 때문에 정확하지는 않았다. 콜럼버스는 반시간 단위의 모래시계를 이용했다.

나침반

나침반의 원리를 처음 발견한 것은 중국인이며, 유럽 인이 나침반을 사용한 것은 13세기경부터이다. 콜럼버스가 살았던 시대에 사용되었던 나침반이다.

항구에 배를 정박하고
주변을 탐색하다

에스파냐 왕의 왕관

11월 28일 〉 수요일

바람은 남서풍이었지만, 비가 오고 먹구름이 끼어 하루 종일 항구에 머물렀다. 순풍을 타고 해안을 따라 내려갈 수 있었지만, 육지를 찾기 어려운 데다가 익숙하지 않은 해안에서 위험에 빠질까봐 닻을 내리고 멈춰 있었다. 두 배에서 선원들이 내려서 육지에 올랐다. 그들 중 일부가 옷을 빨려고 내륙으로 조금 들어가다가, 원주민들이 모두 달아나 버려 텅 비어 있는 큰 마을을 발견했다. 선원들은 그 항구로 이어진 ― 우리가 머물고 있는 강보다 훨씬 큰 ― 또 다른 강을 따라 돌아왔다.

11월 29일 〉 목요일

비가 계속 내리고, 하늘도 여전히 잔뜩 흐려 있어서 항구에 머물렀다. 선원들 중 몇 사람이 항구의 북서쪽 부근에서 다른 마을을 찾았지만 모든 집이 텅 비어 있었다. 돌아오는 중에 미처 달아나지 못한 노인 한 명과 우연히 마주쳤다. 그에게 해칠 의사가 없음을 알리고 사소한 물건

몇 개를 챙겨 준 후 풀어 주었다. 나는 그를 만나 약간의 옷을 주면서 몇 가지 질문을 하고 싶었다. 이 땅의 매력과 식민지 건설의 가능성을 알고 싶었기 때문이다. 여기에 큰 마을들이 있음은 틀림없다. 어떤 집에서 선원들이 밀랍 한 덩어리를 발견했는데, 나는 이것을 두 분 폐하께 가져갈 생각이다. 밀랍이 있을 정도라면 틀림없이 쓸모 있는 물건들이 많이 있을 것이다.

다른 집에서 해골을 바구니 안에 넣고 또 다른 바구니로 덮어서 기둥에 매달아 놓은 것을 선원들이 발견했다. 다른 마을에서도 그와 똑같은 것을 본 적이 있었다. 중요한 조상의 해골임에 틀림없다. 인디오의 집은 많은 사람들이 공동으로 생활할 수 있을 만큼 커다랗다. 아마도 그들은 모두 조상이 같은 한 자손일 것이다.

콜럼버스의 계획에 처음부터 큰 관심을 보였던 이사벨 여왕의 동상이다.

11월 30일 〉 금요일

내가 의도한 항로와 정반대로 부는 동풍 때문에 항해할 수가 없었다. 무장한 선원 여덟 명과 인디오 두 명을 보내면서 내륙에 있는 마을을 살펴보고 원주민들과 이야기를 나누어 보라고 지시했다. 그러나 원주민들이 모두 달아나 버려 집들은 대부분 텅 비어 있었다. 젊은 사람 네 명이 밭에서 땅을 파고 있었는데, 일행을 보자마자 달아나 버려 붙잡을 수가 없었다.

선원들은 여러 마을들을 살펴보면서 멀리까지 이동했다. 잘 개간되어 있는 땅은 큰 강을 끼고 있어서 매우 비옥했다. 카누 한 척을 강가에서 우연히 발견했다. 통나무로 잘 만들어진 카누는 길이가 95뼘 정도 되었는데, 150여 명 정도가 탈 수 있을 만큼 컸다.

12월 1일 〉 토요일

어제와 마찬가지로 역풍과 폭우로 인해서 항해를 할 수 없었다. 항구 입구에 솟아 있는 바위 꼭대기에 커다란 십자가를 세웠다. 이 곳은 해협 입구의 남동쪽에 있다. 나는 그 항구를 푸에르토 산토Puerto Santo라고 이름 붙였다.

이 항구로 들어가려고 하는 사람들은 남동쪽에 위치한 곳보다 북서쪽에 위치한 곳을 이용하는 것이 좋다. 험한 바위산과 일직선상에 있는 북서쪽에 있는 곳의 앞바다는 수심이 12길이고 바닥에 암초가 전혀 없다. 그 항구의 남동쪽에 있는 곳의 앞바다에는 수면 위로 솟아 나온 모래톱이 있다. 그러나 필요할 경우 배가 항구 안쪽으로 들어갈 수 있을 만큼 모래톱과 곳이 상당히 떨어져 있다. 곳과 모래톱 사이의 수심이 12~15길 정도 된다. 항구에 들어갈 때는 뱃머리를 남서쪽으로 돌려야 한다.

올멕 문명의 재규어 숭배는 마야 문명까지 이어졌다. 올멕 인들은 민족의 기원을 최강의 맹수 재규어에서 찾았던 듯하다.

12월 2일 〉 일요일

역풍 때문에 오늘도 항해할 수 없었다. 매일 밤 육지에서 산들바람이 불어온다. 세상에서 가장 센 폭풍이 불어오더라도 여기에 정박한 배들은 끄떡없다. 입구에 있는 모래톱이 거센 파도를 막아낼 것이다. 견습 선원 한 명이 강에서 금이 함유된 것으로 보이는 돌 몇 개를 발견했는데, 두 분 폐하께 보여 드리기 위해 가져갈 것이다. 구포 사정거리 내에 큰 강들이 흐르고 있다.

12월 3일 〉 월요일

역풍으로 인해서 여전히 항구에서 출발하지 못했다. 항구의 동남쪽으로 4분의 1리그쯤 떨어져 있는 아름다운 곳을 탐사하러 가기로 결정했다. 보트를 타고 무장한 선원 몇 명을 뽑아 데리고 갔다.

그 곳 옆에는 아름다운 강어귀가 있었는데, 남동쪽으로 뱃머리를 돌려야 들어갈 수 있었다. 그 폭은 100야드쯤 되었다. 수심은 강어귀는 1길이었지만 안쪽은 12길, 5길, 4길, 2길 등 제각각이었다. 에스파냐의 모든 배들이 다 들어갈 수 있을 정도로 넓었다.

강의 지류에 상륙했다. 남동쪽으로 길을 가다가 후미를 발견했는데, 매우 큰 통나무배 다섯 척이 떠 있었다. 푸스타 선처럼 생긴 이 통나무배를 인디오들은 카누라고 부르는데, 아주 잘 만들어져 있었다. 산기슭에 있는 땅은 잘 개간되어 있었다. 카누들은 몇 그루의 굵은 나무 아래에 있었다. 우리는 그 숲에서 나와 길을 따라가다가 햇볕과 비를 피할 수 있도록 지붕을 얹은 배 보관소를 발견했다. 그 안에 17인용 푸스타선만 한 카누 한 척이 보관되어 있었다. 그 정교함과 솜씨가 놀라웠다.

언덕에 올라 보니 그 꼭대기가 모두 평원이었다. 갖가지 종류의 배추와 호리병박이 심어져 있었고 매우 아름다웠다. 평원 한가운데에 큰마을이 있었다. 우리의 갑작스런 등장에 그 마을 사람들은 남녀를 불문

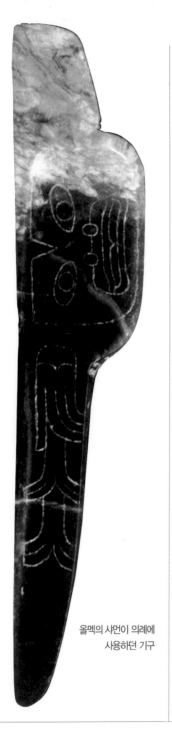

올멕의 샤먼이 의례에
사용하던 기구

하고 모두 달아나기 시작했다. 동행한 인디오가 그들을 안심시키려고
했다. 그는 우리가 선량한 사람들이라며 두려워하지 말라고 소리쳤다.
내가 선원들을 시켜 몇 개의 작은 방울과 놋쇠반지, 그리고 녹색구슬과
황색구슬을 주자 원주민들은 그것을 받고서 매우 즐거워했다. 나는 그
들이 황금 등 가치 있는 물건을 갖고 있지 않다는 사실을 알 수 있었고,
그들을 안심시키는 것이 좋겠다고 생각했다.

그 지역에는 곳곳에 많은 사람들이 살고 있었다. 그러나 대부분 두
려워서 달아나 버렸다. 나는 10명의 선원이 1천 명의 원주민을 도망치
게 할 수 있다고 두 분 폐하께 확언할 수 있다. 그들은 겁이 많고 소심
한 데다가 무기도 갖고 있지 않다. 단지 막대기 끝을 뾰쪽하게 깎아서
불에 태운 투창만 갖고 다닐 따름이다. 나는 돌아가기로 결정했다. 우
리는 투창을 받고 뭔가를 주는 방식으로, 별로 어렵지 않게 그들의 투
창을 모두 빼앗았다.

보트로 돌아온 후, 커다란 벌집을 본 기억이 나서 선원 몇 명을 우리
가 올라갔던 언덕 쪽으로 다시 보냈다. 그들이 미처 돌아오기 전에 많
은 인디오들이 모여들더니 우리가 타고 있는 보트로 접근해 왔다. 그들
중 한 명이 강으로 뛰어들더니 보트 선미 근처까지 접근하면서, 알아들
을 수 없는 말로 계속 떠들었다. 나머지 인디오들은 가끔씩 손을 높이
쳐들면서 큰 소리를 질러 댔다. 그들이 우리를 안심시키는 한편 우리의
도착을 기꺼이 환영하고 있는 것이라고 생각했다. 하지만 나와 동행한
인디오는 안색이 밀랍처럼 노랗게 변해 벌벌 떨고 있었다. 그는 몸짓으
로 그 인디오들이 우리를 죽이려고 하니 강을 떠나야 한다고 했다. 그
는 석궁에 화살을 장착해서 당기고 있는 선원에게 가더니, 인디오들에
게 그것을 보여 주면서 뭔가를 이야기했다. 추측건대 이 화살은 멀리
날아가서 사람을 죽이는 물건이고, 이것으로 우리가 그들을 모두 죽일
수도 있다는 내용이었을 것이다. 또한 그는 칼집에서 칼을 뽑아 그들에

게 보여 주면서 비슷한 말을 했다. 인디오들은 그 말을 듣자마자 모두 달아나기 시작했다. 하지만 우리와 동행 중인 인디오는 건장한 체구와 어울리지 않게 마음이 약하고 겁도 많아서 계속 벌벌 떨고 있었다.

나는 그 강을 떠나고 싶지 않았다. 그래서 선원들에게 보트를 타고 가서 인디오들이 잔뜩 모여 있는 해안에 상륙하라고 지시했다. 그들은 모두 어릴 때부터 벌거벗은 채로 온몸을 붉게 색칠하고 다녔을 것이다. 깃털 모자를 쓴 사람도 있었고, 몇 개의 깃털로 머리를 장식한 사람도 있었다. 모두 손에 투창을 들고 있었다. 나는 그들에게 다가가서 빵 몇 조각을 주면서 투창과 바꾸자고 제안했다. 투창을 받는 대신 어떤 사람에게는 작은 방울을 주었고, 다른 사람에게는 놋쇠반지와 작은 구슬을 주었다. 이렇게 그들의 마음을 풀어 주자, 인디오들은 보트로 다가와서 우리가 주는 물건이 무엇이든지 상관치 않고 자신들이 갖고 있는 물건과 교환했다. 예전에 선원들이 거북이 한 마리를 잡은 적이 있었는데, 그 등 껍데기 조각이 보트 안에 남아 있었다. 견습선원이 그것들 중 손톱만한 조각 하나를 주고서 인디오들에게서 한줌의 투창을 건네받았다.

그들은 내가 지금까지 본 원주민들과 똑같았다. 신앙도 그렇고, 우리가 하늘에서 내려왔다고 생각하는 것도 그렇다. 그들은 자신의 물건을 주는 대가로 무엇을 받을 수 있는지 전혀 개의치 않고 곧장 교환한다. 나는 황금이든 향료든 그들이 갖고 있기만 하면 이런 방식으로 교환할 수 있을 것이라고 본다.

그다지 크지는 않지만, 다른 집처럼 문짝이 2개 달린 아름다운 집 한 채를 보았다. 집안으로 들어가 보니 훌륭했는데 방들은 내가 이해할 수 없는 방식으로 나뉘어져 있었다. 천장에는 조개 같은 것들이 매달려 있었다. 나는 혹시 신전인가 싶어서, 이곳에서 기도를 올리느냐고 그들에게 몸짓으로 물었다. 그들은 그렇지 않다고 대답했다. 한 사람이 천장으로 기어 올라가더니 그곳에 있는 것들을 모두 나에게 주려고 했다.

웃고 있는 모습이 재미있는, 이 거대한 두상은 아메리카에서 가장 오래된 올멕 문명의 유적이다. 이 같은 두상은 현재까지 16개가 발견되었는데 왕의 옥좌를 깎아 만든 것이라는 견해도 있다.

일부만 받았다.

12월 4일 〉화요일

약한 바람 속에서 돛을 올리고 푸에르토 산토 항을 떠났다. 2리그를 항해하니 어제 말했던 아름다운 강이 보였다. 해안을 따라 항해하다가 곶을 지나, 동남동쪽에서 서북서쪽으로 뻗어 있는 해안을 따라 내려갔다. 카보 델 몬테Cabo del Monte의 동미남 방향에 자리 잡고 있는 카보 린도 Cabo Lindo까지 이르렀다. 두 곳 사이의 거리는 5리그이다. 카보 델 몬테로부터 1.5리그 정도 떨어진 지점에 폭은 좁지만 제대로 된 강이 하나 있는데, 들어가는 수로도 좋고 수심도 깊어 보였다. 거기서부터 4분의 3리그 정도 떨어진 곳에 매우 큰 강이 또 하나 있는데, 대단히 긴 강임에 틀림없다. 강어귀는 폭이 100야드 정도 되는데, 모래톱이 없으며 수로의 수심이 8길이나 되었다. 이것은 보트를 보내 강어귀를 조사하고 수심을 측정한 결과이다. 이 강물은 민물이었는데 곧장 바다로 흘러들었다. 내가 이곳에서 본 큰 강들 중 하나이다. 그 강둑을 따라 큰 마을들이 형성되어 있을 것 같다.

카보 린도 너머에 동북동쪽과 남동쪽과 남남동쪽에서 들어갈 수 있는 넓은 만이 하나 보였다.

12월 5일 〉수요일

동쪽으로 뻗어 있는 육지를 관찰하기 위해 해 질 녘에 카보 린도의 앞바다에 정선한 후 그곳에서 지난밤을 보냈다. 일출 때 동쪽으로 2.5리그쯤 떨어져 있는 새로운 곶을 발견했다. 그 곳을 지나자 남쪽으로 뻗어나가던 해안선이 약간 남서쪽으로 방향을 틀었다. 그

공을 들고 있는 왕의 모습이다. 마야 인들은 경기장에서 정기적으로 펠로타 경기를 열었는데, 이를 통해 민첩한 용사를 뽑을 수 있었다.

마야의 코판 유적지에 있는 얕은 경사면이 있는 경기장이다. 이 경기장에서 마야 인들은 펠로타를 즐겼다. 펠로타는 고무공을 벽에 붙어 있는 돌 바퀴 속으로 통과시키는 경기이다.

곳에서 같은 방향으로 7.5리그 정도 떨어진 지점에 이르자 아름답고 지대가 높은 곳이 보였다. 나는 그 곳을 둘러보고 싶었지만, 바베케 섬으로 가고 싶은 마음이 더 강했기 때문에 포기했다. 인디오들의 말에 의하면, 바베케 섬은 이곳에서 북동쪽에 있다고 한다. 하지만 바람이 북동풍이어서 바베케 섬으로 항해하지 못했다.

앞서 언급한 대로 항해하다가 남동쪽을 바라보니 육지가 보였다. 인디오들이 말한 보이오 섬이었다. 쿠바, 즉 후아나Juana 섬과 다른 섬들의 원주민은 그 섬에 살고 있는 사람들을 매우 무서워한다. 그 이유는 그들이 인육을 먹는다는 소문 때문이다. 인디오들이 주목할 만한 사실들을 여러 가지 몸짓으로 알려 주었지만, 나는 믿지 않았다. 보이오 섬의 원주민들이 영리하기 때문에 그들을 붙잡아 가는 것 같았지만, 실은 그들이 매우 겁이 많기 때문에 잡혀가는 것이다.

바람이 북동풍에서 북풍으로 바뀌어서 후아나 섬을 떠나기로 결정했다. 내가 본 육지가 정남동쪽에 위치해 있음에도 불구하고, 남동미남 방향으로 항해했다. 바람이 북풍에서 북동풍으로, 다시 동풍 혹은 남동풍으로 바뀌었기 때문에 매우 조심스러웠다. 바람이 매우 강하게 불기

'신들이 모이는 곳'이라는 의미의 테오
티우아칸 유적은 중앙 아메리카의 최대
유적지이다. 중앙을 가로지르는 도로는
'죽은 자의 거리'이다.

시작해서 돛을 모두 올렸다. 파도가 잠잠하고 순류順流가 흘러 아침부터
오후 1시까지 6.5노트로 나아갔다. 여기는 밤이 거의 15시간이나 되기
때문에, 6시간이 채 못 되는 시간을 항해한 셈이다. 그 후 남동쪽으로
거의 8노트의 속도로 항해해 나아갔는데 일몰 때까지 약 70마일, 즉 23
리그 정도를 나아간 셈이다.

　날이 어두워지기 시작했으므로 나는 제일 빠른 니냐호에 앞장서서
항해하여 어둡기 전에 항구를 찾으라고 지시했다. 니냐호가 카디스
Cadiz 만같이 생긴 항구의 앞바다에 도착했을 때 날은 이미 어두워져 있
었다. 그 배의 선원들은 제등을 밝히고 보트를 타고 항구로 들어가 수
심을 쟀다. 내가 니냐호가 정선해 있는 곳으로 다가가려고 신호를 기다
리는데, 항구로 들어간 그 보트의 제등이 꺼져 버렸다. 니냐호는 제등
을 밝혀 나에게 신호를 보냈다. 우리가 니냐호로 다가가자 선원들이 무

슨 일 있었는지 진상을 보고했다. 그때 보트에 탄 선원들이 다시 제등을 밝혔다. 니냐호는 그쪽으로 가서 합류했다. 그러나 나는 그쪽으로 가지 않고, 정선한 채로 밤새 바다에 머물렀다.

12월 6일 〉 목요일

동틀 녘에 보니 우리는 그 항구에서 4리그쯤 떨어져 있었다. 그 항구를 푸에르토 데 산타 마리아Puerto de Santa María라고 불렀다. 남미동 방향으로 22마일쯤 떨어진 지점에 아름다운 곳이 있었다. 카보 데 라 에스트렐라Cabo de la Estrella라고 이름 붙였다. 그 섬의 최남단에 있는 곳인 듯하다. 또한 동쪽으로 32마일쯤 떨어져 있는 지점에 작은 섬처럼 생긴 육지가 보였다. 43마일 정도 떨어진 동미남 방향에 멋지게 생긴 곳이 있었는데, 카보 델 엘레판테Cabo del Elefante라고 이름 붙였다. 또한 동남동 방향으로 22마일 떨어진 지점에도 또 다른 곳이 있어서 카보 데 신퀸Cabo de Cinquín이라고 했다. 동남미남 방향으로 16마일쯤 떨어진 지점에 마치 강처럼 보이는 커다란 틈새가 보였다.

카보 델 엘레판테와 카보 데 신퀸 사이에 넓은 항로가 있는 것처럼 보였다. 내가 이스라 데 라 토르투가Isla de la Tortuga라고 이름 붙인 적이 있는 섬이 실은 둘로 나뉘어 있다고 말하는 선원들도 있었다. 그 커다란 섬은 산이 많거나 접근하기 어려운 지형이 아니고, 상당히 아름답고 드넓은 평지처럼 고지대를 이루고 있었다. 그 섬은 전부 또는 대부분이 개간되어 있었다. 개간된 땅은 5월을 맞이한 코르도바Córdoba 주변 지역의 밀밭처럼 보였다.

밤중에 많은 곳에서 불길이 타오르는 모습이 보였는데, 날이 밝자 마치 망루에서 연기가 피어오르듯이 여기저기서 연기 기둥이 치솟았

날개 달린 뱀, 케찰코아틀의 모습이다. 죽은 자의 거리 남쪽 끝에는 케찰코아틀 신전이 자리 잡고 있다.

다. 전쟁 중인 상대편에게 경고 신호를 보내는 것 같다.

이 섬의 해안은 전반적으로 길게 동쪽으로 뻗어 있다. 저녁 기도시간에 앞서 언급한 항구로 들어갔다. 마침 이날이 성 니콜라스 기념일이라서 그를 기리는 의미에서, 그 섬을 푸에르토 데 산 니콜라스Puerto de San Nicolás라고 이름 붙였다. 나는 항해하면서 이 항구의 아름다움과 훌륭함에 압도당했다. 쿠바의 많은 항구들도 아름다웠지만, 이 항구는 그보다 나으면 나았지 못하지는 않다. 어느 곳도 이곳보다는 아름답지 않다. 항구 입구의 폭은 1.5리그 정도 되어 뱃머리를 어느 쪽으로 돌려도 상관없을 정도로 넓지만 남남동 방향으로 뱃머리를 돌린 후 들어갔다. 항구는 남남동 방향으로 2리그쯤 넓게 펼쳐져 있다. 또한 항구 입구의 남쪽으로 일종의 만이 있는데, 거기서부터 곶까지 같은 방향으로 이어져 있다. 또한 그곳에는 아주 아름다운 해변이 펼쳐져 있고, 광활한 산림지대에는 다양한 나무들이 죽 늘어 서 있다. 그 나무 중 일부는 향료나무거나 육두구肉豆蔲향료의 일종라고 생각했지만, 그것들이 아직 열매를 맺지 않았기 때문에 정확하지는 않다. 그 해변 한가운데로 강 하나가 흘러들고 있다.

이 항구의 수심은 놀랄 만큼 깊다. 육지에서 [……]만큼 떨어진 지점에 도달할 때까지 40길을 잴 수 있는 측심의로도 수심을 잴 수 없었다. 거기와 육지 사이의 수심은 15길이고, 암초가 없다. 항구 전체가 매우 깊고 암초가 없었다. 즉, 육지에서 1.7야드쯤 떨어진 곳의 수심이 15길이나 되고, 암초도 전혀 없었다. 해안선 전체가 수심이 깊고, 암초가 없으며, 모래톱도 없어서 항해 조건이 좋다. 육지에서 보트의 노 하나 길이만큼 떨어진 곳조차 수심이 5길이나 된다. 큰 범선 1천 여 척이 맞바람을 안고도 항해할 수 있을 정도로 기다랗게 남남동쪽으로 뻗어 있는 이 항구의 육지 쪽 끝에는, 북동쪽으로 2분의 1리그쯤 휘어 들어간 후미가 있다. 폭이 25야드 정도 되는 이 후미는 마치 길이를 재어 만든 것

처럼 폭이 일정하다. 이곳에서는 입구가 보이지 않아 마치 육지로 둘러
싸인 것처럼 보인다. 후미의 수심은 끝에서 다른 끝까지 한결같이 11길
이고, 아주 깨끗한 모래바닥을 이루고 있었다. 뱃전이 풀숲에 닿을 정
도로 육지가 가까운 곳에서도 수심이 8길이나 된다. 항구는 산들바람
이 불어 매우 시원하고 확 트여 있는데 아쉽게도 나무는 없다.

이 섬이 지금까지 본 다른 섬들보다 바위가 많고 나무가 적은 편이
다. 대부분의 나무가 에스파냐의 나무들, 즉 너도밤나무, 딸기나무 등
과 똑같이 생겼다. 식물들도 마찬가지이다. 섬은 지대가 매우 높지만,
드넓은 평원을 이루고 있으며 시원한 산들바람이 분다. 지금까지 가 본
다른 곳보다는 상대적으로 추운 곳이다. 그렇다고 정말 추운 지역은
아니다. 아름다운 평야가 항구를 마주보고 있고, 그 평야를 강
이 관통하여 흐르고 있다. 카누가 많이 있는 것으로 보
아 큰 마을이 있는 것 같다. 카누 중에는 15인
용 푸스타 선만 한 것들도 있다.

인디오들은 모두 우리 배를 보자마자 도
망쳐 버렸다. 작은 섬에서 데려온 인디오들이
고향으로 돌아가고 싶어 해서, 우리가 이곳을
떠날 때 돌려보내 주겠다고 약속했다. 그러나
배가 인디오들의 고향 쪽으로 가고 있지 않았기
때문에 그들은 나를 불신하고 있다. 그런 만큼
나도 그들이 하는 말을 믿지 않는다. 나는 그들
을 잘 이해하지 못하고, 그들 또한 나를 이해하
지 못한다. 그들은 이 섬의 원주민들을 무척 두려워
하고 있다.

섬의 원주민과 이야기를 나누기 위해 이 항구에 며칠
동안 머무르고 싶었다. 하지만 탐사할 곳이 아직 많고,

수많은 유적을 남긴 테오티우아칸을 건
설한 사람들은 8세기 중반 돌연 종적을
감추고 말았다.

항해 일정이 어긋날까 걱정되기도 해 그냥 떠나기로 결정했다. 이 배에 동승한 인디오들이 에스파냐 어를 배우고, 나도 그들의 말을 배우게 될 것이라고 주님의 이름으로 믿는다. 또한 신의 도움으로 본국으로 돌아가기 전까지 많은 양의 황금을 발견할 수 있고, 장차 이 땅으로 돌아와서 원주민들과 대화를 나눌 수 있게 되리라는 것도 믿는다.

12월 7일 〉금요일

세 번째 당직시간이 끝날 무렵, 나는 돛을 올리고 푸에르토 데 산 니콜라스를 떠났다. 바람은 남서풍이었다. 북동쪽으로 2리그를 항해하여 어느 곳에 도착했는데, 그 남동쪽에 만이 하나 있었다. 카보 데 라 에스트렐랴가 남서쪽으로 19마일쯤 떨어져 있었다. 그 후 해안을 따라 동쪽으로 38마일 정도를 항해하여 카보 데 신퀸에 도착했다. 38마일 중 16마일은 동미북 방향으로 항해했다. 해안이 전반적으로 높고, 수심이 매우 깊다. 해안 가까이에서도 수심이 20~30길이 되고, 육지에서 구포의 사정거리만큼 떨어진 곳은 수심을 잴 수 없을 정도이다. 남서풍을 타고 해안선을 따라 항해하면서 수심을 쟀다. 그 결과 때문에 매우 기분이 좋았다.

앞서 언급한 만은 푸에르토 데 산 니콜라스로부터 구포의 사정거리 범위 내에 있으므로, 그 사이에 있는 육지를 깎아내면, 그 둘레가 3~4마일 정도 되는 섬 하나가 생길 것이다. 이 섬은 전반적으로 지대가 높고 키가 큰 나무들은 없다. 너도밤나무와 딸기나무와 같이 작은 나무들만 우거져 있어 카스티야의 풍경과 흡사하다. 카보 데 신퀸에서 2마일이 떨어진 지점에, 산들 사이의 갈라진 틈에 바위가 많고 자그마한 후미가 보였다. 그

콜럼버스가 왼손으로는 아메리카 대륙을 가리키고, 오른손으로는 미심쩍어 하는 자의 손목을 꽉 쥐고 있다. 마치 "보아라, 새로운 땅이 아닌가?"라고 말하는 듯하다.

후미를 지나면 보리 같은 작물들이 자라고 있는 커다란 계곡이 있다. 많은 사람들이 살고 있는 것처럼 보인다. 그 계곡 너머로 매우 높은 산들이 우뚝 솟아 있다.

카보 데 신퀸에 도착하자, 북동쪽으로 25미일 징도 떨어진 지점에 토르투가 섬의 끝자락이 보였다. 카보 데 신퀸의 앞바다에서 구포의 사정거리만큼 떨어진 지점의 수면 위로 바위 하나가 또렷하게 서 있다. 동미남 방향으로 50마일 정도 떨어진 지점에 카보 델 엘레판테가 전체적으로 매우 높은 지대를 이루고 있었다.

6.5리그를 나아가자 커다란 만이 나왔다. 넓은 계곡과 드넓은 농토가 내륙 쪽으로 펼쳐져 있고 그 뒤로 높은 산들이 솟아 있다. 카스티야

1562년 디에고 구티에레스가 그린 아메리카 지도의 일부이다. 아래쪽으로 쿠바 섬이 보인다.

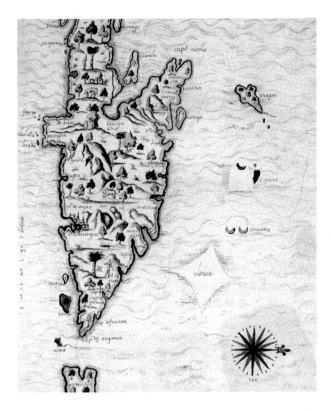

사람과 나무의 모습이 매우 상세하게 그려진 에스파뇰라 섬의 지도이다.

의 풍경과 아주 흡사하다. 6.5마일을 더 나아가자 매우 깊고 협애한 — 큰 범선 한 척이 지나갈 정도의 폭은 되지만 — 강이 나왔다. 강어귀에는 모래톱이나 여울이 없었다. 해안에서 불과 3야드 정도 떨어진 지점의 수심이 15길이나 되었다. 그 항구는 내륙 쪽으로 4분의 1리그 들어가 있다.

오후 1시경이라서 아직은 때가 이른 데다가 순풍까지 불고 있었지만 항구로 들어가기로 결정했다. 하늘에 금방이라도 비가 내릴 듯이 잔뜩 먹구름이 끼어 있었는데, 이런 날씨에는 익숙한 곳을 항해하는 것도 위험하고 낯선 곳을 항해하는 것은 더욱더 위험하기 때문이다. 나는 그 항구를 푸에르토 데 라 콘셉시온Puerto de la Concepción이라고 불렀다. 그 항구의 끝단에 있는 작은 강에 상륙했다. 그 강은 넓은 계곡을 따라 흘러 내려오고 있다. 그 경치가 너무 아름답다.

나는 물고기를 잡기 위해 어망을 들었다. 육지에 도착하기 전, 에스파냐에 있는 숭어를 꼭 닮은 물고기 한 마리가 보트로 뛰어 올라왔다. 에스파냐의 것과 유사한 물고기를 발견한 것은 이번이 처음이다. 선원들이 낚시나 어망으로 숭어뿐만 아니라 가자미를 비롯해서 에스파냐의 물고기와 비슷한 것들을 잡았다. 상당한 거리를 걸어 들어가다가 땅이 모두 개간되어 있는 지역을 발견했다. 나이팅게일과 에스파냐의 새처럼 생긴 작은 새들의 노랫소리가 들려왔다. 다섯 명의 원주민 남자들을 발견했는데 모두 달아났다. 도금양나무를 비롯한 여러 가지 나무들과 카스티야의 식물을 닮은 풀들이 보였다. 이곳은 들판이나 산도 에스파냐와 유사하다.

12월 8일 〉 토요일

폭우를 동반한 강한 북풍이 불었다. 그 항구는 북풍만 제외하고 어떤 바람이 불어도 안전할 듯하다. 하지만 큰 파도가 일지 않아서 북풍도 피해를 끼치지 않았다. 배의 정박에 영향을 미칠 정도로 큰 파도가 일거나 강물이 유입되지도 않았다. 자정 이후에 바람이 북동풍으로 바뀌었다가 다시 동풍으로 바뀌었다. 전방 28마일 지점에 있는 토르투가 섬이 이 바람을 막아 주었기 때문에 항구는 매우 안전했다.

12월 9일 〉 일요일

비가 내리고, 카스티야의 10월처럼 날씨가 쌀쌀했다. 내가 푸에르토 데 산 니콜라스에서 본 집은 한 채뿐이었다. 그 집은 다른 지역에서 본 집들보다 훨씬 잘 만들어져 있었는데 무척 아름다웠다. 이 섬은 그 둘레가 200리그나 될 정도로 크다. 땅도 잘 개간되어 있다. 마을이 해안으로부터 상당히 떨어져 있는 것 같다. 원주민들은 우리가 오는 모습을 보고, 모두 살림살이를 들고 달아난 것 같다. 또 전쟁 중인 것처럼 연기로 신호를 보내고 있다.

이 항구 입구의 폭은 1천 보步, 즉 4분의 1리그 정도 된다. 항구의 어디에도 여울은 물론 모래톱도 없다. 해변 근처도 수심을 잴 수 없을 정도로 깊다. 항구 입구에서 안쪽으로 3천 보쯤 들어가면 암초가 없는 훌륭한 정박지가 형성되어 있다. 이곳에는 어떤 배든지 마음 놓고 입항할 수 있고 걱정 없이 닻을 내릴 수도 있다. 그 항구의 주변에 2개의 작은 강어귀가 있다. 항구의 내륙 쪽으로는 세상에서 가장 아름다운 계곡이

평화로운 인디오 마을

펼쳐져 있다. 카스티야의 풍경과 비슷하지만 그것보다 훨씬 아름답다. 나는 이 섬의 이름을 에스파뇰라Española 라고 붙였다.

12월 10일 〉 월요일

강한 북동풍이 불었다. 우리 배의 닻들이 2분의 1케이블1케이블은 약 200미터이다이나 질질 끌려가 있었기 때문에 깜짝 놀랐다. 내 생각에는 그렇게 된 이유가 닻들이 육지 쪽으로 삐져나와 있었는데 바람이 육지 쪽으로 불었기 때문인 듯하다. 항해하려 했지만 나의 의도와 다르게 역풍이 불었기 때문에 잘 무장한 여섯 명의 선원들을 육지로 보냈다. 원주민들과 이야기를 나눌 수 있도록 2~3리그 정도 내륙으로 들어가게 했다. 그들은 원주민을 만나지 못한 채 돌아왔다. 하지만 집 몇 채, 넓은 도로, 화톳불을 자주 피운 흔적들을 발견했다. 선원들은 그곳이 세상에서 가장 아름다운 곳이라고 말했다. 그들은 유향수를 많이 발견했다며 약간의 유향도 가져왔다. 유향수가 많았지만 아직은 수지가 굳지 않아서 채취할 적기가 아니라고 했다.

12월 11일 〉 화요일

여전히 동풍이 불다가 때로는 북동풍이 불고 있어서 출발하지 못했다. 이미 언급했듯이 이 섬의 맞은편에 토르투가 섬이 자리 잡고 있다. 섬의 규모가 매우 큰 것 같다. 그 해안선이 에스파뇰라 섬과 나란히 뻗어 있다. 두 섬 사이의 거리, 즉 카보 데 신퀸에서 토르투가의 곶까지의 거리는 기껏해야 10리그 정도이다. 해안선은 그 곳에서 남쪽으로 이어진다.

나는 두 섬 사이의 지역을 탐사하고 싶어졌다. 세상에서 가장 아름다운 경치를 자랑하는 에스파뇰라 섬을 구경하고 싶기도 했고, 동승한 인디오들이 말한 대로 바베케 섬으로 가는 길목이기도 했기 때문이다. 인디오들은 바베케 섬은 규모가 크고 산이 많아서 큰 강과 계곡도 많은

▲ 세비야에서 태어난 라스카사스는 도미니크파의 수도사로, 아메리카 대륙에 건너간 최초의 선교사이다. 그는 그곳에서 인디오 보호법을 제정하고, 식민자의 불법행위와 인도회사의 횡포 등을 평생에 걸쳐 고발했다. 또 이를 《인디오 파괴에 관한 간결한 보고》(1567)라는 저서로 정리했다. 그러나 한편으로는 인디오을 혹사하는 식민 방법을 카를 5세에게 진언하기도 했다. 《인디오 파괴에 관한 간결한 보고》의 표지(위)와 삽화(아래)이다.

▲ 에스파냐의 통치자 페르난도 왕과 이사벨 여왕에게 봉헌된 콜럼버스의 항해록은 왕실 서고에 보관되어 있었으나 어느 사이엔가 없어져 버렸다. 그러나 콜럼버스가 이 항해록의 필사본을 한 부 가지고 있었고, 이것이 콜럼버스의 아들 디에고의 손을 거쳐 산토도밍고에 있던 수도사 라스카사스의 수중에 들어갔다. '인디오의 사도'라 불리는 그는 이 항해록을 대부분 그대로 베끼고, 일부는 간접 화법으로 요약하여 필사했다. 지금 우리가 《콜럼버스 항해록》을 읽을 수 있는 것은 라스카사스 덕분이다.

위는 병풍책에 그림을 그리는 필경사가
그려져 있고, 아래는 표범이 접시에 딱
맞도록 정교하게 그려져 있다. 모두 마
야의 유물이다.

곳이라고 했다. 또한 보이오 섬은 그들이 쿠바라고 부르는 후아나 섬보
다 훨씬 큰데 바다로 둘러싸여 있지 않다고 했다. 그곳은 인디오들이
카리타바Caritaba라고 부르는 곳으로, 에스파뇰라 섬 바로 너머에 자리
잡고 있는 대륙을 의미하는 듯하다. 카리타바라는 말은 쉬지 않고 간다
는 뜻이라고 한다. 교활한 종족에게 학대받고 있다는 그들의 말은 옳을
지도 모른다. 이 지역의 모든 섬사람들이 카니바 사람을 두려워하고 있
기 때문이다. 전에도 말했듯이, 카니바 사람이란 그레이트 칸의 사람이
다. 그들은 여기에서 매우 가까운 곳에 살고 있고 배도 가지고 있다. 그
들은 이 지역 원주민들을 잡아가는데, 잡혀간 사람들이 돌아오지 않으
면 잡아먹혔다고 소문이 났다. 여전히 많은 오해를 하고 있긴 하지만
우리는 점차 인디오들을 더 잘 이해하게 되었다. 그들도 우리를 점차
이해해 가고 있다.

육지로 선원들 몇 명을 보냈다. 그들이 많은 양의 유향을 발견했지
만, 아직 수지가 굳지 않았다고 했다. 비가 오고 나면 굳어질 것이다.
키오스 섬에서는 유향을 3월에 채취한다. 하지만 기후가 적절한 지역
에서는 1월에 채취할 수도 있다. 우리는 카스티야의 것처럼 생긴 물고
기들, 즉 황어, 연어, 대구, 달고기, 전갱이, 숭어, 동갈민어, 참새우 등
을 많이 잡았다. 정어리도 보였다. 알로에도 많이 보였다.

12월 12일 〉 수요일

계속되는 역풍으로 항구에 머물렀다. 항구 입구의 서쪽 지역에 있는 눈
에 잘 띄는 언덕 위에 큰 십자가를 세웠다. 이 십자가에는 두 가지 의미
가 있다. '이 땅이 두 분 폐하의 지배 아래에 있다는 의미이며, 우리 주
예수 그리스도의 상징으로서 그리스도교 세계의 영광을 기원하는 의미
이다.' 십자가를 세운 후, 선원 세 명이 나무와 식물을 살펴보러 숲 속
으로 들어갔다. 그들은 전에 본 것처럼 벌거벗은 원주민들이 잔뜩 모여

서 소리를 지르고 있는 모습을 발견했다. 그들이 인디오들을 부르면서 다가가자 모두 달아났다.

선원들은 마침내 여자 한 명을 붙잡았다. 나는 그들에게 원주민을 몇 명 붙잡아 오라고 지시했다. 이 땅의 아름다움을 감안할 때 장차 이 땅이 쓸모 있을 것이 분명하다. 때문에 붙잡아 온 원주민들에게 친절을 베풀어 우리를 두려워하지 않게 한 다음, 그들을 이용할 수 있는 가능성을 검토하고 싶었다. 그 선원들은 젊고 예쁘게 생긴 여자를 본선으로 데려왔다. 인디오는 모두 같은 언어를 사용한다. 그 여자는 우리와 함께 있던 인디오들을 보고는 말을 걸었다. 그녀에게 옷을 입히고 유리구슬 몇 개와 작은 방울과 놋쇠반지를 주었다. 그리고 정중하게 대접한 후 육지로 돌려보냈다. 그곳의 원주민들과 이야기를 나누게 하려고, 본선 일행 몇 명과 동승한 인디오 세 명을 더불어 보냈다. 보트를 타고 육지에 다녀온 선원들은 육지에 도착했을 때 그 여자가 본선을 떠나고 싶지 않다고 했다고 말했다. 그녀는 후아나 섬, 즉 쿠바 섬에 있는 푸에르토 데 마레스Puerto de Mares 마레스 강을 의미하는 듯하다에서 붙잡혀 온 인디오 여자

인디오들이 말을 타고 야생 소를 사냥하고 있다. 그들이 말을 이용하기 시작한 것은 16세기부터이다.

선원들에게 황금과 식량을 주고 작은 금속방울을 얻은 인디오들이 매우 기뻐하고 있다.

들과 함께 본선에 머물고 싶다고 했다.

그 여자와 함께 온 인디오들은 모두 고기잡이용처럼 보이는 한 척의 카누를 타고 왔다. 그러나 항구 입구에 들어선 그들은 본선을 보자마자 황급히 뱃머리를 돌리더니 카누를 버려 둔 채 마을로 돌아가 버렸다. 그 여자가 마을의 위치를 알려 주었다. 그녀의 코에 황금으로 만든 작은 코걸이가 걸려 있었다. 이 섬에 황금이 있다는 증거였다.

12월 13일 〉 목요일

그 여자를 데리고 갔던 선원 세 명이 새벽 3시쯤 돌아왔다. 그들은 마을이 너무 멀기도 하고 두렵기도 해서, 그 여자와 함께 마을까지 가지 못했다고 했다. 다음 날 대단히 많은 원주민들이 배로 다가왔다. 여자가 원주민들에게 상황을 잘 설명하면 그들을 안심시킬 수 있을 것이라고 생각했다. 나는 이 땅에 어떤 쓸 만한 것이 있는지 알고 싶었고, 매우 비옥하고 아름다운 이 지역에 관해 원주민과 이야기를 나누고 싶었다. 또 그들을 두 분 폐하의 신민으로 만들기 위해 보다 많은 선원들을 그 마을로 보내기로 결정했다. 그 인디오 여자가 우리가 선량한 사람이라는 사실을 그들에게 알려 줄 것이라는 확신이 있었기 때문이다. 따라서 그런 임무에 적합한 아홉 명의 선원을 선발해 잘 무장시키고, 우리 배에 동승한 인디오 한 명을 동행하도록 해서 그 마을로 보냈다.

그들은 아주 넓은 계곡에 자리 잡은 마을을 향해 남동쪽으로 4,5리 그 정도를 걸어갔다. 그런데 마을이 텅 비어 있었다. 선원들의 접근을 눈치 챈 인디오들이 모든 것들을 내버려 두고 내륙으로 달아나 버린 것이다. 선원들과 동행한 인디오가 달아나는 그 원주민들을 뒤쫓아 가면서 두려워하지 말라고 외쳤다. 그는 선원들이 카니바에서 오지 않고 하늘에서 왔으며, 만나는 사람들이 누구든지 간에 좋은 물건들을 많이 나누어 주고 있다고 알렸다. 그 말에 마음이 움직인 2천 명이 넘는 원주민들이 선원들이 있는 곳으로 몰려들었다. 그들은 존경과 우정의 표시로 우리 선원들의 머리 위에 손을 얹었다가 뗐다.

두려운 마음이 사라진 인디오들은 모두 각자 집으로 돌아가더니 곧 음식물을 가져왔다. 니아메스로 만든 빵, 물고기 그 외에 여러 가지 식품들이었다. 본선에 동승한 인디오들은 내가 앵무새 한두 마리를 갖고 싶어 한다는 사실을 알고 있었다. 함께 간 인디오가 원주민들에게 앵무새를 부탁하자 그들은 앵무새를 주었다. 그들은 어떤 대가도 바라지 않고 선원들이 요구하기만 하면 무엇이든 주었다. 그들은 산속에 보관해 둔 여러 가지 물건들을 가지고 오겠다면서, 오늘 밤 이곳에 머물러 달라고 간청했다.

선원들이 원주민들과 함께 있을 무렵, 내가 잘 대접해서 집으로 돌려보낸 그 인디오 여자의 남편을 포함한 많은 인디오들이 다가왔다. 그들은 그 인디오 여자를 목말을 태운 채로 다가와서, 그녀를 정중하게 대접하고 선물까지 준 사실에 대해 감사를 표시했다. 선원들은 자신이 지금까지 본 어떤 사람들보다도 그 원주민이 훨씬 더 잘생기고 멋있다고 평가했다. 하지만 정말인지 나는 잘 모르겠다. 우리가 만난 다른 지

앵무새는 콜럼버스가 인디오들에게 받고 싶어 했던 선물이다. 사진은 중앙 아메리카에 서식하는 금강앵무이다.

역의 원주민들도 모두 다 용모가 빼어난 사람들이었기 때문이다. 미모 면에서 남녀 구분 없이 모두가 타의추종을 불허할 정도라고 선원들은 덧붙였다. 이곳의 원주민들은 피부색이 훨씬 하얀데, 마치 에스파냐 사람으로 착각할 정도로 살결이 흰 젊은 여자 두 명을 보았다고 했다.

더욱이 그 선원들이 본 땅은 너무 아름다워서 카스티야에 있는 가장 아름다운 지역과도 비교할 수 없을 정도라고 했다. 지금까지 많은 땅을 살펴본 나도 그 말이 분명한 사실이라고 본다. 지금 내가 있는 이곳의 경치를 보아도 그렇다. 하지만 선원들은 이곳의 경치도 저 계곡의 아름다움에는 미치지 못하고, 심지어는 코르도바 주변의 시골 풍경의 아름다움마저도 그에 미치지 못한다고 했다.

모든 땅은 잘 개간되어 있는데, 강폭이 매우 넓은 강물이 계곡을 관통하여 흐르고 있어서 들판에 물을 충분히 공급하고 있다. 나무는 모두 푸르고 풍성한 열매를 맺고 있다. 식물은 한결같이 키가 크고 꽃이 만발하다. 길은 넓고 바람은 카스티야의 4월처럼 상쾌하다. 나이팅게일을 비롯한 여러 작은 새들이 지저귀고 있다. 세상에서 가장 감미로운 소리이다. 밤에는 작은 새들의 부드러운 노랫소리와 개구리와 귀뚜라미의 울음소리가 곳곳에서 들려왔다. 물고기는 에스파냐의 것과 같은 종류가 많았다. 유향수와 알로에와 목화나무가 많이 보였다. 하지만 황금은 없었다. 물론 이처럼 짧은 시간 안에 황금을 얻는다는 것은 기대하기 어려운 일이다.

나는 밤낮의 길이를 측정했다. 모래시계를 곧바로 뒤집지 않거나 약간의 모래가 잘 흘러내리지 않아서 조금 부정확하긴 하지

사분의는 망원경이 발명되기 전까지 별을 관측하는 데 유용하게 사용되었다. 사진은 1325년에 만들어진 것이다.

만, 모래시계를 이용해서 나온 결과는 일출에서 일몰까지 약 10시간_{실제로는 5시간이다}이었다. 또한 사분의를 이용해서 우리가 적도에서 북위 34도에 위치하고 있다는 사실을 알아냈다.

12월 14일 〉금요일

푸에르토 데 라 콘셉시온에서 육지에서 불어오는 미풍을 타고 항해를 시작했는데, 그 미풍마저도 사라져 버렸다. 이 지역에 머물고 있는 동안 바람은 줄곧 이런 식이었다. 그 후 동풍이 불어와서 토르투가 섬을 향해 북북동 방향으로 항해했다. 그 섬에서 후에 푼타 피에르나Punta Pierna라고 이름 붙인 곳을 발견했다. 그 곳은 토르투가 섬에 있는 곳에서 동남동 방향으로 약 9마일 떨어진 지점에 있다. 또 다른 곳이 같은 방향, 즉 북북동 방향으로 13마일 정도 떨어진 지점에 자리 잡고 있었는데, 푼타 란사다Punta Lanzada라고 이름 붙였다. 토르투가의 곳에서 푼타 아구다Punta Aguda까지의 거리는 동북동 방향으로 약 34마일, 즉 12리그 정도이다. 기다란 모래사장이 펼쳐져 있는 해안을 따라 항해해 나아갔다. 토르투가 섬은 지대는 높지만 산이 많지 않은 아름다운 땅이다. 에스파뇰라 섬처럼 사람들도 많이 거주하고 있고, 땅도 잘 개간되어 있다. 마치 코르도바 주변의 시골 풍경을 보고 있는 듯한 느낌이다.

바베케 섬으로 가려다가 역풍이 불어서, 푸에르토 데 라 콘셉시온으로 돌아가기로 결정했다. 우리는 항구의 동쪽 2리그쯤 떨어진 지점에 있는 강에 도착할 수 없었다.

사분의를 사용하여 별을 관측하는 모습.

측심의는 바다의 수심을 재는 도구로, 콜럼버스는 1차 항해 때 40길까지 잴 수 있는 것을 가지고 있었다.

12월 15일 〉토요일

다시 푸에르토 데 라 콘셉시온을 떠났다. 항구를 출발하자마자 내가 정한 항로를 방해하는 역풍, 즉 동풍이 불기 시작했다. 뱃머리를 토르투가 섬으로 돌렸다. 배가 거의 섬에 접근할 무렵, 어제 탐험하려다가 살펴보지 못했던 강으로 뱃머리를 돌렸다. 하지만 오늘도 그 강에 갈 수가 없었다. 그곳에서 2분의 1리그 떨어진 해변의 앞바다에 닻을 내렸다. 암초가 없는 훌륭한 정박지였다.

배들을 정박하고 난 후, 보트를 타고 강을 탐사하러 갔다. 맨 처음에 육지 쪽으로 2분의 1리그쯤 쑥 들어간 통로를 발견하고 들어갔지만 그곳은 강어귀가 아니었다. 나와서 다시 찾은 강어귀는 수심이 1길에 불과했고 강물이 매우 빠르게 흐르고 있었다.

보트를 타고 그저께 선원들이 다녀 온 마을로 가려고 강어귀로 들어섰다. 육지에서 선원들이 계류용 밧줄로 연결된 보트들을 구포의 사정거리 2배 정도까지 끌어당기면서 상류 쪽으로 올라갔다. 하지만 물살이 너무 빨라서 더 이상 앞으로 나아갈 수 없었다. 몇 채의 집이 보였고, 커다란 계곡에 마을이 자리 잡고 있었다. 그 강은 계곡의 한복판을 관통하고 있었다. 나는 이처럼 아름다운 경치를 본 적이 없었다. 강어귀 근처에서 인디오들을 보았다. 하지만 모두 달아났다.

원주민들이 겁이 너무 많은 걸로 보아 잦은 공격에 시달리고 있는 것으로 추측된다. 우리가 어딘가에 도착할 때마다, 그들은 곳곳에 있는 망루에서 연기를 피워 신호를 보낸다. 이런 행동은 우리가 가 본 섬들 중에서 에스파뇰라 섬과 토르투가 섬이 가장 심하다. 나는 그 계곡을 발랴 델 파라이소Valle del Paraíso, 그 강을 과달키비르Guadalquivir라고 각각 이름 붙였다. 그 강이 코르도바에 있는 과달키비르와 규모가 비슷했기 때문에 그렇게 이름 붙였다. 강변은 아름다운 조약돌이 깔려 있어서 산책하기에 안성맞춤이다.

어떤 말로도 이곳의 아름다움을
표현할 수 없다

12월 16일 〉 **일요일**

자정에 돛을 올려 육지에서 불어오는 미풍을 타고 그 만을 떠났다. 제
삼시과에 동풍이 불기 시작했으므로 돛을 활짝 편 채로 에스파뇰라 섬
의 해안을 따라 항해했다. 그 만의 한가운데쯤에 인디오 혼자서 카누를
타고 가는 모습이 보였다. 그런 바람 속에서 카누를 타고 항해하고 있
다는 사실이 놀라웠다. 그를 배에 태우고 그의 카누도 본선에 싣게 했
다. 그리고 유리구슬, 매방울, 놋쇠반지 등을 주며 잘 대접했다. 13마일
정도 떨어져 있는 육지까지 그를 데려다 주었다. 그곳 해안에 마을이
하나 있었는데, 우리는 그 마을 근처의 앞바다에 있는 훌륭한 정박지에
닻을 내렸다.

그 마을은 생긴 지 얼마 되지 않은 것처럼 보였다. 모든 가옥이 새로
지은 것 같다. 그 인디오가 카누를 타고 육지에 먼저 올라 우리가 선량
한 사람이라고 그 마을 사람들에게 알렸다. 그들은 전에 우리 선원 여
섯 명이 방문했던 그 마을에서 있었던 일을 이미 알고 있었다. 500여

명이 넘는 인디오 남자들이 우리 배 근처의 해변으로 내려왔다. 우리 배들은 해안 가까이에 있었다. 잠시 후에 추장이 도착했다. 인디오들은 혼자서 또는 무리를 지어 배로 다가왔다. 그들은 아무것도 들고 있지 않았다. 그들 중 몇몇은 작은 황금 조각으로 된 귀걸이나 코걸이를 하고 있었다. 그들은 우리에게 그것들을 기꺼이 주었다.

나는 그들을 정중하게 대하라고 지시했다. 그들은 세상에서 가장 선량하고 온화한 부족이다. '두 분 폐하께서 주님의 이름으로 그들을 모두 그리스도 교도로 변화시키시리라고 믿습니다. 저는 진심으로 이제부터 그들이 두 분 폐하의 신민이라고 생각합니다.'

나는 원주민들이 해변에 있는 추장에게 모두 공손하게 경의를 표하는 모습을 보았다. 내가 추장에게 선물을 보내자, 그는 아주 격식 있게 그것을 받았다. 그는 나이가 21세 정도 되어 보이는 매우 젊은 청년이었다. 그는 별로 말수가 없었는데, 나이 든 스승 혹은 고문의 조언을 듣고 있다. 우리 배에 동승한 인디오 중 한 사람이 그에게 몇 마디 말을 건넸다. 그는 우리가 하늘에서 왔으며, 황금을 찾으려고 바베케 섬으로 가려고 한다고 말했다. 그러자 추장은 참 잘되었다면서 그 섬에 황금이 많이 있다고 대답했다. 그는 선물을 전달해 준 우리의 의전 담당에게 그 섬으로 가는 방법을 알려 주면서, 거기까지 이틀이면 갈 수 있다고 했다. 게다가 이 지역에 있는 것 중 필요한 것이 있으면 무엇이든 기꺼이 제공하겠다고 덧붙였다고 한다.

추장을 비롯한 원주민들 모두는 태어난 후 줄곧 벌거벗은 채로 돌아다닌다. 여자들도 마찬가지인데 전혀 부끄러워하지 않는다. 그들은 남녀 모두 지금까

콜럼버스의 초상이다. 1492년 4월 17일, 에스파냐 국왕은 콜럼버스의 조건을 모두 받아들이고, 그를 귀족으로 봉함과 동시에 대서양 항해단의 제독으로 임명했다. 4월 30일, 국왕은 정식으로 오직 성공만을 허락하는 명령을 내렸다. 이 명령은 실패하면 모든 것이 취소됨을 의미한다.

2~8세기에 걸쳐 번영했던 마야의 도시 티칼의 모습이다. 오른쪽에 보이는 제4신전은 높이가 64미터에 이르는 거대한 피라미드 유적이다.

지 우리가 만났던 다른 원주민보다 훨씬 잘생겼다. 피부도 얼굴이 창백해 보일 정도로 희다. 이 지역은 상당히 쌀쌀하지만 기후는 아주 좋다. 만약 그들이 옷을 입어 햇볕으로부터 몸을 가렸더라면 아마도 에스파냐 사람들의 피부색과 비슷할 정도로 희어졌을 것이다. 상당히 지대가 높지만 가장 높은 산까지도 황소를 이용해 개간할 수 있다. 이곳은 모든 들판과 계곡이 확 트여 있다. 이곳의 아름다운 경치와 온화한 기후는 카스티야의 어느 곳도 따를 수 없을 정도이다.

토르투가 섬도 그렇지만, 이 섬도 코르도바 주변 지역처럼 전체가 개간되어 있다. 그들은 아헤aje 사실 콜럼버스는 니아메스와 아헤를 같은 것으로 보았다를 재배한다. 그것은 작은 줄기와 당근같이 생긴 뿌리로 이루어져 있다. 그 뿌리는 빵을 만드는 데 쓰인다. 그들은 그 뿌리를 갈아서 반죽한 후에 그들 나름의 방식대로 빵을 만든다. 뿌리를 캐낸 줄기를 다른 곳에 심어두면 4~5개의 뿌리를 다시 수확할 수 있다. 아주 맛이 좋은데 밤 맛과

티칼에서 발견된 점토상

비슷하다. 기니에서도 본 적이 있다. 여기서 생산되는 것이 다른 지역에서 본 것들보다 훨씬 크고 맛도 좋다. 그 굵기가 사람의 다리통만 하다.

여기 사람들은 모두 건장하다. 다른 지역의 원주민들처럼 야위지 않았다. 그들은 말씨가 상냥하고 종교는 갖고 있지 않다. 나무가 무성하게 우거져 있는데 이파리의 색깔이 짙은 편이다. 계곡과 강과 맛 좋은 물, 그리고 곡식을 재배하고 갖가지 종류의 가축들을 키우기에 적합한 대지, 이 모두가 보기만 해도 경이롭다. 여기의 인디오들은 가축을 키우지 않는다. 그 이유는 원하는 것은 언제든지 쉽게 얻을 수 있기 때문이다.

오후에 그 추장이 본선으로 왔다. 나는 추장에게 걸맞은 격식을 차려 그를 맞이했다. 나는 통역을 통해, 내가 세상에서 가장 위대한 왕국인 카스티야의 국왕과 여왕이 보내서 왔다고 그에게 말했다. 하지만 그 추장은 물론 우리 배에 동승한 인디오들도 이 사실을 믿지 않았다. 그들은 우리가 하늘에서 내려왔다고 생각했다. 그들은 카스티야의 국왕과 여왕이 다스리는 왕국이 이 세상에 있지 않고 하늘에 있다고 생각했다.

우리는 그 추장에게 카스티야 식의 음식을 대접했다. 그는 음식을 한입 먹고 나서 그 나머지를 고문을 비롯해 그를 수행하는 원주민들에게 주었다. '저는 두 분 폐하께 다음과 같은 사실을 확언합니다. 이 지역의 땅들은, 특히 여기 에스파뇰라 섬은 땅이 매우 비옥해서 모든 것이 풍족한데 말로 표현할 수 없을 정도입니다. 백문이 불여일견입니다. 이 섬뿐만 아니라 나머지 섬들 모두가 확실하게 카스티야와 마찬가지로 두 분 폐하의 영지임을 믿어 주시길 바랍니다. 저희들이 자리를 잡기만 하면, 두 분 폐하께서는 무엇을 원하시든지 간에 원주민들에게 명령을 내리실 수 있습니다. 저는 몇몇 일행과 더불어 이 지역의 섬들 구석구석을 별 탈 없이 돌아다닐 수 있었습니다. 저희 선원 세 명이 상륙하자마자 다수의 인디오들이 전혀 대항하지 않고 도망쳐 버리는 모습을 이미 목격했습니다. 그들은 무기도 없을 뿐만 아니라 싸울 수 있는 능력도 없습니다. 모두들 벌거벗고 돌아다닙니다. 매우 겁이 많은데, 선원이 세 명만 나타나도 1천 여 명이나 되는 인디오들이 모두 도망칠 정도입니다. 따라서 그들을 명령에 따르게 하는 일은 쉬운 일이므로, 작물 재배를 비롯해 필요한 여러 가지 일을 시킬 수 있을 것입니다. 또한 촌락을 건설하게 하고, 옷 입는 법을 가르쳐서 우리의 생활방식을 따르게 할 수도 있습니다.'

12월 17일 〉 월요일

밤에 강한 동북동풍이 불었다. 맞은편에 있는 토르투가 섬 덕분에 파도가 심하게 일지는 않았다. 토르투가 섬이 일종의 방패역할을 했다. 바람 때문에 하루 종일 항구에 머물렀다. 선원들은 어망을 가지고 물고기를 잡으러

마야의 팔렌케 유적 중 가장 높은 곳에 있는 태양신전이다. 이것은 산속에 고독하게 자리 잡고 있는데, 수없이 학살당한 인디오들의 망혼을 부르고 있는 듯하다.

나갔다. 선원들과 친숙해진 인디오들이 카니바, 즉 식인종들의 화살을 몇 개 가져왔다. 그것은 사탕수수 줄기로 만들어진 것이다. 선원들은 매우 긴 막대기도 받았는데, 그것은 끝이 날카롭게 깎이고 불에 구워져 있었다. 인디오 두 명이 몸에서 살점이 뜯겨져 나간 흔적 몇 군데를 보여 주면서, 식인종들에게 물려 이렇게 되었다고 설명했다. 그러나 나는 믿지 않았다.

선원들을 다시 그 마을로 보냈다. 유리구슬 몇 개를 주고 금 조각을 두들겨 펴서 만든 금박 몇 개를 받았다. 그 지역의 통치자로 보이는 인디오가 손바닥만 한 크기의 금박 조각 하나를 매달고 있었다. 그가 그것을 교환하고 싶어 하는 것 같았다. 다른 인디오들을 광장에 남겨 두고서 그는 자기 집으로 갔다. 그는 그 금박을 몇 개의 조각으로 만들어 그중 한 조각을 들고 와서 교환하자고 했다. 그 금 조각들을 다 교환한 후, 좀더 가져오라는 몸짓을 했다. 인디오들은 그 다음 날에도 금을 가져왔다. 그들의 행동방식과 관습, 예의바름과 뛰어난 감각 등 지금까지 지켜본 것을 토대로 판단하면, 이곳의 인디오들이 다른 지역의 인디오들보다 훨씬 영리하고 지혜로운 것이 분명하다.

저녁에 40여 명이 넘는 사람들을 태운 카누 한 척이 토르투가 섬에서 왔다. 카누가 해변에 도착하자마자, 함께 모여 있던 모든 마을 사람들이 우호적인 관계를 표현하려는 듯 그 자리에 주저앉았다. 그 카누에 탔던 대부분의 사람들이 상륙했다. 갑자기 추장이 혼자 일어서더니 위협적인 소리를 지르

7세기경에 만들어진 옥가면으로, 팔렌케의 왕 파칼의 시신에 씌워져 있던 것이다. 눈은 조개껍질을 이용하여 정교하게 만들었다.

며 그들에게 물을 끼얹고 해변에서 돌을 주워 바다에 던져 댔다. 토르 투가 섬의 인디오들이 그에게 항복하고 카누로 돌아가자, 그는 돌멩이 하나를 주워 나의 의전 담당의 손에 들려 주고는 그것을 던지라고 했다 (쓸모 있는 물건들이 있는지를 알아보도록 의전담당을 비롯해 비서 등 몇몇 사람들을 육지로 보냈었다). 의전 담당은 웃을 뿐 돌을 던지지는 않았다. 추장은 우리에게 무척이나 호의적이었다.

카누가 떠나고 나서 에스파뇰라 섬보다는 토르투가 섬에 금이 많다 는 이야기를 들었다. 토르투가 섬이 바베케 섬에 훨씬 더 가까이 위치 하고 있기 때문이라고 했다. 토르투가 섬이나 에스파뇰라 섬에는 금광 이 없으므로, 이곳의 황금은 바베케 섬에서 가져온 것이라는 생각이 들 었다. 그들에게는 황금과 바꿀 수 있는 물건들이 거의 없기 때문에 아 주 적은 양의 금밖에 가져오지 못한 것이다. 그들의 땅은 너무 풍족해 서 힘들여 일하지 않아도 살아가는 데는 어려움이 없다. 또한 벌거벗고 다니기 때문에 옷감을 마련할 필요도 없다. 나는 금광이 매우 가까이에 있음을 믿고, 주님이 나를 그곳으로 이끌어 주시리라고 믿는다.

여기서 바베케 섬까지는 사흘 정도 걸리고, 거리는 30~40리그 쯤이 라고 한다. 날씨만 좋으면 하루만에도 항해할 수 있는 거리이다.

12월 18일 〉 화요일

바람도 불지 않고 그 추장이 금을 더 많이 가져오겠다고 해서, 그 해변 에 정박한 채로 머물러 있었다. 그가 금을 많이 가져오리라고 기대한 것이 아니라 다만 금광에 관한 많은 정보를 더 얻고자 한 것이다. 오늘 은 오 성모 마리아의 축제일, 즉 성모영보대축일이다. 때문에 새벽녘에 두 척의 배에 깃발을 달아 장식하고서, 구포를 계속해서 쏘았다. 나는 에스파뇰라 섬의 추장이 여기서 5리그 정도 떨어진 지점에 있는 그의 집에서 일찍 일어났을 것이라고 짐작했다. 과연 그는 제삼시과에 이곳

팔렌케 유적의 벽면에 새겨진 마야 인

에 도착했다. 황금을 얼마나 가져오는지 알아보라고 보냈던 선원 중 일부가 먼저 돌아와 있었다. 그들의 말에 따르면, 추장은 네 명이 드는 가마를 타고 200여 명이 넘는 인디오들을 데리고 오는 중이라고 했다. 추장은 그 청년이었다. 선미루 갑판 아래서 식사하고 있을 때, 추장이 원주민들을 이끌고 본선으로 다가왔다.

'그 원주민들이 비록 벌거벗고 다니긴 하지만, 그들이 추장에게 표하는 경의와 그의 위엄을 두 분 폐하께서 보셨다면 매우 인상적인 장면이었을 것이라고 확신합니다. 본선으로 올라온 추장은 제가 선미루 갑판 아래서 식사 중인 사실을 알고는 재빨리 제 곁으로 다가와서 자리에 앉았습니다. 그는 제가 나가서 그를 영접할 틈도, 자리에서 일어나 예의를 갖출 틈도 주지 않았습니다. 그는 선미루 갑판 아래쪽으로 들어오면서 그를 수행하던 인디오 모두에게 바깥에 있으라고 손짓했습니다. 그들은 추장의 의중을 재빨리 파악하고서 신속하게 갑판 위에 앉았습니다. 그의 스승과 고문으로 보이는, 나이든 사람 둘은 그와 함께 들어와 그의 발치에 앉았습니다.

그들은 계속해서 그를 추장이라고 말했습니다. 그에게 식사를 대접하고 싶은 생각이 들어서 저와 같은 음식을 그에게 갖다 주라고 지시했습니다. 그는 시식만 하고는 나머지를 그를 수행하는 원주민들에게 보냈습니다. 마찬가지로 음료수도 입에 대기만 하더니 나머지를 다른 사람들에게 주었습니다. 그 모습이 놀라울 정도로 위엄 있어 보였습니다.

그는 말수도 거의 없었는데 제 판단으로는 대단히 사려 깊고 신중하게 말하는 것 같았습니다. 그를 수행한 나머지 두 사람은 그를 지켜보면서 그를 대신해서 말하거나 그와 더불어 대화를 나누었습니다.

식사가 끝나고 나서, 그의 수행원 중 한 사람이 아주 정중하게 허리띠 하나를 가져왔습니다. 그 모양세가 카스티야의 것과 비슷했지만, 만든 솜씨는 달랐습니다. 추장은 그것을 저에게 주었습니다. 또한 그는 매우 얇은 금 세공품 두 조각도 주었습니다. 저는 그들이 매우 적은 양의 금밖에 가지고 있지 않지만, 황금이 많이 나는 곳에 매우 가깝게 살고 있다고 생각했습니다. 그가 제 침대 덮개를 갖고 싶어 하는 것 같았습니다. 그래서 저는 그것뿐만 아니라, 제 목에 걸고 있던 호박으로 만든 목걸이와 빨간 구두와 오렌지 꽃으로 만든 향수를 주었습니다. 그는 너무나 기뻐했습니다. 그와 두 수행원은 제 말을 알아듣지 못해서 몹시 아쉬워했고, 저도 또한 그들의 말을 알아듣지 못해서 유감이었습니다. 하지만 그가 제게 필요한 것이 있으면 섬 전체를 마음대로 써도 좋다고 한 말은 이해했습니다.

저는 두 분 폐하의 초상이 새겨진 엑셀렌테excelente 금화375마라베디의 가치를 지니는 금화를 매달아 둔 손가방을 가져오게 한 후, 그것을 그에게 보여 주면서 어제 했던 말을 되풀이했습니다. 저는 그에게 두 분 폐하께서는 이 세상에서 가장 훌륭한 지역을 지배하고 계시며, 어느 누구도 두 분을 당해낼 수 없다고 말했습니다. 또한 왕기와 십자가 깃발도 보여 주었습니다. 그러자 그는 깊은 인상을 받은 듯한 표정을 지었습니다. 그는 두 분 폐하께서 아무 두려움 없이 저를 멀리서, 즉 하늘에서 보내신 것을 보면 두 분은 위대한 통치자임이 분명하다고 자신의 고문에게 말했습니다. 제가 알아듣지 못하는 여러 이야기들이 있었습니다만, 그가 모든 것에 깊은 감명을 받은 것만은 확실했습니다.'

시간도 늦어지고 그도 떠나고 싶어 해서, 계속 구포를 쏘는 성대한

페르난도와 이사벨의 초상이 새겨진 금화 엑셀렌테이다. 뒷면에는 왕실의 문장이 새겨져 있다.

전송의식 가운데 그를 보트에 태워 육지로 보냈다. 그는 육지에 도착하자 가마에 올라타고서 200여 명의 수행원들을 이끌고 돌아갔다. 그의 아들은 지위가 높은 인디오의 어깨 위에 목말을 타고 있었다. 추장은 배에서 내리는 선원이나 다른 사람을 만날 적에는 언제나 음식을 주고 정중하게 대접하라고 명령했다. 그 추장이 지나가는 행렬을 지켜본 선원의 말에 따르면, 내가 준 모든 선물들은 추장 앞에서 걸어가는 요직을 맡은 인디오들이 나르고 있었다고 한다. 추장의 아들은 추장과 상당한 거리를 둔 채 뒤따르고, 추장의 동생도 상당한 거리를 두고 그 뒤를 따르고 있었다. 추장의 동생은 지위가 높은 인디오들의 부축을 받으며 걸어갔다. 그도 추장과 함께 배에 올랐었다. 나는 그에게도 몇 가지 물건을 주었다.

우리는 매우 적은 양의 금을 얻었지만, 어느 노인에게서 새로운 사실을 들었다. 그는 이곳에서 100리그 이상 떨어진 지점에 많은 섬들이

콜럼버스를 비롯한 에스파냐 인들은 원주민에게 종교가 없다고 생각했다. 그들은 인디오들에게 기독교를 전하기 위해 아메리카 대륙 곳곳에 십자가를 세웠다.

군집을 이루고 있는데, 그곳에서 황금이 많이 나온다고 했다. 심지어 어느 섬은 땅 전체가 황금으로 되어 있다고 했다. 또 나머지 섬들도 황금이 너무 많아서, 그것을 모아 체로 거른 다음에 막대 모양으로 만들고 여러 가지 방식으로 가공한다고 했다. 그는 이 사실을 몸짓으로 표현했다. 또한 그곳의 위치와 항로도 알려 주었다. 나는 그곳으로 가기로 결정했다. 노인이 그 추장이 중요하게 여기는 인물이 아니라면 그를 붙잡아 함께 가고 싶었다. 혹은 내가 그들의 말을 안다면 그에게 함께 가자고 요청하고 싶은 심정이었다. 그가 나와 선원들에게 베풀어 준 친절함을 감안할 때, 그는 기꺼이 동행하리라고 믿는다. 하지만 내가 이곳의 원주민들을 두 분 폐하의 신민으로서 여기고 있고, 그들의 감정을 상하게 하고 싶지 않았기 때문에 그를 그냥 돌려보내기로 결정했다.

나는 그 마을의 광장 한가운데에 시선을 끌 만큼 위풍당당한 십자가를 세웠다. 인디오들은 우리의 작업을 열심히 도왔다. 또한 그 앞에서 기도하고 예배를 올리기도 했다. 그들이 보여 준 행동을 보아 주님의 이름으로 이 지역의 모든 섬들이 그리스도교의 세계로 변모하리라고 믿는다.

아메리카 대륙에 건너간 최초의 선교사 라스카사스

12월 19일 〉 수요일

지난밤, 에스파놀라 섬과 토르투가 섬 사이에 있는 해협을 떠나려고 닻을 올렸다. 그러나 새벽녘부터 계속 동풍이 불었기 때문에 하루 종일 두 섬 사이에 머물렀다. 저녁에 우리가 본 적이 있는 항구를 찾지 못했다. 4개의 곶과 강을 끼고 있는 큰 만을 발견했다. 그곳에서는 커다란 후미와 마을이 보였다. 마을 뒤쪽으로 소나무인 듯한 나무가 울창한 산과 골짜기가 펼쳐져 있었다. 도스 에르마노스Dos Hermanos 위쪽으로는 북동쪽에서 남서쪽으로 뻗어 있는 높고도 널따란 산 하나가 있고, 카보 데 토레스Cabo de Torres의 동남동 방향으로는 내가 산토 토마스Santo

Tomás라고 이름 붙인 작은 섬이 있다. 그 이름을 붙인 까닭은 내일이 성 토마스 전야제이기 때문이다.

한눈에 보기에 이 섬의 해안은 전반적으로 빼어난 곳과 항구로 이루어져 있다. 섬 앞에는 서쪽으로 곶이 하나 있다. 그 곶은 높이 솟았다가 푹 꺼지기도 하면서 바다로 길게 뻗어 있다. 나는 그 곶을 카보 알토 이 바호Cabo Alto y Bajo라고 불렀다. 카보 데 토레스의 동미남 방향으로 45마일쯤 떨어진 지점에 다른 산들보다 훨씬 높은 산이 있는데, 바다 쪽으로 삐죽 나와 있다. 육지와 이어진 부분이 잘록해서 멀리서 보면 별개의 섬처럼 보인다. 그 지역을 카리바타Caribata라고 부르고 있기 때문에, 나는 그 산을 몬테 카리바타Monte Caribata라고 불렀다. 그 산은 매우 아름답고, 초록색 나무들이 울창하게 우거져 있으며 눈이나 안개가 없다. 바람이나 온도는 카스티야의 3월을 닮았는데, 나무나 풀은 5월과 비슷하다. 밤이 14시간 동안이나 지속됐다.

비를 나타내는 파란색으로 채색된 비의 신 차크가 타오르는 횃불을 휘두르고 있다. 횃불은 차크가 관장하는 뇌우를 나타낸다.

12월 20일 〉 목요일

오늘 해 질 녘에, 산토 토마스 섬과 카리바타 곶 사이에 자리 잡고 있는 항구에 들어가서 정박했다. 매우 훌륭한 항구이다. 그리스도교 세계의 모든 배들이 모두 다 정박해도 될 정도로 넓다. 여기에 들어와 본 적이 없는 사람은 쉽게 입구를 찾을 수 없을 것 같다. 산에서부터 섬 주변까지 뻗어 있는 바위투성이의 암초들이 일정하지 않게 이곳저곳에 산재해 있기 때문이다. 바다 쪽으로 더 삐져나온 암초도 있고, 해안 가까이에 있는 암초도 있다. 따라서 위험 없이 배가 들어가려면, 수심이 7길에 이르고 폭이 일정한 해협들을 조심스레 통과해야 한다. 일단 암초 사이를 통과하고 나면, 수심은 12길로 깊어진다. 이 항구는 어떤 바람이 불어오더라도 안전하므로 배를 밧줄로 계류시키지 않아도 된다.

항구의 입구에는 많은 나무들이 서 있는 작은 모래섬이 있고 그 서쪽으로 해협이 있다. 그 섬의 기슭은 수심이 7길이지만, 그 지역에는 많은 모래톱이 있다. 따라서 매우 주의해서 항구 안쪽으로 들어가야 한다. 일단 안쪽으로 들어가면, 최악의 폭풍도 두렵지 않다.

배에서 보니 남동쪽에서 그 항구까지 뻗어 내려온 큰 계곡의 주변이 잘 개간되어 있다. 아주 높은 산들이 그 계곡을 에워싸고서 하늘을 찌를 듯이 서 있는데, 초록색의 나무가 우거져 있다. 그 산들 중 일부는 카나리 제도에 있는 테네리페 섬의 산보다도 훨씬 높다. 물론 테네리페 섬에 있는 산도 높은 산들의 대열에서 뒤지지 않는다. 산토 토마스 섬의 이쪽 지역에서 1리그 떨어진 지점에 작은 섬이 있고, 그 안쪽으로 또 다른 섬이 있다. 그 각각의 섬에도 모두 훌륭한 항구가 있다. 하지만 여울을 조심해야 한다. 또한 연기가 피어오르는 것으로 보아 마을이 있는 듯하다.

차크의 형상이다. 그의 특징인 구부러진 코가 잘 드러나 있다.

12월 21일 〉 금요일

보트를 타고 그 항구를 탐사했다. 그 항구에 필적할 만한 곳을 일찍이 본 적이 없다. 전에 갔던 항구들에 관해서도 찬사를 아끼지 않았는데, 이 항구는 그 항구들보다 더 훌륭해서 어떻게 표현해야 할지 모르겠다. 행여 내가 진실을 왜곡하고 사실을 과장하는 사람으로 비추어질까 우려된다. 변명 같지만 일행 중에 나와 같은 생각을 하는 나이든 선원들

욱스말 피라미드 근처에 있는 유적의 벽면이다. 비의 신 차크의 얼굴로 덮여 있는 벽면 때문에 '가면의 궁전'이라 불린다.

이 있다. 아마도 모든 선원들이 나와 같은 입장일 것이다. 즉, 일찍이 본 항구들에 관한 나의 호평은 진실이었다. 또한 이 항구가 그 항구들보다 훌륭하다는 평가도 진실이다. 나는 바다를 떠난 적 없이 23년이라는 상당한 기간 동안 선원 생활을 해 왔다. 동부 지중해의 여러 제국과 서부의 여러 제국에도 가 보았다. 북쪽으로는 영국까지, 남쪽으로는 기니 해안까지 항해한 적도 있었다. 하지만 23년 동안 돌아다녀 본 육지들 중에서 어느 곳도 [이 지역의 섬들에 있는] 항구들보다 완벽하지 못했다. 지난번에 본 항구보다 훨씬 나은 항구를 발견했다.

지금까지 쓴 글들을 꼼꼼히 살펴보았는데 그 글들은 모두 진실이다. 또한 이 항구가 모든 항구들 중에서 가장 훌륭하다고 확언한다. 세계의 모든 배들이 여기에 다 들어올 수 있으며, 이 항구에서는 밧줄 없이 배를 계류시켜도 안전을 보장받을 수 있다. 항구 입구에서 육지까지의 거리는 5리그이다.

사실 모든 육지가 잘 개간되어 있지만, 우리가 본 그 땅은 더욱 잘 개간되어 있었다. 선원 두 명에게 보트에서 내려 언덕 위로 올라가 마을이 있는지 살펴볼 것을 지시했다. 바다에서는 아무것도 보이지 않았는데, 지난밤 10시 정각에 인디오 몇 명이 카누를 타고 본선으로 다가와서 우리를 보고 놀라워했다. 그들에게 교환할 물건 몇 가지를 주었더니 몹시 좋아했다.

두 선원이 돌아와서 내륙 쪽으로 어느 정도 들어가면 큰 마을이 있다고 말했다. 그곳에 가기 위해 선원

들에게 노를 저으라고 지시했다. 우리가 상륙할 무렵에 인디오 몇 명이 두려워하는 듯한 얼굴을 하고 해안으로 내려오고 있었다. 보트를 멈추게 하고 보트에 동승한 인디오들에게 우리가 그들을 해치지 않을 것이라고 전하게 했다. 그들은 물가로, 우리는 육지로 좀더 다가갔다. 그들의 두려움이 완전히 사라질 즈음에, 해변을 가득 메울 정도로 많은 원주민들이 우리의 도착을 환영하면서 몰려 내려왔다. 남녀노소 구분 없이 사방에서 달려 나온 원주민들은 고구마로 만든 빵을 들고 있었다. 그들은 그 고구마를 아헤라고 불렀는데, 그것은 꽤 큼직하고 하얗다. 또한 그들은 조롱박이나 흙으로 빚은 물주전자에 물을 담아 가져다주었다. 그 물주전자는 카스티야에 있는 것들과 다를 바 없었다. 그들은 우리가 원하면 갖고 있는 물건들을 모두 가져다주었고, 놀라울 정도로

지붕이 사라져 버린 전사의 신전이다. 기둥들은 뱀의 형상을 하고 있으며, 그 앞을 '차크 몰'이 지키고 있다. 마야의 유적지 치첸이트사에 있다.

마야의 유적지 치첸이트사의 북쪽에 있는 엘 카스티요이다. 요새라는 뜻의 이 피라미드는 높이가 30미터에 이른다.

거리낌이 없고 즐겁게 우리를 맞이했다. 그들은 물건의 가치를 따지지 않았다. 심지어 금으로 된 물건도 물이 든 호리병박처럼 여겨 기꺼이 주었다. 물건을 받을 때 보면, 상대방이 마음속에서 우러나 주는 것인지 그렇지 않은지를 판별할 수 있다.

이 섬의 원주민들은 장창이나 투창 등 어떤 무기도 지니고 있지 않다. 이 섬은 대단히 크다. 그들은 남녀 구분 없이 모두 다 태어날 때부터 벌거벗고 다닌다. 후아나 섬이나 다른 섬들 몇 군데에서는 12세가 넘은 여자들은 치부를 가리려고 남자 바지의 호주머니만 한 크기의 무명천을 앞쪽에다 걸치고 있었다. 그러나 이곳의 여자들은 대부분 벌거벗고 다녔다. 또 다른 지역의 섬에서는 질투심 때문인지 남자들이 우리가 여자들을 보지 못하게 숨겼는데, 여기는 그렇지 않았다. 매우 아름다운 몸매의 여자들이 상당히 많았다. 우리가 도착했을 때 맨 처음에 나와서 하늘에 감사드린 자들은 여자였다. 원주민들은 자신이 갖고 있는 물건들, 특히 아헤로 만든 빵, 땅콩, 대여섯 종류의 과일 등 음식물을 가져왔다. 나는 두 분 폐하께 가져갈 수 있도록 저장 식품으로 만들라고 지시했다. 다른 지역의 여자들도 남자들이 숨기기 전에는 이 섬의 여자들 못지않게 우리를 환영해 주었다. 어느 곳에서 무슨 일이 있어도, 그들을 괴롭히지 말고 억지로 물건들을 빼앗지 말 것을 선원들에게 지시했다. 우리는 무엇을 받든지 간에 그에 대한 대가를 지불했다. 그들은 믿을 수 없을 정도로 마음씨가 곱고 너그러우며 친절했다. 자신이 소유하고 있는 모든 것을 주려 했다. 그들은 우리가 도착하기만 하면 무엇이든 주려고 달려왔다.

그 후 나는 선원 여섯 명을 보내 마을을 살펴보도록 했다. 인디오들은 최선을 다해서 정중하게 그들을 맞이했다. 그리고 갖고 있는 온갖 물건을 가져다주었다. 그들은 우리가 하늘에서 내려왔다고 믿어 의심치 않았다. 심지어 다른 섬에서 데려온 인디오들에 대해서도 그렇게 생각하고 있다. 인디오들은 우리가 단지 카스티야라는 다른 왕국에서 살고 있을 뿐, 그들과 똑같은 사람이라고 말해도 믿으려 하지 않았다.

여섯 명의 선원들이 돌아온 후, 인디오 몇 명이 몇 척의 카누에 나누어 타고 도착했다. 그들은 추장을 대신하여 나를 마을로 초대했다. 카누는 그들이 항해할 때 쓰는 일종의 배인데 큰 것도 있고 작은 것도 있다. 그들이 사는 마을은 우리가 가려고 하는 섬의 곳에 있는데 많은 원주민들이 그곳에서 우리를 기다리고 있다고 했다. 내가 출발하려 하자 놀랄 정도로 많은 원주민들이 해변에 모여들더니 남녀노소를 불문하고 나에게 떠나지 말라고 큰 소리로 외쳐 댔다. 나를 초대한 다른 마을의 추장이 보낸 심부름꾼들은 내가 그들을 반드시 방문하도록 만들기 위해서 카누를 대기시켜 놓았다. 나는 카누에 올랐다.

내가 도착했을 때, 그 추장은 음식을 잔뜩 차려놓고서 나를 기다리고 있었다. 그는 원주민들에게 앉으라고 지시하더니 내가 기다리고 있는 곳, 즉 앞바다의 보트로 음식물을 가져다주었다. 내가 그 선물들을 받은 사실을 확인하자마자, 많은 인디오들이 마을로 달려가, 음식물과 앵무새 등 여러 가지 물건을 가져왔다. 그들이 너무나 친절해서 우리는 놀랄 지경이었다. 나는 그들에게 유리구슬과 놋쇠반지와 매방울 등을 주었다. 그들이 요구해서가 아니라, 마땅히 그래야 한다고 생각했기 때문이다. 무엇보다도 내가 이미 그들을 카스티야 인들과 마찬가지로 그리스도 교도이며 두 분 폐하의 신민이라고 여겼기 때문이다. 가장 필요한 일은 그들의 언어를 배워서 우리가 무엇을 해 주기를 원하는지를 그들에게 말하는 것이다. 그들은 우리가 요구하는 일은 무엇이든지 기꺼이 해 줄 것이 분명하다.

마야 인들의 상형문자는 800여 개의 기본형을 가지고 있는 표음문자인데, 그 속에는 사람과 동물, 신의 모습이 종종 등장한다. 최근에 들어 이 텍스트들이 역법과 천문학에 관한 정보를 담고 있다는 사실이 밝혀졌다.

다른 마야 도시에서 찾아 볼 수 없는 치
첸이트사만의 독특한 건축물 카라콜이
다. 이 탑 모양의 유적은 나선형 계단을
통해 정상으로 올라갈 수 있게끔 설계되
어 있다.

우리가 본선으로 돌
아가려고 하자, 인디오
들은 남녀노소 구분 없
이 떠나지 말라고 큰 소
리로 외쳤다. 우리가 떠
나자 많은 인디오들이
카누를 타고 본선까지
뒤따라왔다. 우리는 그
들을 정중하게 맞이하고
서, 그들이 가져갈 수 있
도록 음식물을 비롯해 여러 가지 물건들을 주었다. 지난번에 방문했던
마을의 추장이 서쪽에서 항해해 왔다. 많은 원주민들이 족히 2분의 1리그
그는 될 듯한 앞바다를 헤엄쳐서 본선으로 왔다. 앞서 말한 추장이 돌
아갈 때, 몇몇 선원들을 보내서 그를 배웅하게 했다. 동시에 이 지역 섬
들에 관한 정보도 파악하게 했다. 추장은 진심으로 선원들을 환영하며
마을로 데리고 가서 상당히 큰 금 조각들을 주겠다고 했다. 선원들은
큰 강과 마주쳤다. 인디오들은 헤엄쳐 건넜지만 선원들은 건널 수 없어
서 그냥 돌아와야 했다.

이 지역은 하늘을 찌를 듯이 높이 솟아 있는 산이 엄청나게 많다. 그
높이나 아름다움이 테네리페 섬에 있는 산과 비교할 수 없을 정도이다.
산은 초록색 숲으로 뒤덮여 있다. 그 산들 사이로 아름다운 평원이 펼
쳐져 있다. 항구 옆으로 확 트이게 펼쳐져 있는 평원이 눈으로 확인할
수 없을 정도로 아주 멀리 남쪽으로 뻗어 있다. 그 길이가 15~20리그
정도 된다. 그 평원 위로 강이 하나 흐르고 있다. 많은 사람들이 거주하
면서 작물을 재배하고 있다. 이곳은 밤이 14시간이나 되고, 땅이 북쪽
에 위치해 있음에도 불구하고 카스티야의 5, 6월처럼 신록이 아름답다.

이 항구는 어느 방향에서 불어오는 바람이든 모두 다 피할 수 있는 훌륭한 피난처이다. 수심도 깊다. 또한 이 지역에는 무기라는 것을 전혀 지니지 않은 선량하고 온순한 사람들이 살고 있다. 어느 배든지 이곳에 정박해 두면 다른 배들로부터 기습을 받을 염려가 없다. 항구 입구가 2리그나 되지만, 수면 위로 거의 보이지 않는 2개의 암초들로 가로막혀 있어 좁은 해협을 이용해야만 한다. 그 암초들은 마치 인공적으로 만든 것 같다. 그러나 입구의 폭은 배들이 지나가기에 충분하다. 입구의 수심은 7길인데, 해변과 나무들이 자라고 있는 작은 섬 기슭에까지 똑같은 수심을 유지하고 있다. 들어가는 통로는 그 섬의 서쪽으로 나 있다. 어느 배든지 암벽에 바짝 붙어서 항해하면 안전하게 나올 수 있다. 북서쪽으로는 3개의 섬이 있고, 항구의 끝에서 1리그가 떨어진 지점에는 큰 강이 있다. 나는 이 항구를 푸에르토 데 라 마르 데 산토 토마스Puerto de la Mar de Santo Tomás라고 불렀다. 오늘이 성 토마스 기념일이기 때문이다. 나는 이 항구가 너무 커서 바다라고 불렀다.

콜럼버스의 동상

12월 22일 › 토요일

날이 밝자마자, 인디오들이 금이 많이 있다고 말한 섬으로 찾아가기 위해 돛을 올렸다. 어떤 인디오는 그곳에 흙보다 금이 더 많다고 말했다. 그러나 날씨가 우리를 도와주지 않아서 다시 배를 돌려 정박해야 했다. 선원들에게 보트를 타고 바다에 나가 어망으로 물고기를 잡으라고 했다. 근처에 있는 마을의 추장이 원주민들을 가득 태운 카누 한 척을 보냈다. 그 카누에는 추장의 시종도 타고 있었는데, 그는 우리의 배를 이끌고 자신의 땅을 방문해 달라고

산 로렌소 성당의 입구 양쪽을 장식하고 있는 정교한 조각은 '솔로몬의 기둥'이라 불린다. 이는 에스파냐적인 양식과 인디오적인 양식이 융합된 걸작으로 평가된다.

간청했다. 그곳에 가면 자신이 소유한 모든 것을 주겠다고 했다. 추장은 시종을 통해 허리띠 하나를 보내왔다. 그 허리띠에는 주머니 대신에 금을 두들겨 만든 가면이 붙어 있었는데, 그 가면에는 코와 혀 그리고 커다란 귀 2개가 달려 있었다. 그 허리띠는 진주와 같은 귀한 보석으로 만들어져 있었는데 빨간색 어골과 하얀 어골들도 섞여 있어 자수품처럼 보였다. 마치 카스티야의 자수공이 자수틀로 짠 사제복의 가장자리처럼, 명주실로 너무나 정교하게 꿰매져 있었다. 허리띠 안쪽은 모두 하얀색으로 매끈하게 처리되어 있었다. 그것은 너무나 견고하고 강해서 화승총으로 쏘아도 꿰뚫을 수 없을 정도이다. 지난 시대에 카스티야의 국왕이나 귀족들이 착용하기 위해 자수틀에서 자수를 놓거나 금실로 짠 허리띠처럼, 그 폭이 네 뼘이나 된다.

이곳 사람들은 마음씨가 아주 너그러워서 부탁만 하면 무엇이든지 기꺼이 내어 준다. 그들은 뭔가를 달라고 부탁 받는 것을 큰 은혜로 여기고 있다. 보트와 마주치자 인디오는 견습 선원에게 허리띠를 건네준 다음, 해야 할 임무가 있는 듯 본선을 따라왔다. 그들의 말을 이해하지 못한 채 많은 시간이 흘렀다. 우리 배에 동승하고 있는 인디오들조차도 그들의 말을 분명하게 이해하지 못했다. 그들이 사용하고 있는 말의 상당 부분이 달랐기 때문이다. 하지만 마침내 그들의 몸짓에서 그들이 나를 초대하고 싶어 한다는 사실을 알아냈다. 나는 내일 그곳으로 가기로 했다. 보통 일요일에는 돛을 올리지 않는다. 미신 때문이 아니라 종교적 신앙심 때문이다. 하지만 나는 이곳 원주민들을 기쁘게 하는 일이라면 무엇이든지 하려고 한다. 그들을 그리스도 교도로 변화시키려는 희망이 실현되도록 노력하고 있다. 그들의 행동에서 좋은 조짐이 보인다. 나는 이미 그렇다고 여기고 있지만, 그들은 신민으로서 두 분 폐하를 진심으로 섬기게 될 것이다.

오늘 돛을 올리기 전에 서쪽으로 3리그 떨어진 지점에 있는 큰 마을로 선원 세 명을 보냈다. 그 마을의 추장이 어제 방문했을 때, 황금 조각 몇 개를 갖고 있다고 말했기 때문이다. 선원들이 도착하자 추장은 내 비서의 손을 잡았다. 나는 선원들이 인디오에게 부당한 행동을 하지 못하도록 하기 위해서 비서를 함께 보냈다. 인디오들은 매우 마음씨가 고운 반면에 우리 선원들은 지나치게 탐욕스럽다. 그들은 몰 끄트머리 하나, 심지어 깨진 유리나 도자기의 파편 조각 등 아무 쓸모없는 물건들을 인디오에게 주고 그들이 원하는 것들을 얻어낸다. 그럼에도 그들은 만족할 줄 모른다. 때로는 아무것도 주지 않고서 모든 것들을 얻으려고도 한다. 이런 행위는 절대 금지시켰다. 하지만 그들이 얻은 물건들은 황금을 제외하고는 대부분 하찮은 것들이다. 인디오들의 고운 마음씨를 고려해서, 대가 없이 어떤 물건도 절대로 받아서는 안 된다고 경고했다. 인디오들은 유리구슬 6개를 주면 황금 조각 하나를 주었다.

추장은 비서의 손을 잡아 그를 자신의 집으로 데려갔다. 그 마을의 원주민들이 모두 뒤를 따랐다. 그의 집은 매우 컸다. 추장은 음식을 대접하라고 지시했다. 인디오들은 목화로 만든 여러 가지 물건과 목화 실 타래를 가져왔다. 한참 후에 추장은 살찐 거위 세 마리와 작은 금 조각 몇 개를 우리 선원들에게 주었다. 원주민들은 선원들이 그 마을에서 얻은 물건을 날라다주었다. 심지어 선원들을 등에 업어 주겠다며 고집을 부리기도 했다. 원주민들은 실제로 몇 개의 강과 진창길을 지나칠 때에는 그렇게 했다.

나는 그 추장에게 몇 가지 물건을 주라고 지시했다. 그와 원주민들은 모두 무척 기뻐했다. 그들은 정말로 내가 하늘에서 왔다고 믿었으며 우리를 보는 것만도 행운이라고 생각했다. 오늘 120여 척이 넘는 카누가 우리 배로 다가왔다. 그 카누에는 인디오들이 가득 타고 있었는데, 여러 가지 물건들, 빵과 물고기와 흙으로 만든 물주전자에 든 물을 싣고 있었다. 그 물주전자는 붉은 황토 같은 것으로 아름답게 만든 후, 바깥쪽에 색칠한 것이다. 또한 좋은 향료가 되는 다양한 씨앗들도 가져왔다. 그들은 대접에 물을 담아 씨앗 한 알을 집어넣고 그것을 마셨다. 나와 동승한 인디오들은 그것이 건강에 매우 좋다고 했다.

12월 23일 〉 일요일

바람이 불지 않아서, 시종을 보내 나를 초대한 추장이 사는 땅으로 출발할 수 없었다. 대신 비서에게 몇 명의 선원들을 이끌고서 보트를 타고 그곳으로 가라고 지시했다. 이곳에서 기다리고 있던 세 명의 인디오들도 함께 떠났다. 그들이 떠나자마자 정박지 근처에 있는 마을로 우리 배에 동승한 인디오 두 명을 보냈다. 그들이 추장 한 사람을 데리고 왔는데, 그는 여기 에스파뇰라 섬에 많은 양의 황금이 있어서 외지인들이 그것을 사러 온다고 했다. 그는 내가 원하는 만큼 많은 양의 황금을 얻을 수 있을 거라고 했다. 다른 사람들도 여기에 금이 많이 있다고 똑같이 말했으며 나에게 금을 채취하는 방법을 재연해 보여 주었다.

그들이 하는 말을 모두 이해하기는 힘들었지만, 이 지역에 금이 매우 많다는 사실만은 의심치 않았다. 또한 우리가 금광을 발견할 수만 있다면, 아마도 전혀 비용을 들이지 않고 많은 양의 황금을 얻을 수 있

다는 사실도 확실하다. 틀림없이 많은 황금이 있다. 이 항구에 머물고 있는 3일 동안에 꽤 큼직한 크기의 황금 조각들을 상당량 얻었기 때문이다. 나는 그들이 황금을 다른 지역에서 가져왔다고 생각하지 않는다. '모든 것을 관장하시는 주님이시여, 저를 이끌어 주시고 무엇이든지 당신 뜻대로 베풀어 주십시오.'

지금까지 1천 여 명이 넘는 원주민들이 각자 뭔가를 들고서 본선으로 찾아왔다. 그들은 본선에서 석궁 사정거리의 절반 정도 떨어진 지점에 이르면, 카누에서 일어서서 가져온 물건을 치켜들고서 '여기요! 여기요!' 라고 외친다. 카누가 없는 원주민은 헤엄을 쳐서 왔는데 아마도 500여 명이 넘을 것이다. 우리는 육지에서 1리그 정도 떨어진 지점에 정박하고 있다. 다섯 명의 추장 혹은 그의 아들이 가족을 데려오기도 했다. 나는 그들 모두에게 뭔가를 주라고 지시했다. 언젠가 도움이 될 것이기 때문이다. '자비로운 주님이시여, 제가 금광을 발견할 수 있도

4차 항해 중 배가 좌초되자 콜럼버스 일행은 자메이카에서 1년을 머물러야 했다. 원주민들은 처음에는 음식을 제공했지만 시간이 지나자 더 이상 음식을 제공하지 않았다. 콜럼버스는 1504년 2월 29일 자메이카에서 월식이 있을 것이라는 사실을 알고 있었다. 그는 원주민 추장들을 모이게 한 후 "신의 명령으로 온 우리에게 음식을 제공하지 않은 것에 신이 몹시 노하여 너희에게 별로 기아와 질병을 내리려고 한다. 그 증거로 오늘밤에 떠오르는 달이 사라지는 것을 보게 될 것이다."라고 했다. 이윽고 달이 떠올랐다. 달은 붉은색을 띠고 있었으며 검은 그림자가 드리우기 시작하더니 서서히 달을 덮어 갔다. 원주민들은 공포에 떨며 용서를 빌었다. 덕분에 콜럼버스 일행은 섬을 떠날 때까지 음식을 제공받을 수 있었다.

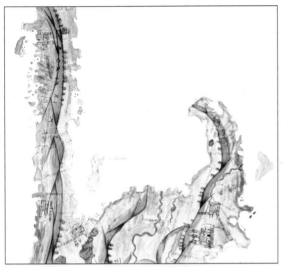

바르톨로메가 그린 것으로 알려진 에스파뇰라 섬의 지도이다. 콜럼버스는 1차 항해를 마치고 돌아올 때 이곳에 39명의 선원들을 남겨 두고 귀항길에 올랐다.

록 이끌어 주십시오. 여기에는 황금이 있는 곳을 아는 이들이 많습니다.'

밤이 되자 여기서 상당히 멀리 떨어져 있는 마을을 방문했던 보트가 돌아왔다. 카리바타 산 근처에서, 그들은 가려던 마을에서 나오고 있는 많은 카누와 마주쳤다. 원주민들이 우리를 만나러 오는 도중이었다는 사실을 알고서 마음이 허탈해졌다. 성탄절 행사를 이 항구에서 한다면 섬의 모든 원주민들이 우리를 보러 올 것이다. 이 섬은 영국보다도 더 큰 것 같다. 그 인디오들은 우리 선원들과 함께 마을로 돌아갔다. 선원들은 그 마을의 도로가 지금까지 본 어떤 마을보다도 크고 잘 정비되어 있다고 했다. 마을은 남동쪽으로 거의 3리그 정도 떨어진 푼타 산타 Punta Santa 지역에 있다. 카누의 노 젓는 속도가 매우 빨라졌다. 그들이 카시케cacique라고 부르는 추장에게 선원들이 오고 있다는 소식을 알리려는 것 같다. 지금까지도 나는 카시케라는 말이 왕을 뜻하는지, 통치자를 뜻하는지 알 수 없다. 그들은 지위가 높은 사람들을 부를 때 니타이노nitayno라는 다른 말을 쓴다. 그 의미가 귀족을 뜻하는지, 통치자를 뜻하는지, 재판관을 뜻하는지도 알지 못한다.

마침내 추장이 선원들 앞에 나타났다. 원주민들은 매우 깨끗하게 정리되어 있는 광장에 모두 모여 있었다. 모두 2천 명이 넘었다. 추장은 우리 선원들을 매우 격식을 갖추어 대접했다. 마을 사람들도 모두 먹을 것이나 마실 것을 가져다주었다. 추장이 선원들 각자에게 여자들이 몸에 걸치고 있는 것과 같은 종류의 무명옷감을 주었고, 나에게 앵무새 몇 마리를 보냈다. 또한 몇 개의 황금 조각도 보냈다. 마을 사람들도 각자의 집에서 무명옷감 등 여러 가지 물건을 가져다주었다. 선원들은 그 대가로 아주 사소한 물건들을 주었다. 그 물건을 받는 그들의 태도를 보니 아주 귀한 기념품으로 여기는 것 같았다.

저녁에 선원들이 떠나려 하자, 추장과 원주민들 모두 다음 날까지 머물러 달라고 간청했다. 하지만 이미 떠나기로 결정했다는 사실을 알고는, 자신들이 준 선물을 등에 매어 보트가 있는 강어귀까지 날라다 주었다.

아메리카 대륙에도 훌륭한 유적을 남긴
고대문명이 있었다

1 아스텍 문명

　　군사적인 사회조직과 인신공양의 관습을 가지고 있던 톨텍 문명이 붕괴한 뒤, 그 혼란 상황에서 태어난 것이 바로 아스텍 문명이다. 아스텍 족은 멕시코 북방의 초원에 살던 수렵 민족으로 오랜 방랑 끝에 14세기 즈음 테노치티틀란에 정착하면서 차츰 세력을 확장해 갔다. 그들이 남긴 '아스텍 캘린더'에 나타난 세계관에 비추어 보면, 아스텍 인은 4개의 태양의 시대가 생성·소멸했고, 지금의 세상을 다섯 번째 태양의 시대라고 여겼던 것 같다. '태양의 시대'에 살고 있는 그들은 태양이 사멸하고 우주가 멸망하는 것을 막기 위해 대규모 인신공양을 행했다. 즉, 사멸을 뜻하는 허무와 암흑과 싸우는 태양신에게 인간의 뜨거운 피와 살아 있는 심장을 바쳤고, 그 대가로 태양신은 아스텍의 영원한 번영을 약속해 주었던 것이다. 제물로는 범죄자나 정치적 반대 세력들이 우선적으로 선택되었고, 그 다음으로 전쟁 중에 붙잡힌 포로가 바쳐졌다. 아스텍 인들은 산 제물의 확보를 위해 무자비한 정복전쟁을 치러야 했다.

　　'신이 머무는 곳'이라는 뜻을 가진 아스텍의 수도 테노치티틀란에는 태양의 신과 비의 신을 모시는 2개의 거대한 신전이 있었다. 아스텍 인은 달력, 숫자 체계와 상형문자를 만들어 사용했으며, 귀족과 신관, 상인, 기술자, 일반인, 노예 등으로 계층이 구분되어 있었다.

2 마야 문명

마야 문명이 시작된 것은 기원전 3000년 무렵이었다. 하지만 4세기경에 이르러서야 팔렌케 등 몇몇 지역을 중심으로 고전기 문화를 형성했다. 그 후 10세기를 전후하여 톨텍 족에 의해서 마야 문명이 활짝 꽃을 피웠다. 그들은 치첸이트사 등지에 유적을 남겨 자신의 존재를 알렸다. 마야 인들은 잉카 인과는 달리 통일된 제국을 형성하지 않고 다수의 개별적인 도시 국가 형태를 유지했다. 그들은 안데스 지역에서는 유일하게 문자를 사용했으며 매우 발달한 역법을 가지고 있었다. 0(Zero)이라는 숫자 개념을 알았던 마야 인들은 20진법을 사용했으며 막대기와 점 모양으로 숫자를 나타냈다. 이렇듯 뛰어난 수학 실력으로 그들은 놀라운 수준까지 천문학을 발전시켰다. 또한 태양력과 태음력은 물론 종교력까지 포함한, 복잡하게 구성된 달력을 가지고 있었는데 이를 통해 길흉을 점치고 미래의 운세를 예언하기도 했다. 고전기 마야가 왜 갑자기 붕괴되었는지는 아직 밝혀지지 않았다.

3 잉카 문명

잉카 제국을 건설한 잉카 족의 기원은, 만코 카팍이라는 인물이 13세기경 자기의 부족을 이끌고 페루 고원의 쿠스코에 정착하면서부터로 전해진다. 잉카 제국이 쿠스코에서 급격히 팽창하기 시작한 것은 15세기 초 제9대 파차쿠티 때이고, 그 후 아타우알파가 에스파냐 인에게 정복당하기까지 이어졌다. 잉카 인은 스스로를 '티우안틴수유 (Tahuantinsuyu)' 라고 불렀는데 이는 쿠스코를 중심으로 동서남북으로 뻗은 나라임을 가리키는 것이다.

잉카 문명은 사회적으로는 신성한 절대군주 잉카를 받들고, 잉카의 친족인 지배층과 일반평민으로 구성되는 계층 사회를 형성하여 중앙집권적 전제정치를 시행했으며 평민을 위한 완벽한 사회보장제도도 갖추고 있었다. 잉카 제국에서는 옥수수, 감자, 땅콩 등 여러 가지 작물을 재배했는데 그중 감자를 냉동 건조시킨 '추뇨'를 주식으로 삼았다. 또한 건축, 토목 기술이 고도로 발전했는데, 해발 2400m 위에 건설된 마추픽추의 건축물과 거대한 돌을 종이 한 장 들어갈 틈도 없을 만큼 정교하게 짜 맞춘 사크사우아만 요새가 대표적이다. 잉카 인들은 각 지방의 도로를 정비하고 고원의 깊은 골짜기에까지 다리를 놓아 도로망을 갖추었으며, 전국적인 행정제도도 시행했던 것으로 알려져 있다.

예기치 않은 사고로 어려움에 처하다

12월 24일 〉 월요일

동틀 녘에 육지에서 불어오는 바람을 타고 닻을 올렸다. 어제 본선으로 와서 그 섬에 황금이 많이 있다고 말한 인디오 중에 그 장소까지 알려 주면서 누구보다도 열성적이고 적극적으로 이야기하던 사람이 있었다. 그는 말할 때 활기가 넘쳤다. 나는 그의 말을 귀담 아 듣다가 그곳에 함께 가서 금광을 보여 달 라고 부탁했다. 그는 친구 한 명과 친척 들을 데리고 왔는데 그들 중 두 명이 금 이 나오는 장소에 관해 이야기하다가 시 팡고 섬을 언급했다. 그들은 시팡고 섬을 시바오Cibao라고 부른다고 하면서, 그곳 에는 어마어마하게 많은 금이 있어서 추 장의 깃발을 황금으로 만든다고 했다. 하 지만 동쪽으로 멀리 떨어져 있다고 했다.

'부디 두 분 폐하께서는 저를 믿어 주십시오. 세상에서 이들보다 선량하고 온순한 사람들은 없을 것입니다. 그들을 조만간에 그리스도 교도로 개종시키고 에스파냐 왕국의 훌륭한 관습을 익히게 하면, 두 분 폐하께서는 크나큰 기쁨을 맛보시게 될 것입니다. 세상에 이들보다 더 좋은 사람들도, 이곳보다 더 아름다운 곳도 없을 것입니다. 제가 말씀을 드릴 수 없을 정도로 사람도 많고 땅도 넓습니다. 그들이 쿠바 섬이라고 부르는 후아나 섬의 원주민

들과 땅에 대해 최고라는 찬사를 쓴 적이 있습니다만, 후아나 섬과 그곳의 원주민들조차 모든 점에서 이 섬과 이곳의 원주민에 비하면 천양지차로 뒤떨어집니다. 이곳을 본 사람들은 누구라도 같은 말을 할 것입니다. 이곳은 모든 것이 놀랍습니다. 그들이 보이오 섬이라고 부르는 이곳 에스파뇰라 섬에 있는 큰 마을들은 정말로 경이롭습니다. 원주민들은 모두 지나칠 정도로 친절하고, 부드럽게 말합니다. 위협적으로 말하는 다른 섬의 원주민들과는 다릅니다. 또한 남녀 모두 잘생겼고, 피부색이 검지 않습니다.

그들은 모두 몸에 색칠을 합니다. 정말입니다. 검게 칠한 이도 있고 다른 색으로 칠한 이도 있습니다만, 대부분은 붉은색을 칠하고 있습니다. 햇볕으로부터 몸을 보호하려고 그렇게 한다고 합니다. 그들은 훌륭

인디오의 일상 생활이 잘 드러나 있다. 평화로운 이들의 생활은 낯선 정복자들에 의해 무참히 깨져 버렸다.

콜럼버스는 독실한 기독교 신자였으므로 하느님의 사업을 위해 모든 노력을 다했다. 신앙은 그가 기나긴 항해 중 겪은 심리적 어려움을 극복할 수 있는 힘이 되었다.

한 집과 마을을 갖고 있습니다. 또한 재판관과 우두머리 같은 여러 지도자가 있는데 인디오들은 무슨 일이든 그들에게 복종합니다. 이 지도자들은 모두 말수가 적고, 행동거지에 매우 위엄이 있습니다. 그들이 몸짓으로 지시하더라도 듣는 사람들은 놀랄 만큼 신속하게 이해합니다.'

산토 토마스 해로 들어가기 위해서는 그 입구의 한가운데에 자리 잡고 있는 작은 섬으로 뱃머리를 향하여 1리그 정도를 항해해야 한다. 나는 그 섬을 라 아미가La Amiga 섬이라고 불렀다. 동쪽에 그 섬을 두고서 그곳에서 돌을 던지면 닿을 듯한 거리를 유지하며 서쪽으로 나아갔다. 그 해협에서는 섬과의 거리를 늘 일정하게 유지해야 한다. 왜냐하면 서쪽에서 커다란 암초들과 3개의 커다란 모래톱이 바다 쪽으로 뻗어 나와 있기 때문이다. 이 암초의 끝자락은 라 아미가 섬으로부터 구포의 사정거리 정도밖에 떨어져 있지 않지만, 그 사이는 수심이 7길이고 바닥이 자갈로 되어 있어 어떤 배나 쉽게 지나갈 수 있다. 일단 그 안쪽으로 들어가면 세상의 모든 배들이 온다고 해도 다 정박시킬 수 있을 정도로 넓다. 또 밧줄로 계류시키지 않아도 된다.

육지의 동쪽에서 라 아미가 섬 쪽으로 또 다른 암초와 많은 여울이 있다. 그것들은 매우 크고, 거의 2리그 정도 바다로 뻗어 있다. 라 아미가 섬으로부터 구포 사정거리의 2배 정도 떨어진 지점에 입구가 있는 것처럼 보인다. 서쪽에 자리 잡고 있는 카리타바 산의 기슭에도 매우 훌륭하고 큰 항구가 있다.

12월 25일 〉화요일 : 성탄절
지난밤, 미풍을 타고 산토 토마스 해에서 푼타 산타로 항해했다. 그 곳에서 1리그 정도 떨어진 지점에서 나는 잠을 자기로 결정했다. 이틀 동안 꼬박 한숨도 자지 못했기 때문이다. 첫 번째 당직시간, 즉 11시경이

토스카넬리의 지도로 콜럼버스가 사용
한 것으로 추정된다.

었다. 파도가 잠잠해서 본선의 조타수도 키를 견습선원에게 맡기고 잠
을 자러 갔다. 바람이 불든 불지 않든 간에 항해 중에 키를 견습선원에
게 맡기는 일는 엄격히 금지되어 있는 일이었다. 지금까지 항해하면서
한 번도 없었던 일이다. 암초나 모래톱을 걱정할 필요가 없었기 때문에
그렇게 한 듯하다. 일요일, 그 추장에게 보트들을 보냈을 때, 그들은 푼
타 산타의 동쪽으로 3.5리그 정도를 항해해 보았다. 선원들은 그 곳에
서 동남동 방향으로 3리그 정도의 해안선에 여울이 많다는 사실을 알
았고, 안전하게 지날 수 있는 길도 발견했다.

내가 잠들었다는 사실을 알게 된 조타수는 파도가 쥐 죽은 듯이 아
주 잠잠해지자 자정 경에 견습선원에게 키를 맡겼다. 그리고 모두들 잠
자리에 들었다. 본선이 조류를 따라 아주 천천히 모래톱 위로 밀려갔
다. 아무리 밤중이라고 해도 1리그 정도 떨어진 지점의 상태는 파악할

콜럼버스의 아메리카 대륙 발견 500주
년을 기념하여 에스파냐에서 다시 만든
산타마리아호이다.

수 있기 마련이다. 견습선원이 방향타가 잘못되었음을 느끼고 큰 소리
로 외쳤다. 나는 그 소리를 듣고 벌떡 일어났다. 배가 좌초되었음을 다
른 사람들보다 먼저 알았다. 당시에 당직을 맡고 있던 선장이 갑판으로
왔다. 나는 그와 나머지 선원들에게 선미에 매어둔 보트에 타고, 닻을
들어서 고물 쪽으로 떨어뜨리라고 했다. 그는 다른 선원들과 함께 보트
로 뛰어들었다. 그러나 바람이 불어오는 쪽으로 2분의 1리그 정도 떨어
진 곳에 있는 범선 쪽으로 노를 젓는 일이 고작이었다.

　우리 배의 선원들이 보트를 타고 도망칠 즈음, 바닷물이 빠져나가면
서 배가 더욱 위험해졌다. 나는 본선이 뜰 수 있도록 하기 위해서, 큰

돛대를 잘라내 배의 하중을 줄일 수밖에 없었다. 하지만 썰물이라서 도움이 되지 못했다. 본선이 기울어졌다. 선체에 틈새가 생기면서 수면 아래에서부터 물이 차오르기 시작했다.

더 이상 본선을 구할 방도가 없었으므로 선원들의 안전을 위해 그들을 데리고 범선으로 옮겨 탔다. 육지에서 미풍이 불어오고 있었고, 여전히 깊은 밤이었다. 결국 모래톱을 빠져나가지 못한 채, 새벽녘까지 그곳에 머물고 있다가 암초에 올라앉은 본선으로 돌아왔다. 그에 앞서, 나는 항해단의 의전을 담당하고 있는 코르도바 출신의 디에고 데 아라나Diego de Arana와 두 분 폐하의 왕실 집사를 맡고 있는 페드로 구티에레스를 육지로 보냈다. 지난 토요일에 우리를 초청한 추장에게 가서 마을로 가던 도중에 마을과 1.5리그 정도 떨어진 지점에서 암초에 좌초되어 배를 잃었다는 소식을 전하기 위해서였다.

추장은 우리의 불행한 소식을 접하고서 눈물을 흘렸다. 그는 마을의 원주민들을 많은 대형 카누에 태워서 이곳으로 보냈다. 그들의 도움으로 본선의 물건들을 내리기 시작했다. 아주 짧은 시간 동안에 갑판에 있던 물건들이 모두 배 바깥으로 옮겨졌다. 추장은 그의 형제 및 친척과 함께 손수 물건을 옮기기도 했다. 또한 뭍으로 옮겨진 물건들을 안전하게 지켜 주었다. 이따금씩 그는 눈물을 흘렸고 친척을 보내 나에게 위로의 말을 전했다. 그는 자신이 가지고 있는 모든 것을 주겠다면서 슬퍼하거나 침울해 하지 말라고 했다.

'저는 두 분 폐하께 맹세코 진실을 말씀드립니다. 카스티야의 어느 곳에서도 못 끄트머리 하나까지 잃어버리지 않으려고 세심하게 돌보는 사람은 찾아볼 수 없을 것입니다. 추장은 집 몇 채를 비워 그곳에 우리의 물건을 보관할 수 있도록 준비하는 동안에, 자신의 집 근처에 우리의 물건들을 쌓아 두게 했습니다. 또한 무장한 남자 두 명을 배치하여

침몰한 산타마리아호의 것으로 추정되는 종. 1994년에 발견되었다.

토스카나파의 화가 피에로 델라 프란체스카의 유화 〈산 위의 성모 마리아〉이다.
성모 마리아가 마드리드 산기슭에 가까이 온 모습을 그린 작품으로, 이것은 그리스도교의 아메리
카에서의 승리를 나타낸 것이다.

그 물건들을 밤새 지키도록 했습니다.

추장과 원주민 모두는 우리의 손실을 마음 깊이 아파하면서 계속 눈물을 흘렸습니다. 이처럼 그들은 사랑이 넘치고, 탐욕도 없고 친절하며 뭐든지 마음을 다해 하려고 합니다. 저는 두 분 폐하께 맹세할 수 있습니다. 저는 세상에서 이들처럼 선량한 사람은 없고, 이곳처럼 좋은 땅도 없다고 믿고 있습니다. 그들은 이웃을 자신의 몸처럼 사랑합니다. 그리고 항상 미소를 지으면서 온

순하고 상냥하게 말합니다. 남녀 모두 태어나면서부터 벌거벗고 돌아다닙니다. 그들의 행동에는 비난할 것이 없다고 믿습니다. 추장은 강력한 권위를 가지고 있으며, 보고 있으면 즐거울 만큼 위엄이 있는 태도를 지니고 있습니다. 그들은 사물을 잘 기억할 뿐만 아니라, 모든 것을 열심히 배우려고 합니다. 그들은 호기심이 많아서 이것저것에 대해 물으며, 원인과 결과를 규명하기 좋아합니다.'

인디오 가족의 평화로운 모습이다. 콜럼버스는 "그들은 사랑하는 마음이 넘치고, 탐욕도 없고, 친절하며 뭐든지 마음을 다해 하려고 합니다. …… 그들은 이웃을 자신의 몸처럼 사랑합니다. 그리고 항상 미소를 지으면서 온순하고 상냥하게 말을 합니다."라고 기록하고 있다.

12월 26일 〉 수요일

동틀 녘에 추장이 니냐호로 찾아왔다. 그는 자신이 갖고 있는 모든 것을 다 줄 테니, 침울해 하지 말라고 울먹이면서 말했다. 상륙한 선원들에게 큰 집 두 채를 내주었고, 필요하면 더 주겠다고 말했다. 또한 짐을 실어 나르고, 사람들이 해변으로 건너올 수 있도록 카누를 많이 주겠다고 했다. 어제 그는 빵 부스러기 한 조각이라도 잃어버리지 않기 위해 정성을 다했다. 원주민들은 매우 성실하고 탐욕이 없다. 특히 추장은 덕망이 높다.

내가 그와 이야기를 나누고 있을 때, 다른 마을에서 온 카누 한 척이 약간의 황금 조각을 싣고 도착했다. 그들은 매방울 1개와 그것들을 교

환하자고 했다. 그들은 방울을 매우 좋아한다. 그들은 카누가 배 가까이에 접근하기 전부터 황금 조각을 손에 들고서 '추케 추케chuque chuque'라고 외쳐 댔다. 그 말은 방울을 의미한다. 그들은 방울이라면 거의 정신을 차리지 못한다. 다른 곳에서 온 카누가 돌아가고 난 후, 인디오들은 나에게 손바닥만 한 황금 조각 4개를 가져올 테니 방울 하나를 남겨 두라고 부탁했다. 이 이야기는 나를 들뜨게 했다. 육지에서 옷감을 가지고 돌아온 선원들 중 한 사람이 하찮은 물건을 주고 엄청난 황금 조각들을 받았다고 했다. 그들은 몰 끄트머리 하나의 대가로 2카스텔랴노 이상의 가치가 있는 황금 조각을 주었다. 지금부터 한 달 후에 있을 일에 비하면 이것은 아무것도 아니다.

원주민들은 그 무엇보다도 놋쇠로 만든 물건들을 훨씬 가치 있는 것으로 여긴다. 따라서 몰 끄트머리 하나의 대가로 그들 손에 들고 있는 모든 것을 기꺼이 내놓는다. 인디오들은 그것을 투레이turey라고 부른다. 투레이는 그들 말로 하늘을 뜻하므로 '하늘나라로부터' 라는 의미인 듯하다. 그들은 그것을 손에 받자마자, 코에 대고 냄새를 맡는다. 마치 그것이 하늘나라에서 왔다는 사실을 냄새로 확인하려는 듯하다. 그들은 자줏빛이 나고 질이 낮은 금과 비슷한 물질도 냄새로 그 가치를 판별한다. 그들은 그것을 과닌guanin이라고 부른다. 그들은 냄새를 맡아서 좋고 나쁨을 파악한다.

그 추장은 내가 기분이 좋아진 것을 알고는 매우 기뻐했다. 또한 내가 황금에 관심이 많다는 사실도 알고 있었다. 그는 나에게 몸짓으로 황금이 많이 나는 곳을 알고 있으며, 내가 원하는 만큼 황금을 줄 테니 안심하라고 했다. 추장은 – 그들이 시바오 섬이라고 부르는 - 시팡고 섬에 황금이 많이 있다고 언급하면서, 다시 한 번 자상하게 설명해 주었다. 그곳의 원주민들이 금을 하찮게 여기기 때문에, 이곳으로 금을 가져올 수 있다는 것이다. 그러면서 그들이 보이오 섬이라고 부르는 에스파뇰라 섬이나 카리바타 지역에서도 많은 금이 나온다고 했다. 그는 배에 머물면서 식사를 한 후 나와 함께 육지로 갔다. 그는 나를 매우 정중하게 대접했다. 사냥해서 잡은 고기와 새우를 넣어서 아헤로 만든 2~3가지의 요리, 여러 가지 그들 고유의 음식, 그리고 그들이 카사비cazabi라고 부르는 그들 고유의 빵 등 진수성찬을 나에게 대접했다.

그 후 그는 나를 데리고 자신의 집 근처에 있는 풀과 나무를 구경시켜 주었다. 족히 1천여 명이 될 듯한 많은 원주민들이 벌거벗은 채로 우리를 뒤따랐다. 그는 내가 준 셔츠를 입고 장갑을 끼고 있었다. 그는 자신이 받은 선물들 중에서 무엇보다도 그 장갑을 좋아했다. 그가 식사하는 자세를 보고 귀족의 혈통임을 알 수 있었다. 예민하게 음식을 가리는 모습이었다. 식사 후에 어떤 풀을 가져오게 하더니 그것을 손에 문질렀는데, 내 생각에 손을 부드럽게 하기 위해서 그렇게 하는 것 같았다. 그런 다음에 물로 손을 씻었다.

식사가 끝나자 추장은 나를 해변으로 안내했다. 나는 터키 활과 한 움큼의 화살을 가져오게 하여, 본선의 일행 중에서 활을 잘 쏘는 사람 한 명을 선발하여 몇 발을 쏘게 했다. 무기를 사용하거나 가져 본 적이 없었으므로, 추장에게는 그 모습이 매우 인상적이었던 것 같았다. 카니바 원주민들에 관한 화제에서 대화가 시작되었다. 그들이 '카리브 Caribs 족' 이라고 부르는 카니바 원주민들은 활과 화실을 들고 자신

기원전 1세기에서 19세기까지 사이에 사용되었던 에스파냐의 동전들이다. 아래는 16세기에 에스파냐 치하의 멕시코에서 사용된 2레알 은화(왼쪽)와 카를 5세의 시대에 쓰였던 두카트 금화이다.

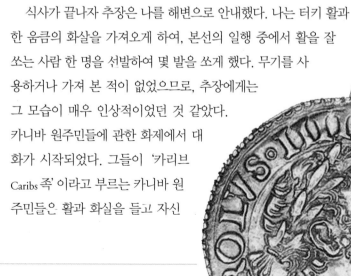

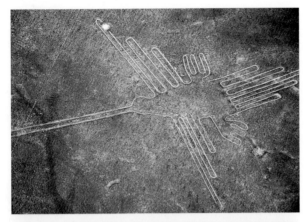

지구 반대쪽 남아메리카 페루의 나스카 평원에는 벌새, 고래, 원숭이, 거미, 개, 나무, 우주인, 펠리컨 등 30개 이상의 지상화가 그려져 있다. 그림 한 개의 크기가 100~300미터에 달할 정도로 거대하다. 어떤 것은 8킬로미터의 직선이 마치 긴 활주로처럼 뻗어 있는 것도 있다. 사진은 벌새와 원숭이의 모습이다.

들을 잡으러 온다고 했다. 그들의 화살은 쇠로 만든 화살촉이 박혀 있지 않았다. 그 지역에 사는 원주민들은 금과 구리를 제외하고는 철이나 강철뿐만 아니라 그 밖의 어떤 금속도 모르는 것 같다. 구리도 흔하지는 않은 것 같다. 나는 몸짓을 통해서 카스티야의 국왕과 여왕이 사람들을 보내서 그 카리브를 멸망시키고, 그들의 손을 묶어서 카스티야로 끌고 갈 것이라고 그 추장에게 말했다.

나는 구포와 스핀가르다 총을 쏘도록 했다. 추장은 그 위력에 매우 놀랐다. 원주민들도 그 발사소리를 듣자마자 모두 땅바닥에 납작 엎드렸다. 그들이 귀와 눈에 커다란 금 조각이 붙어 있는 큰 가면 하나를 나에게 가져왔다. 추장은 그것을 나에게 선물했다. 그는 또한 내 머리와 목에 금 장신구들을 걸어 주었다. 나와 동행한 선원들에게도 비슷한 물건을 주었다.

나는 이런 선물을 받아서 매우 기뻤고 위안이 되었다. 본선을 잃었을 때의 절망감이 다소 진정되었다. 본선이 좌초된 일도 여기에 우리의 근거지를 만들라는 주님의 뜻이 아니었을까 하는 생각이 든다. 모든 것이 재빨리 제자리를 찾고 있으므로, 재앙이라기보다는 오히려 행운에 가깝다. 여기는 2~3개의 암초가 있는 커다란 만 안쪽에 위치해 있으므로, 만일 우리 배가 좌초되지 않았더라면 틀림없이 정박하지 않고 이곳을 지나가 버렸을 것이다. 나는 항해 중에 어느 누구도 여기에 남겨 두

▲ 1505년 2월 5일 콜럼버스가
아들 디에고에게 쓴 편지로
아메리고 베스푸치를 언급하고 있다.
그에 관해 키가 작은 이탈리아 상인으로
목재염료 장사를 했으며
자신과 함께 항해한 적이 있다고 적고 있다.

▼ 콜럼버스는 4차 항해를 떠나기 전,
1492년 첫 번째 항해 전에 부여된 특권을 비롯하여
자신의 모든 권리를 책으로 정리했다.
이것은 그 책의 첫 페이지이다.

▲ 콜럼버스의 편지 중에 있는 그림이다.
콜럼버스가 직접 그린 것으로, 처음 에스파뇰라 섬에 도착했을 때의 모습이다.

지 않으려 했다. 혹 내가 그들을 남겨 두길 원한다고 하더라도, 요새를 건설하기 위한 장비와 자재들을 갖춘 아주 좋은 근거지를 확보할 수 없었을 것이다. 솔직하게 말해서, 나와 함께 온 많은 선원들이 여기에 잔류시켜 달라고 직간접적으로 요청해 왔다.

나는 견실한 탑과 커다란 해자垓子성 주위에 둘러 판 못를 갖춘 요새를 건설하기로 했다. 해자를 만드는 것은 원주민들 때문이 아니다. 나와 동행하고 있는 몇 사람들만으로도 이 섬 전체를 정복할 수 있다고 확신한다. 섬 크기는 포르투갈보다 크고 인구수도 2배 정도 되지만, 원주민들은 무기도 없을 뿐만 아니라 구제할 수 없을 정도로 겁이 많다. 탑과 해자를 만들어 이곳의 원주민들이 두 분 폐하의 신민들이 가진 기술과 능력을 알 수 있도록 할 것이다. 그렇게 하면 이 땅이 두 분 폐하로부터 멀리 떨어져 있더라도 인디오들이 사랑과 경외심으로 두 분 폐하를 따를 것이 분명하다.

나는 요새 구축에 필요한 목재, 1년 이상 먹고 마실 수 있는 빵과 포도주, 파종할 씨앗들, 본선의 보트 등 많은 것을 남겨 두었다. 또한 뱃밥물이 새어 들지 못하도록 배에 생긴 틈을 메우는 물건으로 흔히 천이나 대나무의 얇은 껍질을 쓴다을 먹이는 인부, 목수, 포수, 통 제조기술자 각각 한 명씩, 그리고 황금이 나오는 금광을 열성적으로 찾으려고 하는 사람들 중에서 두 분 폐하에 대한 충성심이 지극하여 나에게 인정받은 사람들을 별도로 선발하여 잔류시켰다. 우리가 이 일을 시작한 후 매사가 시의적절하게 잘 풀려 가고 있다. 본선이 좌초된 상황만 보아도 그러하다. 파도나 바람도 없었고, 커다란 충격도 없었다.

본선의 좌초로 인해 사람들이 여기에 잔류하게 된 일은 오히려 커다란 행운이었다. 분명히 신의 뜻이다. 더 자세한 상황을 언급하자면 이렇다. 선원들, 즉 모두 혹은 대부분이 그와 동향 출신인 그들이 닻을 고물 쪽으로 내리라는 나의 지시를 그대로 따랐더라면, 본선을 구할 수도 있었을 것이다. 그러나 그랬더라면 우리는 여기에 여러 날 머물면서 이 지역에 관해 알 수 있는 기회를 놓쳤을 뿐만 아니라, 여기에 잔류하기로 한 사람들이 장차 알게 될 것들도 사라져 버렸을 것이다. 나의 변함없는 목적은 탐험이다. 나는 탐험용으로는 적합하지 못한 무거운 배를 이끌고, 바람이 없는 때를 제외하고는 어느 곳에서든 하루 이상을 머물지 않고 빠르게 움직였다. 본선의 문제점은 팔로스 항 주민들의 잘못 때문이다. 즉, 이번 항해에 적합한 배들을 제공하겠다는 두 분 폐하에 대한 약속을 그들이 실행하지 않았기 때문이다.

본선에서는 어떤 물건도 분실되지 않았다. 즉, 몰 끄트머리 혹은 판자나 못 하나도 없어지지 않았다. 우리는 술을 비롯해 모든 교역을 위한 물건들을 가지고 나오기 위해 여기저기를 자르고 구멍냈는데, 그것을 제외하면 본선은 에스파냐를 출발할 때처럼 좋은 상태를 유지하고 있다. 배에서 육지로 옮긴 물건들도 앞서 말했듯이 잘 보관되어 있다. 내가 카스티야에서 되돌아왔을 때, 내가 의도한 대로 여기에 잔류한 선원들이 매우 많은 황금을 내놓기를 기대한다. 또한 그들이 두 분 폐하께서 성분묘예수 그리스도가 부활 전까지 누워 있던 곳를 회복하기 위한 준비를 하기에 충분한 많은 금광과 향료를 발견하리라고 기대한다(주님의 이름으로 믿는다). 내가 이번 항해에서 얻게 될 수익 모두를 예루살렘 정복에 사용하시라고 말씀드리자 두 분 폐하께서는 웃음을 지으며 동의하셨다. 또한 그런 수익이 없더라도 예루살렘 정복을 감행하겠다고 말씀하셨다.

나스카의 토기들이다. 그 모양과 색깔이 매우 다채롭다.

나스카 인들이 숭배했던 재규어 신의 모
습이 그려진 천조각이다.

12월 27일 〉 목요일

해 뜰 즈음에 추장이 나에게 와서 사람들이 곧 황금을 가져올 것이라면
서, 떠나기 전에 그 황금으로 내 몸을 치장해 주겠다고 말했다. 그는 더
머물러 달라고 간청했다. 추장과 그의 동생과 친척이 나와 함께 식사했
는데, 추장의 동생과 친척이 나에게 카스티야에 함께 가고 싶다고 했
다. 식사하던 중에, 핀타호가 이 섬 끝자락에 있는 어느 강에 있다는 전
갈이 도착했다. 추장은 인디오가 가득 탄 카누 한 척을 그곳으로 보냈
다. 그 카누에 나의 선원 한 명도 동승했다. 나에 대한 그의 우정은 너
무나 지극했다. 나는 그 선원 편으로 마르틴 알론소에게 편지 한 통을
보냈다. 제멋대로 떠나 버린 사실과 나에게 저지른 잘못에 관해서는 언
급하지 않았고, 다만 다시 합류할 것을 권유하는 부드러운 내용이었다.
식사를 마친 후, 추장은 나의 배웅을 받으며 매우 기쁘고 즐거운 마음
으로 집으로 돌아갔다.

　나는 카스티야로 출발하기 위한 준비에 박차를 가하고 있다.

12월 28일 〉 금요일

요새의 완공을 독려하고, 잔류하는 사람들에게 몇 가지를 지시하기 위

해서 육지로 갔다. 추장이 내가 보트를 타고 오는 모습을 본 것 같았다. 하지만 그는 못 본 척하고 그의 집으로 들어가 버리고, 그의 동생을 보내서 나를 맞이하게 했다. 그의 동생은 나를 선원들에게 제공된 집으로 안내했는데, 그 집은 마을에서 가장 크고 훌륭했다. 그들은 야자나무 껍질로 만든 그들 고유의 의자에 나를 앉혔다. 흑석처럼 아름답고 등널이 붙어 있는 의자였다. 그들은 그 의자를 두오라고 불렀다. 마치 추장이 내가 온 사실을 모르고 있는 것처럼, 추장의 동생은 그의 수행원을 보내 추장에게 내가 도착했음을 알렸다. 나는 그가 나를 더욱 극진히 맞이하기 위해서 모르는 척했다고 확신한다. 연락을 받은 추장은 손에 금으로 만든 큰 장식품을 들고 달려와 내 목에 그것을 걸어 주었다. 저녁까지 그와 함께 있으면서 앞으로 해야 할 일을 생각했다.

인디오 추장의 행렬을 묘사한 그림으로 그의 권위와 당당함이 느껴진다. 콜럼버스는 추장에 대해 이렇게 기록하고 있다. "이 지도자들은 모두 말수가 적고, 행동거지에 매우 위엄이 있습니다. 그들이 몸짓으로 지시하더라도 듣는 사람들이 놀랄 만큼 신속하게 이해합니다."

12월 29일 〉 **토요일**

동틀 녘에 추장의 젊은 조카가 범선으로 찾아왔다. 지적이고 영리한 청년이었다. 나는 금이 나오는 곳을 찾기 위해 모든 노력을 기울이고 있었으므로, 그에 관한 정보를 얻을 수 있는 사람이면 누구에게나 몸짓으로라도 묻곤 했다. 이 소년의 말에 의하면, 동쪽으로 사흘 정도 항해해 가면 과리오넥스Guarionex라는 섬과 마코릭스Macorix, 마요닉Mayonic, 푸마Fuma, 시바오, 코로아이Coroay 등의 이름을 가진 여러 섬이 있는데, 모든 섬이 황금으로 가득하다고 했다. 나는 그 섬의 이름을 기록했다. 그 청년이 내게 이런 이야기를 했다는 사실을 알게 된 추장의 동생이 그를 질책하는 것 같았다. 내가 금을 사거나 교환하러 다른 곳으로 떠나지 못하게 하려고, 추장은 금이 나는 곳을 숨기

기 위해 애쓰고 있는
듯하다. 하지만 이곳
에스파뇰라 섬을 포함
하여 주변의 여러 곳
에서 많은 양의 금이
나오는 것이 확실하
다. 놀라울 정도이다.

해가 진 후, 추장이
나에게 금으로 된 커
다란 가면을 보내면서
나에게 세면기와 물주
전자를 하나씩 보내
달라고 했다. 아마도
금으로 똑같은 모양의
세면기와 물주전자를
만들려는 것 같았다.
그래서 그가 요구한
것을 보내 주었다.

12월 30일 〉 일요일
식사하러 육지로 가

플랑드르의 한 지도 제작자에 의해
1595년에 간행되었던 지도책에 있는 화려한 세계 지도로 거의 정확하다.

보니 이곳의 추장 휘하에 있는 다섯 명의 추장들이 이미 도착해 있었
다. 이곳 추장의 이름은 과카나가리Guacanagarí이다. 다섯 명의 추장 모
두 자신들의 커다란 권위를 뽐내려는 듯이 머리에 관을 쓰고 있었다.
두 분 폐하께서 그 모습을 보셨더라면 매우 즐거워하셨을 것이다. 추장
과카나가리는 자신이 중요한 존재임을 나에게 알리기 위해서 그들을

오라고 한 것이 틀림 없다.

내가 육지에 도착하자 그가 나를 맞이하러 나왔다. 내 팔을 붙들고 어제 그 집으로 안내했다. 의자들이 그대로 있었는데 나에게 상석에 앉으라고 권했다. 그런 다음에 자신이 쓰고 있던 관을 벗어서 내 머리 위에 씌워 주었다. 또 질 좋은 빨간색 마노들과 다양한 색깔의 아름다운 구슬들로 만들어진 매우 훌륭한 목걸이를 벗어서 내 목에 걸어 주었다. 나도 역시 입고 있던 진홍색 후드가 달린 멋진 망토를 벗어서 그에게 입혀 주었다. 또 빨간색 실내화 한 켤레를 가져오게 하여 그의 발에 신겨 주었다. 불현듯 원주민들이 어느 선원이 끼고 있는 은반지를 매우 갖고 싶어 하더라는 이야기가 생각나서 그의 손가락에 은반지를 끼워 주었다.

그는 매우 기분이 좋아 보였다. 나머지 추장들 중 두 명이 각각 황금

으로 만든 커다란 장신구를 나에게 가져다주었다. 그때 인디오 한 사람이 들어오더니 이틀 전에 동쪽에 있는 어느 항구에서 핀타호를 보았다고 말했다.

내가 니냐호로 돌아가자, 비센테 야녜스 선장이 라 아미가 섬에서 대황을 발견했다고 말했다. 라 아미가 섬은 이곳에서 6리그쯤 떨어져 있는 산토 토마스 해의 입구에 위치해 있다. 그들은 줄기와 뿌리를 보고 그것이 대황임을 알게 되었다고 했다. 대황은 땅 위로 작은 줄기가 몇 개 나오고 바짝 마른 나무딸기처럼 몇 개의 작은 열매들이 달려 있는데, 뿌리 부근의 줄기는 아주 훌륭한 화가가 만든 물감처럼 아름다운 노란색을 띠고 있다. 땅속에는 커다란 배만 한 뿌리가 하나 있다.

12월 31일 〉 월요일

오늘은 에스파냐로 출발하기 위해 물과 목재를 싣는 일을 감독하면서 바쁘게 보냈다. 두 분 폐하께 그간의 일들을 신속하게 보고하여, 아직 발견하지 못한 곳들을 탐험할 수 있도록 배를 제공해 달라고 말씀드릴 생각이다. 이제 이 사업은 규모도 커지고 매우 전망도 좋아졌다고 생각되기 때문이다. 해안을 따라 항해하면서 동쪽에 있는 모든 육지들을 탐험하여 배로 가축 등을 카스티야까지 실어 나를 수 있는 최적의 항로를 찾을 때까지는 돌아가고 싶지 않았다. 하지만 배가 한 척밖에 없는 처지에서, 위험한 탐험을 계속하는 일은 바보 같은 일이다. 이러한 난관에 부딪히게 된 이유는 모두 핀타호가 제멋대로 대열을 이탈함으로써 야기되었다.

오만불손한 자들에게 분노하다

1월 1일 › 화요일

자정쯤에 라 아미가 섬으로 보트를 보내 대황을 실어 오도록 했다. 선원들이 저녁에 한 광주리의 대황을 싣고 돌아왔다. 그들은 땅을 파낼 곡괭이가 없어서 더 많이 가져올 수 없었다고 했다. 두 분 폐하께 보여드리기 위해 보관할 것이다.

추장은 황금을 가져오기 위해 많은 카누들을 보냈다. 핀타호를 찾으러 우리 선원을 태우고 떠났던 카누가 돌아왔지만, 핀타호를 찾지는 못했다고 했다. 그 선원은 여기서 20리그 떨어진 지점에서 머리에 금으로 만든 2개의 큰 장신구를 쓰고 있는 어떤 추장을 보았다면서, 카누에 탄 인디오들이 그에게 뭐라고 말하자 곧 그 장신구를 벗었다고 했다. 또 다른 많은 인디오들도 금으로 된 장신구를 착용하고 있었다고 했다. 과카나가리 추장은 다른 사람들이 우리에게 금을 팔지 못하도록 금지했다. 오직 자신만이 그 거래를 할 수 있다고 했다. 하지만 나는 이미 그들에게는 아무런 가치가 없을 정도로 황금이 널려 있는 곳을 알고 있

독일의 한 화가가 1529년에 그린 인디오 소묘 작품이다. 화가가 에스파냐 국왕 카를 5세를 방문했을 때, 국왕은 자국의 국력을 과시하기 위해 인디오를 보여 주었다.

다. 향료도 역시 풍부한데, 기니나 알렉산드리아Alexandria에서 나는 후추와 마네게타manegueta보다 훨씬 질이 좋은 편이다. 나는 여기에 잔류하는 선원들에게 가능한 한 많은 양의 황금과 향료를 수집하도록 지시할 생각이다.

1월 2일 › 수요일

오늘 아침, 과카나가리 추장에게 작별인사를 하고 주님의 이름으로 출발하기 위해 육지로 갔다. 정말 멋진 내 셔츠를 그에게 선물했다. 그리고 구포의 위력을 보여 주기 위해서, 좌초된 산타마리아호의 선체를 향해 구포 한 발을 장전하고 발사했다. 우리의 화제가 카리브 족에 관한 이야기로 돌아갔기 때문이다. 이곳의 원주민들은 그들과 전쟁 중이다. 추장은 포환이 선체의 겉 판자를 뚫고 지나가 저 멀리 바다까지 날아가는 광경을 지켜보면서 구포의 사정거리를 확인했다. 또한 나는 본선의 일행들을 무장시켜 전투에 대비하게 하면서 추장에게 설사 카리브 족들이 쳐들어오더라도 걱정하지 말라고 말했다. 내가 여기를 떠나더라도 선원들을 친구로서 잘 보살펴 달라는 의미인 동시에 그에게 우리의 힘을 과시하려는 행동이었다. 그에게 카스티야에 있는 많은 보석들과 여러 가지 선물들을 가지고서 다시 돌아오겠다고 말했다.

그가 제공했던 내 숙소로 가서 추장과 그의 수행원들과 함께 식사했다. 그에게 디에고 데 아라나와 페드로 구티에레스와 로드리고 데 에스코베도를 잘 도와 달라고 부탁했다. 이 세 사람들은 공동의 총독 대리

인디오들의 연회

로서 여기에 잔류하는 선원들을 지휘할 사람들이다. 그들은 주님과 두
분 폐하를 위해서 모든 일을 잘 감독해야 할 임무를 맡았다. 추장은 나
에게 각별한 애정을 보여 주었다. 특히 내가 승선하는 모습을 보면서
매우 슬퍼했다. 그의 측근 중의 한 사람이, 추장이 순금으로 내 동상을
만들라고 지시했는데 열흘만 있으면 그것이 이곳에 도착힐 것이라고
말했다. 즉시 출발하려 했지만 바람이 불지 않아서 떠나지 못했다.

  인디오들이 보이오 섬이라고 부르는 이곳, 에스파뇰라 섬에 있는 요
새에 39명의 선원들을 잔류시켰다. 그들 대부분은 과카나가리 추장과
매우 친밀한 관계를 유지하고 있다. 내가 두 분 폐하로부터 받은 전권
으로 코르도바 출신의 디에고 데 아라나를 선장 겸 비서 겸 의전 담당
으로 임명했다. 만일 그의 유고시에는 왕실 식탁 담당 집사 겸 왕실 회
계관인 페드로 구티에레스가 그를 승계하고, 그마저 죽을 경우에는 세
고비아 출신으로서 프라이 로드리고 페레스Fray Rodrigo Pérez의 조카인

티아우아나코 유적의 존재는 이 지역에
도 잉카 제국 전에 독자적인 문화를 가
지고 장대한 도시를 건설한 민족이 있었
다는 증거이다. 그림은 광장 정면에 있
는 태양문이다.

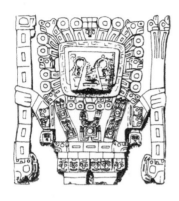

로드리고 데 에스코베도가 그를 승계할 것이다.

두 분 폐하의 지시로 구입한 물건들 중 많은 양을 이곳에 남겨 두었는데, 선원들이 금과 교환할 수 있도록 하기 위해서였다. 또한 산타마리아호의 짐들도 모두 다 남겨 두었다. 1년치의 비스킷, 포도주와 더불어 대포도 남겨 두었다. 또한 훌륭한 선원인 그들이 적당한 시기에 금광을 찾으러 돌아다닐 수 있도록 본선의 보트도 남겨 두었다. 내가 돌아왔을 때 그들이 모아놓은 많은 양의 황금을 볼 수 있기를 기대한다. 그들에게 새로운 촌락을 건설할 부지를 알아보라고 지시했다. 이 항구는 내가 생각했던 것만큼 적합한 장소가 아니기 때문이다. 더구나 황금이 나는 것으로 알려진 곳들이 동쪽에 있는데 그곳이 에스파냐에 더 가깝기 때문이다.

또한 파종할 씨앗들도 남겨 두었다. 그리고 필요한 장인들, 즉 비서 겸 의전 담당, 조선공, 뱃밥 먹이는 기술자, 기계를 잘 아는 구포사수, 통 제조기술자, 의사, 재봉사 등을 남겨 두었는데, 모두가 선원으로 잔뼈가 굵은 사람들이었다.

떠날 준비를 모두 마친 후, 남겨질 선원들을 다 모이게 하고서 연설했다.

첫째, 주님이 지금까지 그들과 나에게 베풀어 준 커다란 은혜를 잊지 말고 항상 감사해야 한다고 했다. 다시 말해 주님을 배반하지 않도록 주의하고 주님이 그들에게 원하는 바를 견지하면서, 주님에 대한 믿음을 굳건히 해야 한다고 했다. 또한 주님의 뜻으로 내가 약속한 대로 가능한 한 빠른 시일 내에 돌아올 수 있기를 기도해 달라고 부탁했다. 그렇게 되면 모두에게 기쁨일 것이라고 말했다.

둘째, 내가 그들의 양심과 충성심을 믿고 있는 바, 그들이 나에게 복종했던 것처럼 그들의 지도자에게도 복종하기를 두 분 폐하의 이름으로 그들에게 명령했다.

셋째, 과카나가리 추장, 그의 휘하에 있는 추장들, 니타이노스, 여타 측근들에게 지대한 관심과 존경심을 갖도록 당부하면서 절대로 그들을 괴롭히거나 비탄에 빠지게 하지 말라고 강조했다. 그들의 행복을 지키는 일은 우리가 그와 그들에게 입은 은혜를 생각하면 더욱 중요하다고 했다. 또한 그들도 추장의 영토에서 그의 지배하에 있음을 기억하라고 했다. 즐겁고 정직한 대화를 나누면서 그의 환심을 사고, 사랑과 우정의 관계를 유지할 수 있도록 각고의 노력을 기울이라고 했다. 그러면 내가 돌아왔을 때, 지금처럼 우의가 깊고 화기애애한 분위기에서 그를 만날 수 있을 것이라고 했다.

넷째, 남녀를 불문하고 인디오들 누구에게라도 범죄행위를 저지르지 말라고 지시하고 또 간청했다. 그들의 의사에 반하는 어떤 행동도 하지 말 것을 당부했다. 특히 여자들에 대한 모욕과 폭력적인 행동은 인디오들에게 충격을 줄 뿐만 아니라, 나쁜 선례를 남겨 우리의 평판을 나쁘게 할 것이므로 절대로 조심할 것을 당부했다. 인디오들은 우리가 하늘에서 내려온 사람들이며, 천사들이라고 믿고 있다.

다섯째, 내가 돌아올 때까지는 한두 사람씩 흩어지거나 떨어져 지내지 말고 – 내륙에 들어가지도 말고 – 늘 함께 모여서 지내야 한다고 당부했다. 그 추장의 영토를 벗어나지 말아야 한다고 했다. 그는 우리를 매우 사랑하므로, 매우 우호적이고 친절하게 대접해 줄 것이다.

여섯째, 그들의 고립감을 용감하게 극복하라고 격려했다. 비록 그들 자신의 선택이긴 하지만, 섬에서의 생활은 거의 감옥과 다를 바 없을 것이다. 어떤 과제에 직면하든지 간에 양심적이고 강인하게 이겨내라고 했다. 그간의 항해를 통해 겪은 난관들을 상기시키면서, 결국에는 주님이 육지 상륙의 기쁨으로 우리를 위로해 주셨다고 강조했다. 또한 우리는 엄청난 가치가 있는 금을 발견했으며, 나날이 더욱더 많은 금이 발견되고 있다는 것도 상기시켰다. 그리고 커다란 사업이란 결코 큰 고

손에는 제사용기를 지니고 있는 이 석상은 비라코차인 듯하다. 비라코차는 태양의 아들이자 잉카 최고의 신으로 존경받았다.

티아우아나코 유적에 있는 반지하 신전의 벽에는 180여 개의 조각 가면이 빼곡히 들어차 있다.

생 없이 성공할 수 없는 법이라고 말했다. 즉, 과업이 완수되면 그에 대한 보상은 훨씬 클 것이라고 했다. 문제가 악화되고 과정이 험난할수록 성공 후의 기쁨은 그만큼 크다고 했다.

일곱째, 적절한 시점에 추장에게 몇 명의 인디오를 보내 달라고 부탁해 몇몇 선원이 그들과 함께 보트를 타고 육지 이곳저곳을 구경하라고 했다. 그러나 구경보다는 금광을 발견하는 데 온 정신을 집중해야 한다고 말했다. 인디오들이 가져오는 황금은 그 동쪽 지역의 해안에서 가져오는 듯한데, 그들도 그곳에서 금이 나온다고 언급한 적이 있다. 또한 나는 새로운 요새를 건설할 더 좋은 부지를 물색해 두라고 지시했다. 이 항구가 만족스럽지 않기 때문이다. 그리고 정직한 방법으로 얻을 수 있는 금은 적극적으로 교환하여 내가 돌아왔을 때 많은 금을 모아 두었기를 기대한다고 했다.

마지막으로 그들이 내가 제안한 대로 행동할 경우, 그에 상응하는 큰 보상을 내리도록 두 분 폐하께 강력히 요청하겠다고 했다. 그러므로 내가 돌아온다면 그들은 두 분 폐하로부터 커다란 보상을 받을 뿐만 아니라 주님의 은총을 입게 될 것이라고 보장했다. 또한 반드시 다시 돌아오겠다고 서약하면서 내가 그들을 여기에 잔류시키는 일을 결코 사소하게 여기지 않는다는 사실을 믿어도 좋다고 말했다. 가능한 한 빨리 서둘러서 돌아오려는 마음을 다지기 위해 밤낮으로 내 영혼으로 그들을 기억할 것이라고 약속했다.

1월 3일 〉목요일

여러 섬에서 데려온 인디오들이 육지에 남아 있었는데, 지난밤에 그중 세 명이 나에게 와서 다른 인디오들과 여자들이 일출 무렵에 올 예정이라고 해서, 출범하지 못했다. 또한 파도가 상당히 거칠어 보트가 해변에 머물러 있을 수 없었다. 주님의 뜻이라 여기고 내일 떠나기로 결정했다.

  핀타호만 있었더라도 이 지역의 섬들을 탐험할 수 있으므로, 많은 양의 황금을 싣고 귀국할 수 있었을 것이다. 하지만 단 한 척의 배로 탐험을 계속하다가 혹시 사고라도 나면 아무도 카스티야로 돌아가지 못하게 될 수도 있다. 뿐만 아니라 그동안 내가 발견한 섬들에 대한 정보를 두 분 폐하께 보고하지도 못할 위험이 있었다. 마르틴 알론소가 핀타호를 타고 에스파냐에 무사히 귀환할 것이 확실하다면, 나는 더욱더 무사귀환이라는 목표들을 달성해야 한다. 그가 만약 고국에 도착한다면 마땅히 받아야 할 처벌을 모면하려고 두 분 폐하께 잘못된 정보를 이야기할 수도 있기 때문이다. 하지만 나는 그에 대한 소식을 전혀 모르고 있다. 그는 허락도 없이 대오를 이탈해 이런 나쁜 결과를 초래했으며, 우리가 노력한 대가로 두 분 폐하께서 내려 주실 보상을 훼손시켰다. 주님께서 좋은 날씨를 보장해 주시고, 모든 일을 올바르게 해결해 주실 것이라고 믿을 수밖에 없다.

티아우아나코에서 출토된 유물

1월 4일 〉금요일

동틀 녘, 미풍 속에서 닻을 올렸다. 암초를 피하려고 우리 앞에 보트를 앞세운 채 전에 들어갔던 해협보다 훨씬 넓은 해협으로 나아갔다. 어떤 해협을 경유하더라도 나비다드Navidad남겨진 선원들이 머물기 위해 만든 요새이다 마을에서 안전하게 출발할 수 있다. 가장 수심이 얕은 곳이 3길이고, 군데군데 수심이 9길이나 되는 곳도 있었다. 두 해협은 북서쪽에서 남동쪽으로 뻗어 있었다. 카보 산토Cabo Santo에서 카보 데 시에르페Cabo de Sierpe까지 걸쳐 있는 암초들이 6리그 이상 길게 이어져 있다. 바다 쪽에 3리그, 카보 산토의 앞바다에 3리그가 각각 펼쳐져 있다. 카보 산토 앞바다에서 1리그쯤 되는 지역의 수심은 8길 정도이다. 동쪽에 있는 이 곳의 안쪽에는 많은 여울들이 있음에도 불구하고 배 한 척은 족히 지나갈 수 있는 해협이 있다. 이 해안은 북서쪽에서 남동쪽으로 뻗어 있고 곳곳에 모래사장이 있다. 그 해안의 내륙으로 4리그 정도 평탄한 땅이 펼쳐져 있다. 그 너머로는 아주 높은 산들이 우뚝 솟아 있는데 곳곳에 많은 사람이 살고 있는 커다란 마을이 있다. 그들이 나에게 보여 준 행동으로 판단해 볼 때 그들은 누구에게나 매우 친절하다.

높은 산이 있는 동쪽으로 항해했다. 섬인 줄 알았는데 섬이 아니라 저지대로 연결되어 있는 땅이었다. 마치 야전 천막처럼 생겼다. 나는 그곳을 몬테 크리스토Monte Cristo라고 이름 붙였다. 이곳은 카보 산토의 정동 방향으로 19리그 정도 떨어진 지점에 있다. 벌써 해 질 녘인데 미풍 때문에 많이 항해하지 못해 그곳에 도착하려면 6.5리그나 더 가야 한다.

그곳에는 북서쪽으로 돌출되어 남동쪽으로 길게 뻗어 있는 모래톱과 지대가 낮은 모래섬 4개가 있었다. 그 산의 남동 방향 안쪽으로 족히 20리그는 될 듯한 커다란 만이 펼쳐져 있다. 틀림없이 수심이 매우 얕고 여울이 많을 것이다. 그 만의 해안에는 강이 많지만 항해하기에는

팔로스 항을 떠나는 콜럼버스

적절치 않아 보인다. 하지만 핀타호를 찾으러 이곳에 왔었던 선원은 배가 들어갈 수 있는 강이 하나 있다고 했다.

이 지역에 있는 수많은 암초와 모래톱을 피하기 위해 몬테 크리스토에서 6.5리그 떨어진 지점까지 바다 쪽으로 다시 나아갔다. 수심이 19길이나 되는 이곳에서 밤을 보내고 있다. 나비다드 마을로 항해하는 사람들은 누구라도 몬테 크리스토가 보이는 지점에서 2리그 정도 바다 쪽으로 나가야 한다. 몬테 크리스토는 천막처럼 둥근데 그 모양이 암초와 비슷하다. 또한 서쪽으로 계속 항해하다 보면 카보 산토의 앞바다에 이른다. 그곳은 나비다드 마을에서 5리그 떨어진 지점이다. 그 마을은 앞바다의 모래톱 사이로 나 있는 해협을 통해 들어갈 수 있다.

시팡고는 이 섬에 있다. 이곳에서는 엄청난 양의 황금을 비롯해서 향료, 유향, 대황 등이 있다.

1월 5일 〉토요일

동이 트기 바로 직전에 육지에서 불어오는 산들바람을 타고 돛을 올렸다. 그 후 동풍이 불었다. 몬테 크리스토의 남남동 방향에, 즉 몬테 크리스토와 작은 섬 사이에 오늘 밤 정박하기에 적당한 항구가 있는 것 같았다. 동남동 방향으로 나아가다가 남남동 방향으로 6리그쯤 항해하여 몬테 크리스토로 다가갔다. 그곳은 수심이 16길이나 되고 바다 속 장애물이 전혀 없었다. 3리그 정도가 동일한 수심으로 이어지다가 그

서유럽과 북아프리카의 대서양 연안이 상세히 묘사되어 있는 1490년에 그려진 지도이다.

산의 돌출부 부근에서 12길로 줄어들었다. 그리고 그 지점에서 1리그 정도 떨어진 곳에 이르자, 수심이 9길로 줄어들었다. 물속에는 장애물이 전혀 없고 모래만 가득하다. 몬테 크리스토와 작은 섬 사이를 계속 항해해 나아갔다. 그곳의 수심은 썰물 때 3.5길이었다. 정박하기에 매우 훌륭한 항구였다.

나는 보트를 타고 그 작은 섬으로 갔다. 어부들이 살고 있음을 보여 주는 불을 지핀 흔적이 있었다. 다양한 색상의 돌이 많았는데 이것을 캐내는 채석장도 있었다. 그 돌은 성당이나 왕실 건축물을 짓는 데 적합할 것 같았다. 산 살바도르 섬에서도 이와 유사한 돌을 본 적이 있었다. 유향수도 매우 많이 있었다.

몬테 크리스토는 경치가 아름답고 지대가 높은데 걸어서 쉽게 올라갈 수 있다. 그 주변은 매우 아름다운 저지대를 이루고 있다. 그 산은 매우 높아서 멀리서 보면 마치 별개의 섬처럼 보인다.

그곳을 지나서 동쪽으로 19마일쯤 떨어진 지점에, 내가 카보 델 베

팔로스 항에서 항해를 준비할 즈음, 콜럼버스가 사람들에게 뭔가를 설명하고 있다. 그러나 사람들은 다들 제각각 떠들고 있다. 그는 사람을 다루는 데 미숙하여 마르틴 알론소의 이탈 등 여러 가지 어려움을 겪는다.

세로Cabo del Becerro라고 이름 붙였던 곳이 있었다. 그 곳과 그 산 사이의 바다에 약 2리그에 걸쳐 암초가 있다. 배 한 척이 지나가기에 충분한 수로 같았지만, 낮에 보트를 앞세워 수심을 확인하면서 항해했다. 그 산의 동쪽, 즉 카보 델 베세로 쪽으로 4리그에 걸쳐 넓게 펼쳐진 아름다운 해변이 있다. 그 외에는 대부분 고지대와 산들로 이루어져 있는데, 북동쪽에서 남동쪽으로 뻗어 있는 산 하나가 코르도바 부근에 있는 산처럼 매우 아름다운 모습을 하고 있다. 남쪽과 남동쪽 멀리에 매우 높은 산들이 많이 보이는데, 짙푸른 계곡과 무수히 많은 강줄기가 자리 잡고 있다. 그 경치가 너무 아름다워서 말로 다 표현할 수 없을 정도이다.

잠시 후, 몬테 크리스토의 동쪽에 크기나 경치의 아름다움에 있어서 그 산과 비할 만한 다른 산이 보였다. 이곳에서 동미북 방향으로 저지대가 무려 100마일이나 펼쳐져 있다.

마르틴 알론소 핀손은 황금에 눈이 멀어 항해 중 대오를 이탈해 콜럼버스의 미움을 샀다. 그는 에스파냐로 돌아온 후 얼마 지나지 않아 매독으로 죽었다. 매독은 인디오들이 유럽 인에게 준 치명적인 선물이다.

1월 6일 〉 일요일

이 항구는 북쪽과 북서쪽을 제외하고는 어느 쪽에서 바람이 불어오든 지간에 매우 안전하다. 그런데 이곳은 북풍이나 북서풍이 거의 불지 않는다. 설사 불어온다고 해도 그 섬의 원호 안에 피할 수 있는데, 그곳의 수심은 3~4길이다.

동틀 녘에 돛을 올린 후, 동쪽으로 쭉 뻗어 있는 해안선을 따라 항해했다. 암초와 모래톱이 많아서 조심해야 했다. 하지만 그 암초와 모래톱의 안쪽에 훌륭한 정박지가 있으며 그 안으로 연결되는 수로도 좋다.

육지에서 불어오는 바람이 정오까지 계속되었는데, 그때까지 10리그를 항해했다. 정오 이후로 동풍이 강하게 불기 시작했다. 모래톱들을 감시하라고 주범 망대로 선원 한 명을 올려 보냈다. 그가 우리 쪽으로 불어오는 바람을 타고 다가오고 있는 핀타호를 발

마르틴 알론소가 이끌었던 핀타호

견했다. 핀타호와 합류했지만 여울 때문에 정박할 곳을 찾지 못했다. 따라서 몬테 크리스토로 항해해 온 길을 되돌아갔다. 물론 핀타호도 함께였다.

마르틴 알론소가 니냐호로 승선하여 나에게 용서를 빌었다. 그는 본의 아니게 대열을 이탈했다면서 변명을 늘어놓았지만, 그가 그날 밤 탐욕과 자만심에 빠져서 우리를 떠났다는 것은 명백한 사실이다. 그의 변명은 모두 거짓이었다. 이번 항해 과정에서 그가 나에게 보여 준 오만과 부정직한 모습을 이해할 수 없다. 그가 지금까지 그랬던 것처럼 사악한 사탄의 꼬임에 빠져서 더 이상 이번 항해를 방해하지 않기를 바라면서, 나는 그간의 잘못을 잊으려고 했다.

사실은 이렇다. 마르틴 알론소는 내가 그에게 보내서 함께 승선하고 있던 인디오들 중 한 명에게서 바베케라는 섬에 금이 많이 있다는 말을 들었다. 그는 자신이 가볍고 빠른 배를 갖고 있는 이점을 이용해 혼자 금을 차지하려고 나를 버리고 가 버렸다. 한편 나는 그가 오길 기다리면서 동쪽으로 항해했고, 후아나 섬과 에스파뇰라 섬의 해안 지역들을 탐험했다.

하늘의 도시 마추픽추로 오르는 길의 모양이 재미있다.

그러나 마르틴 알론소가 도착한 바베케 섬에는 금이 없었던 것 같다. 그는 다른 인디오들에게 금이 훨씬 많이 나는 금광이 있는 곳에 관해 듣고는 에스파뇰라 섬, 즉 보이오 섬의 해안으로 왔던 것 같다. 이런 까닭에 그가 20일 전에 나비다드 마을에서 15리그 정도 떨어진 지점에 있었던 것이다. 인디오들이 가져온 소식을 듣고서 과카나가리 추장이 우리 선원과 함께 카누를 보냈던 것은 올바

른 판단이었는데, 그 카누가 도착하기 전에 핀
타호가 떠났던 것이다.

핀타호는 많은 양의 황금을 얻었다고 한다.
두 손가락 굵기만 하거나 사람 손바닥만 한 금
조각들을 받았는데, 절반은 마르틴 알론소가 갖
고 나머지 절반은 선원들에게 나누어 주었다고
한다. '두 분 폐하, 따라서 저는 산타마리아호
의 좌초는 주님의 뜻이라고 봅니다. 그곳은 그
섬에서 요새를 건설하기 가장 적절한 곳일 뿐만
아니라 금광도 매우 가까운 곳입니다.'

후아나 섬 너머 남쪽으로 또 다른 큰 섬이 있
는데, 여기보다 훨씬 금이 많이 난다고 한다. 에
스파뇰라 섬에서 나오는 금이 밀알만 한 크기인
데 비해, 그 섬에서는 콩알보다도 큰 금덩어리
들을 채취한다고 한다. 그 섬의 이름은 야마예
Yamaye라고 한다. 동쪽으로는 여자들만 살고 있
다고 알려진 섬이 있다. 여기 에스파뇰라 섬과
야마예 섬은 모두 대륙에서 카누로 불과 10일
정도 걸리는 거리, 즉 60~70리그쯤 떨어진 지
점에 있다. 대륙에 사는 주민들은 옷을 입고 지
낸다.

1월 7일 〉 월요일

범선에 물이 새는 부분이 있어서, 그 틈새를 보
수하게 했다. 선원들은 땔감을 구하러 육지로
갔다. 그곳에서 수많은 유향수와 알로에를 보았

잉카 유적의 중심이자 가장 널리 알려진 마추픽추이다. 이곳은 신전을 비롯
한 모든 건축물이 돌로 건설된 돌의 도시로, 대자연과 완벽한 조화를 이루고
있다. '하늘의 도시'라고도 불리는 마추픽추는 잉카 최후의 안식처였다.

'태양을 묶는 기둥'이다. 이것은 동짓날 떠나가는 태양을 붙잡기 위한 기둥으로서, 태양신을 섬긴 잉카 인의 신앙이 반영된 유물로 해석된다.

다고 한다.

1월 8일 〉화요일

동풍과 남동풍이 강하게 불어서 항해하지 못했다. 식수와 땔감 등 항해에 필요한 것들을 더 준비해서 싣게 했다. 이 항로로 움직이는 동안 가능한 한 에스파뇰라 섬의 해안을 더 탐험하고 싶었다. 하지만 두 범선의 선장을 맡고 있는 마르틴 알론소와 빈센트 야녜스가 형제라는 점을 감안하지 않을 수 없었다. 게다가 그들을 따르는 탐욕스럽고 오만불손한 선원들이 이제 모든 것이 자신들의 손아귀에 들어와 있다고 생각해서인지, 내가 지금까지 그들에게 베푼 아량을 무시하고 있다. 내 지시에 복종하지 않았고 그런 행동은 지금도 계속되고 있다. 뿐만 아니라 나에게 용납할 수 없는 언사를 내뱉고 불손하게 행동했다. 마르틴 알론소는 11월 21일부터 1월 6일까지 어떤 원인이나 근거도 없이 제멋대로 대오를 이탈했다. 그로 인해서 큰 고통을 당했지만, 나는 침묵하면서 이번 항해를 성공리에 마치기 위해 묵묵히 노력하고 있다. 물론 선량한 선원들도 많이 있다. 하지만 이처럼 사악한 일당들로부터 해를 당하지 않기 위해서는 그들이 제멋대로 굴어도 못 본 척해야 한다. 나는 더 이상 늦추지 않고 귀국을 서두르기로 했다. 처벌을 언급할 계제가 아니었다.

나는 보트를 타고 육지로 향했다. 물을 긷기 위해 선원들과 함께 몬테 크리스토의 남남동 방향으로 1리그 정도 떨어진 지점에 있는 강 근처로 갔다. 폭이 넓고 수심이 깊은 강어귀에 엄청나게 많은 사금이 있었다. 그러나 알갱이가 너무 작았다. 강물에 씻겨 내려오면서 잘게 깎였음이 틀림없다. 가끔씩 콩알만 한 금 조각들이 보였지만, 그보다는 아주 자잘한 알갱이들이 더 많았다.

만조라서 강물에 바닷물이 섞여 있으므로, 나는 선원들에게 강 상류로 좀더 올라가라고 지시했다. 선원들이 보트에서 물통을 내려서 물을 채웠다. 범선으로 돌아온 뒤 우리는 물통과 그 물을 부은 큰 통 테두리에 금 알갱이들이 붙어 있는 것을 발견했다. 나는 그 강을 리오 델 오로 Río del Oro라고 이름 붙였다. 강어귀는 수심이 얕았지만, 그 안쪽은 수심이 매우 깊었다. 이곳은 나비다드 마을에서 18리그 떨어져 있다. 그 사이에는 큰 강들이 많은데, 나는 이 강보다 훨씬 금이 많이 나올 만한 강이 적어도 3개는 있다고 믿고 있다. 그 강들이 훨씬 크기 때문이다. 이 강은 크기가 코르도바의 과달키비르 강만 하다. 이 강들은 금광에서 20리그도 떨어져 있지 않다. 나는 금이 섞여 있는 모래를 조금도 채취하지 않았다. 두 분 폐하의 지배 하에 있는 나비다드 마을이 바로 지척이고, 그곳에도 금이 섞여 있는 모래는 매우 많기 때문이다. 가능한 한 빨리 귀국하여 두 분 폐하께 이 소식을 전

마추픽추의 가장 높은 곳에 위치한 파수꾼의 오두막이다.

하고, 내가 항상 오만불손하다고 말해 온 저 사악한 일당들을 제거하고 싶다.

1월 9일 〉 수요일

남동풍을 타고 가기 위해 한밤중에 돛을 올렸다. 동북동 방향으로 항해하여, 내가 푼타 로하Punta Roja라고 이름 붙인 곳에 도착했다. 그 곳은 몬테 크리스토의 정동 방향으로 48마일 떨어진 지점에 자리 잡고 있다. 나는 해지기 3시간 전에 그 곳에 닻을 내렸다. 주변 곳곳이 암초라서, 그 위치를 모르는 상태에서 밤중에 항해할 수는 없었다. 하지만 만약 암초들 사이에 수심이 깊은 수로가 있고, 바람이 어디서 불어오든지 피할 수 있는 훌륭한 정박지가 있다면 나중에 쓸모 있을 것이다.

콜럼버스가 본 거북은 코끼리거북인 듯하다. 이 거북은 황소거북이라고도 하는데, 등딱지 길이가 0.8~1.2미터이고 몸무게는 200~400킬로그램에 이른다. 수명도 200년으로 거북 중에서도 가장 길다.

몬테 크리스토에서 이곳까지 이어져 있는 육지는 평평한 고지대로, 시원한 평야를 이루고 있다. 그 너머에는 경치가 빼어난 산들이 동쪽에서 서쪽으로 뻗어 있다. 짙푸른 평야는 잘 경작되어 있으며 놀랄 정도로 아름답다. 시냇물도 많이 흐르고 있다. 곳곳에 거북이 보인다. 선원들이 몬테 크리스토에서 알을 낳으러 육지로 올라온 거북 몇 마리를 잡았는데, 커다란 방패만큼 크다.

어제 리오 델 오로로 가는 길에 수면 위로 멋지게 뛰어오르는 인어 세 마리를 보았는데, 그림에서 본 것처럼 아름답지는 못했다. 얼굴이 사람과 비슷하지도 않았다. 나는 인어를 기니의 마네게타 해안에서도 본 적이 있다.

오늘 밤, 나는 주님의 이름으로 돛을 올릴 것이다. 내가 찾고자 하는 것을 발견했으므로 더 이상 지체하지 않겠다. 두 분 폐하께서 이 항해의 상세한 내용과 마르틴 알론소가 저지른 소행에 관한 나의 보고서를 보시기 전까지는, 그와 다투지 않기로 했다. 또한 앞으로는 자신의 마음대로 하려고 하는 사악하고 부도덕적인 자들의 행위를 더 이상 용납하지 않겠다.

1월 10일 › 목요일

닻을 올린 후, 일몰 때 남동쪽으로 3리그 정도 떨어진 지점에 있는 강, 즉 리오 데 그라시아Río de Gracia라고 이름 붙인 강으로 갔다. 그 강어귀에 닻을 내렸다. 그 강어귀의 동쪽 지역에 훌륭한 정박지가 있다. 그 강으로 들어가려면 수심이 2길밖에 안 되는 모래톱을 지나야 한다. 입구도 매우 협소하다. 그러나 그 안쪽은 바람을 피하기 좋은 항구이다. 이곳에는 좀조개가 많다. 마르틴 알론소가 금을 얻으려고 16일 동안이나 여기에 머무는 바람에 좀조개의 피해를 받아 핀타호의 상태가 엉망이다. 황금은 그가 추구하는 모든 것이었다. 실제로 그는 많은 황금을 얻었다. 그는 내가 에스파뇰라 섬의 해안에서 그를 찾고 있다는 소식을 인디오들에게 전해 듣고서 어쩔 수 없이 나에게 온 것이다. 그는 모든 선원들이 자신이 이곳에 단지 6일 동안 있었을 뿐이라고 증언하길 원했다. 하지만 이미 그의 사악한 행동이 백일하에 명백히 드러났기 때문에 더 이상 숨길 수 없다. 그는 자신만의 법을 만들어 교환한 금의 절반을 자신의 몫으로 챙겼다. 게다가 그는 이곳을 떠날 때 인디오 남자 네 명과 소녀 두 명을 강제로 끌고 왔다. 나는 그들에게 옷을 주고 고향으로 돌아갈 수 있도록 육지로 보냈다.

　'다른 모든 섬에서도 마찬가지입니다만, 특히 이 섬에서는 그들과 우호적인 관계를 맺어 두는 것이 두 분 폐하를 위하는 길입니다. 이 땅은 이미 두 분 폐하의 것이기 때문입니다. 또한 이 섬은 황금과 향료가 아주 풍부하기 때문에 더욱더 원주민들을 존중하고 친절하게 대해야 합니다.'

목재 선박에 구멍을 내 해를 입히는 좀조개

1월 11일 〉 금요일

한밤중에 육지에서 불어오는 바람을 타고 리오 데 그라시아를 떠났다. 4리그를 항해하여 어느 곳에 도착했다. 나는 그 곳을 벨프라도Belprado라고 이름 붙였다. 거기에서 남동쪽으로 8.5리그 떨어진 지점에는 몬테 데 플라타Monte de Plata라고 이름 붙인 산이 있다. 또 동미남 방향으로 19리그 떨어진 지점에는 카보 델 앙엘Cabo del Angel이라고 이름 붙인 곳이 있다. 몬테 데 플라타와 카보 델 앙엘 사이에는 만이 하나 있는데, 세상에서 가장 아름답고 비옥한 땅이 자리 잡고 있다. 경관이 아름다운 고원지대가 내륙 쪽으로 멀리까지 펼쳐져 있고, 커다란 산이 동서로 뻗어 우뚝 솟아 있다. 그 산기슭에는 훌륭한 항구가 있는데, 그 입구의 수심이 무려 14길이나 되었다. 그 산은 매우 높고 아름답다. 전 지역에 걸쳐서 많은 사람들이 거주하고 있다. 틀림없이 큰 강도 있고 황금도 많이 나오리라고 믿는다.

카보 델 앙엘의 동미남 방향으로 4리그를 나아가면 푼타 델 이에로Punta del Hierro라고 이름 붙인 곳이 있다. 또한 같은 방향으로 4리그를 더 나아가면 푼타 세카Punta Seca라고 이름 붙인 곳도 있다. 다시 그곳에서 같은 방향으로 6리그를 더 나아가면 카보 레돈도Cabo Redondo라고 이름 붙인 곳이 있다. 이 곳의 동쪽으로는 또 다른 곳이 있는데 카보 프란세스Cabo Francés라고 이름 붙였다. 카보 프란세스의 동쪽으로 커다란

자수로 표현한 인디오들이다. 아메리카를 에덴동산인 듯 그려 인디오들이 처한 불행한 현실을 외면하고 있다.

만이 형성되어 있는데, 정박지로는 그다지 좋지 않은 것 같다. 1리그를 더 나아가면 카보 델 부엔 티엠포Cabo del Buen Tiempo라고 이름 붙인 곳이 나타난다. 거기서 남미동 방향으로 1리그 남짓 나아가면, 타하도Tajado라고 이름 붙인 곳이 있다. 거기에서 남쪽으로 15리그 정도 떨어진 지점에 또 다른 곳 하나가 보였다.

오늘은 바람과 조류의 도움으로 멀리까지 항해할 수 있었다. 여울이 걱정되어 감히 정박하지 못했다. 밤새 닻을 내리지 못한 채 파도에 배를 내맡겼다.

1월 12일 › 토요일

세 번째 당직시간에 상쾌한 바람을 타고 항해하기 시작해서 낮까지 동쪽으로 계속 나아갔다. 당직을 서는 동안 16마일을, 그 다음 2시간 동안에 19마일을 나아갔다. 그곳에서 남쪽으로 38마일 정도 떨어진 지점에 육지가 보였다. 우리는 그곳으로 향했다. 지난밤에 배가 나아가는 항로에 충분히 주의를 기울이면서 북북동 방향으로 22마일쯤 나아갔다.

동쪽 편에서 2개의 곧추 선 바위들이 있는 곳을 발견했다. 바위가 하나는 크고 다른 하나는 그보다 작아서 카보 델 파드레 에 이호Cabo del Padre e Hijo라는 이름을 붙였다. 동쪽으로 2리그쯤 더 나아가자, 2개의 산이 있었는데 그 사이에 크

콜럼버스가 아메리카 대륙을 떠날 때만 해도 인디오들과 에스파냐 인들의 관계는 상당히 우호적이었다. 그러나 이들의 관계는 점점 적대적으로 변해갔고 마침내 서로 죽고 죽이는 피비린내 나는 싸움으로 이어졌다. 그림은 이러한 관계 변화를 보여 준다.

고 아름다운 협곡이 있었다. 그곳은 훌륭한 입구를 갖추고 있을 뿐만 아니라, 상당히 넓고 경치도 빼어난 항구였다. 이른 새벽인 데다가 동풍이 아닌 북북서풍이 불고 있기 때문에 더 머무르지 않고 동쪽으로 계속 항해하여 높이 솟아 있는 멋진 곳에 도착했다. 이 곳은 전체적으로 깎아지른 듯한 암석으로 이루어져 있는데, 푸에르토 사크로Puerto Sacro라고 이름 붙인 항구에서 동쪽으로 25마일 떨어진 지점에 있다. 나는 이 곳을 카보 델 에나모라도Cabo del Enamorado라고 이름 붙였다. 그리고 이 곳으로 다가가다가 동쪽으로 9마일 떨어진 지점에 있는 또 다른 곳을 발견했는데, 포르투갈에 있는 성 빈센트 곶처럼 온통 바위투성이였다. 하지만 그보다는 훨씬 더 높고, 아름답고, 둥근 모양을 하고 있었다.

카보 델 에나모라도를 지나면서, 이 두 곳 사이에 폭이 3리그나 되는 아주 큰 만

쿠스코는 남아메리카 최대의 제국이었던 잉카 제국의 수도이다. 그림은 16세기에 유럽 인들의 눈에 비친 쿠스코 시의 모습이다.

이 형성되어 있는 모습을 발견했다. 그 만 한가운데 작은 섬이 있었다. 그 입구에서 해안까지 어느 곳이든 수심이 깊었다. 나는 수심이 12길쯤 되는 곳에 정박한 후, 보트를 육지로 보냈다. 물을 길어 옴과 동시에 원

주민들과 대화를 나누게 할 의도였지만 원주민들이 모두 도망쳐 버렸다. 이곳에 정박한 또 다른 목적은 이 땅이 에스파뇰라 섬의 일부인지 알아보기 위한 것이었다. 또 만이라고 여겼던 곳이 두 섬 사이의 수로일 수 있었기 때문이다. 나는 에스파뇰라 섬의 크기에 경탄하고 있다.

아메리카 대륙을 짓밟은

에스파냐 정복자들

코르테스 1519
멕시코
산티아고
산토 도밍고

발보아 1513
파나마

피사로 1531~33
카하마르카
쿠스코

1 에르난 코르테스 (Hernán Cortés)

식민지 쿠바 총독의 비서였던 코르테스는 법학을 공부하던 하급 귀족으로 19세에 에스파뇰라로 건너왔다. 코르테스에게 원정을 명했던 총독이 그 계획을 일방적으로 중지하자, 그는 독자적으로 탐험대를 조직하여 1519년 2월 18일 비밀리에 쿠바의 산티아고 항구를 출발했다. 이때 코르테스가 동원할 수 있었던 것은 11척의 배와 500명의 사람, 16마리의 말, 14문의 포, 13정의 소총이 전부였다. 대륙에 도착한 그는 카를 5세에게 정복에 대한 허락을 구하는 한편, 타고 온 배들을 모두 불태워 버렸다. 반드시 아스텍 문명을 정복하고야 말겠다는 의지의 표현이었다.

코르테스는 탐험 중에 에스파냐 사람 헤로니모 데 아길라르와 인디오 여인 마린체아스텍 족의 마지막 황제인 몬테수마의 마음을 교묘히 움직여 코르테스의 포로가 되게 한 인디오 여인이다. 그녀는 코르테스의 '혀'가 되어 자기 종족을 멸망시키는 데 크게 공헌했다. 그 때문인지 지금도 멕시코에서는 '마린체'라는 말이 배신자라는 뜻으로 통하고 있다를 만나게 된다. 인디오 말을 잘하는 이들 덕분에 코르테스는 아스텍에 관한 여러 가지 정보를 얻을 수 있었다. 아스텍의 수도 테노치티틀란에 도착한 코르테스 일행은 몬테수마 황제를 인질로 삼아 아스텍을 점령하려 했다. 그러나 이에 반발한 아스텍 인들에 의해 400여 명의 에스파냐 인이 희생되는 '슬픔의 밤'을 보내며 뒷날을 기약해야 했다. 그리고 6개월 후, 코르테스에게 행운이 찾아왔다. 천연두당시 인디오들 사이에 '백인의 입김만 맡아도 죽는다'는 소문이 돌 만큼 맹위를 떨쳤던 병이 바로 천연두였다. 하지만 천연두 덕분에 쉽게 인디오들을 정복할 수 있었던 유럽 인들은 천연두를 '이교도들을 공격하고 정복하는 데 도움이 되는 천사'라고 부르며 칭송했다가 테노치티틀란을 휩쓴 것이다. 이때 도시 전체 인구의 반 이상이 천연두로 죽었다. 사태를 지켜보던 코르테스는 1521년 4월, 최후의 전투를 시작했다. 아름다운 테노치티틀란의 건물을 하나하나 폐허로 만들면서 전진해 들어간 코르테스는 마침내 승리했다. 그러나 아스텍 인의 입장에서 보면 정말 가슴 아픈 날이 아니었을까?

아스텍 제국을 멸망시킨 코르테스

2 바스코 누녜스 데 발보아(Vasco Núñez de Balboa)

에스파냐가 세운 식민 도시 에스파뇰라. 그곳을 다스리던 총독은 노예를 부리며 놀기만 하는 에스파냐 사람들에게 탐험대를 조직할 것을 제안했다. 늘 똑같은 생활에 지루해 하던 사람들은 대륙에 엄청난 금광이 있다는 소문도 있고 해서 혹시나 하는 마음으로 탐험을 떠났다. 그중에는 에스파냐에서부터 황금을 좇아온 30대 중반의 건달 바스코 누녜스 데 발보아도 있었다. 그들은 파나마 해협의 다리엔에 남아메리카 대륙 최초의 신도시를 건설했고, 미지의 땅을 향한 발걸음을 재촉했다. 정글과 늪지 게다가 뜨거운 태양까지 발보아를 괴롭혔지만 그는 멈추지 않았다. 그의 뒤에는 훗날 잉카 제국을 정복한 피사로를 포함한 27명의 대원들이 있었다. 산 정상에 오른 발보아의 눈앞에 큰 바다가 펼쳐졌다. 발보아가 '남쪽 바다Mar del Sur'라고 명명한 태평양이었다. 1513년, 발보아는 최초로 태평양을 발견한 유럽 인이 되었다.

태평양을 본 최초의 유럽 인 발보아

3 프란시스코 피사로(Francisco Pizarro)

군인의 사생아로 태어난 피사로는 발보아와 함께 파나마를 횡단한 후 콜롬비아를 탐험하면서 황금 제국 잉카에 대한 정보를 입수했다. 에스파냐로 돌아온 피사로는 입수한 정보를 카를 5세에게 보고하여, 정복지에서 얻은 재화의 5분의 1을 왕에게 바치는 대신 자신이 총독이 된다는 약속을 받고 1531년 168명의 군대와 말 27필을 이끌고 아메리카 대륙으로 떠났다. 이때 그의 나이는 50세를 훌쩍 넘긴 상태였다.

피사로는 코르테스의 조언에 따라 쿠스코에 도착하자마자 먼저 황제 아타우알파를 체포하고, 잉카의 내란을 이용해 제국을 정복했다. 이때 아타우알파가 자기의 몸값으로, 갇혀 있던 방을 황금으로 가득 채워 주겠다고 하자 피사로는 이를 허락해 황금을 모으게 했다. 그 결과 피사로는 24톤의

피사로 앞에서 두려워 떠는 아타우알파

금과 은을 얻었다. 하지만 피사로는 아타우알파를 풀어주기는커녕 화형에 처하려 했다. 아타우알파는 화형을 면하기 위해 세례를 받았다. 교수형을 받아야 온전한 모습으로 미라가 되어 '태양의 아들' 잉카 인들은 태양이 뜨는 것이 태양의 아들인 황제의 능력이라고 믿었다. 피사로는

쿠스코를 폐허로 만들어 버린 피사로

이 믿음을 이용해 황제를 무력하게 만들기 위해 한 가지 술수를 생각해 냈다. 그는 잉카 인들에게 황제가 아니어도 수탉이 울면 해가 뜬다고 말했고 실제로 그 모습을 보여 주었다. 피사로의 예상대로 잉카 인들은 황제에 대해 실망하고 뿔뿔이 흩어졌다로서 영원한 생명과 부활을 약속 받을 수 있기 때문이었다.

그 후 피사로는 잉카를 함께 정복한 알마그로와의 갈등에서 승리하고 잉카 인들의 반란을 진압했으며, 신도시 리마를 건설했다. 그러다 1541년 자객의 손에 죽임을 당했다.

에스파냐로 향하는
험난한 여정을 시작하다

잉카 제국의 황제 아타우알파이다. 쿠스코에서 잉카 제국을 호령하던 그는 피사로에 의해 참수되었다.

1월 13일 〉일요일

육지에서 불어오는 바람이 없어서 항구에 머물렀다. 이 항구에서는 강한 바람을 피할 수 없기 때문에, 더 좋은 항구를 찾아 떠나야 한다. 이 달 17일에 합삭朔 현상이 일어날 예정인데 나는 이것을 관찰하고 싶었다. 목성에 대하여 충衝의 위치에 있는 달목성, 지구, 달의 순으로 일직선상에 놓인다, 수성에 대하여 합合의 위치에 있는 달수성, 달, 지구의 순으로 일직선상에 놓인다, 마지막으로 목성에 대하여 충의 위치에 있는 해목성, 지구, 해의 순으로 일직선상에 놓인다를 관측하고 싶다. 특히 마지막의 경우는 강풍이 일어나는 원인이 된다.

아헤를 캐오라며 선원들을 보트에 태워 아름다운 해변이 있는 육지로 보냈다. 그들은 활과 화살을 몸에 지니고 있는 몇 명의 인디오 남자들을 만나 이야기를 나누고는 활 2개와 많은 화살을 가져왔다. 그리고 그중 한 명에게 함께 가서 대화를 나누자고 부탁해서 데려왔다. 그는 생김새가 지금까지 본 원주민들과 달랐다. 다른 곳의 원주민들은 몸 전체에 여러 가지 색깔을 칠하고 있었지만, 그는 얼굴에만 새까맣게 숯검

정을 칠하고 있었다. 그리고 아주 긴 머리칼을 뒤로 잡아 묶은 다음, 앵무새 깃털로 만든 그물망으로 감싸고 있었다. 그도 역시 다른 지역의 원주민들처럼 벌거벗고 있었다. 나는 그가 틀림없이 사람을 잡아먹는 카리브 족의 일원일 것이라고 생각했다. 또한 어제 보았던 그 만은 섬 사이를 나누는 해협일 것이다.

내가 그에게 카리브 족에 대해 묻자, 그는 가깝다며 동쪽을 가리켰다. 어제 그 만으로 들어오기 전에 보았던 육지였다. 그는 범선을 가리키며 그곳에는 선미의 망루만큼이나 커다란 황금이 있다고 했고 그 양도 굉장히 많다고 말했다. 그는 황금을 투오브toub라고 불렀다. 그는 우리가 맨 처음 상륙한 섬에서 황금을 부를 때 사용하던 카오나caona라는 말도 몰랐고, 또 산 살바도르 섬을 비롯한 여러 섬에서 사용하고 있는 노사이nozay라는 말도 몰랐다. 에스파뇰라 섬에서는 구리나 질이 나쁜 황금을 투오브라고 부른다.

그 인디오의 말에 따르면, 마티니노Matinino 섬에는 여자들만 살고 있는데 남자들은 특정한 시기에만 그들을 방문한다고 한다. 또 여자아

잉카 유적인 쿠스코의 사크사우아만 요새는 산세를 따라 지어진 계단형 성벽이다. 성을 이루고 있는 돌 중에 큰 것은 무려 8개 이상의 돌과 다양한 각도로 맞물려 있다.

17세기에 그려진 잉카의 도시 쿠스코

이가 태어나면 그 섬에서 살고, 만약 남자아이가 태어나면 남자들이 사는 다른 섬으로 보내진다. 여자들만 살고 있는 그 섬에는 다량의 투오브, 즉 금 혹은 구리가 나는데 그곳은 카리브의 동쪽에 위치해 있다고 한다. 또한 그는 투오브가 많이 있는 과닌 섬에 관해서도 이야기했다. 이런 섬들에 관한 이야기는 전부터 많은 사람들에게서 들었다.

카리브는 지금까지 우리가 발견한 섬의 인디오들에게 대단한 공포의 대상이었다. 에스파뇰라 섬에서는 카리브라고 불렀지만, 다른 섬에서는 카리바라고 부르기도 했다. 카리브 원주민들은 이 지역의 섬들을 돌아다니며 사람을 잡아다가 먹어 치운다고 알려져 있다. 대담무쌍한 자들임에 틀림없다. 나는 동승하고 있는 인디오들 덕분에 몇 개의 단어를 알게 되어서 보다 많은 정보를 얻을 수 있었다. 그러나 그들의 섬에서 멀리 떨어진 이 지역에 오니 언어가 달라지고 있다.

그 인디오에게 식사를 대접한 후, 녹색과 적색의 옷감 몇 조각과 유리구슬 몇 개를 주었다. 인디오들은 그것을 무척 좋아한다. 그가 자질구레한 장신구들을 몸에 달고 있는 것을 보아 짐작건대 분명히 금을 갖고 있을 것 같았다. 그래서 육지로 돌려보내면서 만약 황금이 있으면 가져오라고 말했다. 족히 55명은 될 듯한 남자들이 나무 뒤에 숨어 보트가 육지에 도착하는 모습을 지켜보고 있었다. 모두 벌거벗은 채로 에스파냐 여자처럼 머리카락을 아주 길게 늘어뜨리고 있었다. 머리 뒷부분에는 앵무새나 다른 새들의 깃털들을 꽂고 있었는데, 그들은 모두 활을 지니고 있었다.

그 인디오는 상륙하면서 인디오들에게 활과 화살, 그리고 칼 대신 들고 다니는 무거운 나뭇조각을 내려놓으라고 했다. 그것은 [……] 같이 생겼다. 그들이 보트가 있는 곳으로 몰려오자 선원들도 육지에 올랐다. 내가 지시했던 대로 그들에게서 활과 화살 등 그 밖의 무기들을 사들이기 위해서였다. 하지만 그들은 2개의 활을 판 후에는 더 이상 팔지 않으려고 했다. 오히려 선원들을 공격하고 사로잡을 태세였다. 그들은 무거운 나뭇조각 등 자신들이 무기를 놓아두고 왔던 곳으로 달려가더니 밧줄을 가지고 돌아와 선원들을 묶으려 했다. 선원들은 재빨리 움직였다. 내가 늘 이러한 상황에 대비하도록 경고했기 때문이다. 달려드는 인디오들에 맞서 칼로 한 인디오의 엉덩이를 푹 찌르고, 석궁을 쏘아 다른 한 명의 가슴팍에 상처를 냈다. 그리스도 교도들은 겨우 일곱 명뿐이었고 그들은 50여 명이 넘었다. 하지만 인디오들은 이길 수 없다고 생각했는지 여기저기에 화살과 활을 내버린 채 모두 도망쳐 버렸다. 일행을 책임지고 있던 조타수가 말리지 않았더라면 선원들은 더 많은 인디오들을 죽였을 것이다. 에스파뇰라 섬에서 인디오와 에스파냐 인 사이에 벌어진 최초의 싸움이다

선원들이 보트를 타고 범선으로 돌아와 그 일을 보고했다. 나는 한편으로는 기뻤지만, 다른 한편으로는 슬펐다. 이로 인해 인디오들이 우리를 두려워하게 될 것이기 때문이다. 이곳 원주민들은 의심할 나위 없이 성질이 나쁘다. 나는 이들이 카리브 족으로 사람을 잡아먹는 자들이라고 생각한다. 그들이 우리를 두려워하게 만들고 싶다. 만일에 나비다드의 성채와 마을에 잔류시킨 39명의 선원들이 그곳에 남겨 둔 보트를 타고 이곳에 올 경우에도, 그들이 선원들에

콜럼버스는 항해 마지막에 무기를 사용하는 인디오를 만난다. 그는 항해 중에 인디오들과 단 한 번 무력 충돌을 일으켰다.

독일 화가 A. 카즌스의 작품으로 낭만주의 후기의 걸작이다. 218~221쪽에 걸쳐 있는 4개의 그림은 모두 이 유화작품의 일부분이다. 이 그림은 인디오들에 대한 유럽 인의 낭만적 상상을 보여 주고 있다. 뮌헨의 미술박물관에 보관되어 있다.

게 섣불리 위해를 가하지 못할 것이기 때문이다. 그들이 카리브 족이 아닐 수도 있지만, 적어도 카리브 족과 같은 습관을 지니고 있는 카리브 족의 이웃에 사는 부족일 것이다. 그들은 겁이 많고, 방어능력이 거의 없는 다른 섬들의 인디오와 달리 두려움을 모르는 자들이다. 나는 그들 중 몇 명을 사로잡고 싶다.

에스파뇰라 섬과 마찬가지로, 그들도 여기저기서 봉화를 올리고 있다.

1월 14일 〉월요일

그 인디오들이 카리브 족이라고 믿은 나는 그들 중 몇 명을 사로잡고 싶었다. 그래서 마을을 찾으러 지난밤에 선원들을 보내고 싶었지만, 동풍과 북동풍이 세차게 부는데다가 파도도 거세게 일어 실행할 수 없었다. 해가 뜨고 난 후 인디오들이 해변에 잔뜩 모여 있는 모습을 발견했다. 나는 잘 무장한 선원들과 함께 보트를 타고 육지로 다가갔다. 인디오들이 보트의 선미로 다가왔다. 어제 우리 배에 왔었던 인디오도 그들 중에 끼어 있었다. 그가 추장을 데리고 왔는데, 그 추장은 평화와 안전의 징표로 구슬 몇 개를 보트에 탄 선원들에게 주라고 하면서 그 인디오에게 건넸다. 추장과 인디오 세 명이 우리와 함께 보트를 타고 범선으로 왔다. 그들에게 비스킷과 꿀을 대접하고서, 추장에게 챙 없는 빨간 모자와 구슬 몇 개와 빨간색 옷감 조각을 주었다. 나머지 인디오들에게도 옷감 조각을 주었다. 추장은 내일 금으로 만든 가면을 가져오겠다고 했다. 또한 그는 이곳은 물론 카리브 섬과 마티니노 섬에도 황금이 많다고 했다. 그들은 아주 좋은 기분으로 육지로 돌아갔다. 나는 오늘도 이 지역의 섬에 구리가 엄청나게 많다는 이야기를 들었다.

두 범선 모두 용골龍骨^{선박 바닥의 중앙을 받치는 길고 큰 재목} 부위에서 물이 많이 새고 있다. 팔로스 항에서 뱃밥을 먹이는 인부들이 작업을 제대로 하지 않았기 때문이다. 내가 그들의 형편없는 솜씨를 지적하자 그들은 모두 떠나 버렸다. 범선들이 누수가 심함에도 불구하고 나를 이곳까지 인도하신 주님의 은총과 사랑에 힘입어 다시 고국으로 안전하게 돌아갈 수 있다고 믿는다. 주님께서는 내가 카스티야를 출발하기 전에 겪은 고초를 알고 계신다. 그때는 주님밖에 도움을 기대할 곳이 없었다. 주님은 나의 마음을 알고 계셨다. 그 다음으로 두 분 폐하께서도 그러하셨다. 그 밖에 모든 사람들은 근거도 없이 나의 의견에 반대했다. 내가 7년 전 1월 20일에 두 분 폐하를 모시게 된 이래로 왕실의 재정에 100쿠엔토 cuento의 손실을 입힌 장본인들은 바로 내 의견에 반대한 자들이다. 앞으로도 그들은 계속해서 왕실 재정의 손실을 늘어나게 할 것이다. 하지만 전지전능하신 주님께서 모든 것을 해결해 주실 것이다.

1월 15일 〉화요일

나는 이곳을 떠나려고 한다. 불쾌한 일을 겪은 데다가 이제 더 이상 머물러 있어도 아무 도움이 되지 않기 때문이다. 황금이 풍부한 곳은 두 분 폐하의 영지, 즉 나비다드 마을이 있는 지역이고, 카리브 섬이나 마티니노 섬에는 구리가 많다는 사실을 오늘에서야 확신하게 되었다. 카리브 섬의 원주민들이 식인종으로 알려져 있기 때문에 다소 어려움이 있긴 하겠지만, 그 섬이 이곳에서 보일 뿐만 아니라 우리의 항로상에 있기 때문에 그곳으로 가기로 결정했다. 또한 여자들만 살고 있다는 마티니노 섬에도 가기로 결정했다. 두 섬을 탐험하고 원주민 몇 명을 사로잡을 계획이다.

나는 육지로 보트를 보냈다. 마을이 멀리 떨어져 있기 때문인지 추장은 오지 않았다. 하지만 그가 약속한 대로 금가면을 보내왔고, 활과 화살을 몸에 지닌 많은 인디오들이 목화와 빵과 아헤를 가져왔다. 거래가 끝나자 젊은 인디오 네 명이 범선으로 왔다. 그들이 동쪽으로 계획된 우리의 항로에 있는 모든 섬들에 관한 정보를 제공할 수 있을 것 같아서 그들을 카스티야로 데려가기로 결정했다.

지금까지 우리가 살펴본 바에 의하면 이 지역에는 철과 같은 금속이 없다. 물론 며칠 동안에 어떤 지역의 속사정을 다 파악하기는 어려운 법이다. 의사소통이 불가능해 서로의 말과 생각을 추측할 수밖에 없는 경우에는 더욱 그러하다.

그들의 활은 프랑스나 영국의 것처럼 길다. 화살은 지금까지 본 원주민들의 작은 투창과 흡사한데, 어린 사탕수수 줄기로 만들어 매우 곧고, 그 길이는 1.5미터 정도이다. 화살 끝부분에 한 뼘이나 한 뼘 반

정도 되는 나무 조각을 날카롭게 깎아서 붙인 것도 있고, 물고기 이빨을 붙인 것도 있다. 화살촉에 독_{아마도 독초를 둘렀을 것이다}을 바르기도 한다. 그러나 그들이 화살을 쏘는 방식은 다른 지역과는 달리 상대방에게 치명상을 입히기 어려워 보인다.

이곳에는 긴 섬유를 가진 목화가 매우 많다. 또한 유향수도 풍부하다. 활은 주목으로 만든 것 같다. 금과 구리도 있다. 또한 그들 고유의 후추인 아히_{ají}가 풍부한데, 후추보다는 훨씬 가치가 있어 보인다. 우리는 모든 음식에다 후추를 넣어 먹는다. 건강에 좋다고 생각하기 때문이다. 이 후추는 에스파뇰라 섬에서 1년에 범선 기준으로 50척 정도의 분량을 생산할 수 있다.

탐험을 위해 이곳으로 오는 길에 보았던 것과 똑같은 해초가 많이 보였다. 이 사

실로 미루어 볼 때, 내가 그 해초를 보았던 지점의 정동 방향에 보다 많은 섬들이 있을 것 같다는 생각이 든다. 이 해초는 육지에 근접한 얕은 바다에서 자라기 때문이다. 만약 그렇다면 이곳 인디아스는 카나리 제도에서 불과 400리그 정도밖에 떨어져 있지 않을 정도로 매우 가까운 것이다.

1월 16일 〉 수요일

날이 새기 3시간 전 즈음, 골포 데 라스 플레차스Golfo de las Flechas라고 이름 붙인 만에서 돛을 올렸다. 육지에서 불어오는 바람이 잠시 후 서풍으로 바뀌었다. 나는 카리브 섬으로 가기 위해 동미북 방향으로 뱃머리를 돌렸다. 그 섬은 이 지역의 원주민들을 공포의 도가니로 몰아넣는 원주민들의 고향이다. 그들은 카누를 타고 이 해역 곳곳을 누비며 사람들은 잡아먹는다고 한다. 어제 푸에르토 데 라스 플레차스Puerto de las Flechas에서 데려온 네 명의 젊은 인디오들이 나에게 그 항로를 알려 주었다. 50마일 가량 나아갔을 때, 그들은 그 섬이 남동 방향에 있다고 했다. 그 항로로 가기 위해 그에 맞게 돛을 조절하도록 했다. 하지만 2리그 정도 항해했을 때, 바람이 강해지면서 에스파냐로 가기에 적당한 풍향으로 바뀌었다. 항로 변경으로 선원들은 풀이 죽어 있었다. 게다가 범선들에 물이 새어 들어오고 있었기 때문에 주님의 은총만 바랄 수밖에 없는 상황이다. 결국 그 섬에 들르려던 계획을 바꿔 곧장 에스파냐로 가

아스텍의 세계관을 보여 주는 거대한 '태양의 돌'이다. 현무암으로 만들어진 이 돌은 지름이 약 4미터이고 무게는 24톤에 이른다. 이 돌은 제국이 사라진 뒤 테노치티틀란 광장 근처에 버려진 것을 인디오들이 숭배하자 멕시코 대주교가 땅에 묻어 버렸던 것을 1790년에 발견한 것이다.

는 항로를 선택했다. 일몰 때까지 북동미동
방향으로 38마일, 거의 13리그를 나아갔다.

함께 있던 인디오들이 이 항로로 항해해
나아가다 보면 여자들만 살고 있는 마티니노
섬에 닿을 수 있다고 했다. 나는 두 분 폐하께
대여섯 명의 인디오 여자를 데려가기 위해서
그곳에 들르고 싶었다. 하지만 그들이 정확하
게 그 항로를 알고 있는지 의심스럽고, 범선
에 물이 새고 있었기 때문에 시간을 낭비할
수 없었다. 마티니노 섬에 여자들만 살고 있
고, 1년 중 특정한 시기에만 남자들이 그 섬으

지도를 보는 아스텍 인

로 건너가는데 사내아이를 낳으면 남자들이 사는 섬으로 보내고 여자
아이를 낳으면 그 섬에 남겨두는 것은 틀림없다. 그 섬에 가는 남자들
은 10~12리그 정도 떨어져 있는 카리브 섬의 원주민인 듯하다.

이 섬들은 내가 출발한 지점에서 불과 12~15리그 정도 떨어져 있
다. 그 섬들은 남동쪽에 위치해 있는데, 인디오들이 항로를 착각한 것
같았다. 우리 배의 서쪽으로 17리그 떨어진 지점에 자리 잡은, 에스파
뇰라 섬에 있는 산 테라모San Théramo라고 이름 붙인 곳이 우리의 시야
에서 사라진 후, 화창한 날씨 속에서 13리그를 항해했다.

1월 17일 〉 목요일

어제 일몰부터 바람이 다소 잦아들었다. 첫 번째 당직시간이 끝날 때까
지 모래시계 기준으로 14시간 동안 3노트 이상으로 항해하여 22마일을
나아갔다. 모래시계의 1시간은 실제로는 30분이 채 안 되는 시간이다.
그 후 바람이 강해져서 새로운 당직시간 동안, 즉 모래시계 기준으로
10시간 동안 6노트 이상으로 항해했고, 일출시까지 모래시계 기준으로

아메리카 대륙에 있었던 마야, 잉카, 아스텍 세 문명에서는 신에게 사람을 바치는 인신공양이 공공연하게 행해졌다. 마야에서는 살아 있는 인간을 제단에 눕히고 그 심장을 돌칼로 도려내어 바치는 인신공양을 최고의 의식으로 여겼다. 또한 잉카에서도 가뭄이 들거나 풍작을 기원하는 경우에 10세 미만의 어린아이에게 옥수수 술을 잔뜩 먹여 잠을 재운 다음 추운 산중에서 얼어 죽도록 내버려 두는 경우가 종종 있었다. 그러나 에스파냐 인이 아메리카 대륙에 도착할 즈음인 16세기에는 아스텍 문명을 제외하고는 인간을 제물로 바치는 풍습은 거의 사라졌다. 아스텍 문명의 경우 하루에 평균 수십 명, 축제나 왕의 취임식 같은 중요한 행사가 있을 경우에는 수천수만 명의 포로를 희생 제물로 바쳤다고 한다.

▲ 아스텍 인의 인신공양을 묘사한 그림으로 흘러내리는 피를 자세히 그리고 있는 것이 특징이다.

▲ 반달형 부분에 날을 세워 사용하던
　잉카의 의례용 황금도끼

◀ 마야의 인신공양 의식을 묘사한 것으로
　아직까지 붉은 채색이 조금 남아 있다.

▲ 마야 인들이 인간의 심장을 도려내어
　바칠 때 사용했던 칼

6시간 동안 항해해 나아갔다. 모두 합해서 거의 67마일 정도를 북동미동 방향으로 항해한 셈이었다. 또한 그때부터 일몰 때까지 동쪽으로 35마일, 거의 12리그를 항해했다.

　부비 한 마리가 범선으로 날아들었고, 잠시 후에 또 한 마리가 날아왔다. 표류하고 있는 해초가 많이 보였다.

1월 18일 〉 금요일

지난밤 미풍을 타고 동쪽으로 32마일, 거의 11리그를 달렸다. 해가 뜨기 전까지 남동미동 방향으로 24마일, 즉 8리그를 더 나아갔다. 하루 종일 동북동풍과 북동풍이 가볍게 불었는데 가끔씩 동풍으로 바뀌기도 했다. 항로를 때로는 북쪽으로, 때로는 북미동이나 북북동 방향으로 잡았다. 모두 합해서 48마일, 대략 16리그를 나아갔다. 해초는 조금밖에 없었지만, 어제와 오늘 내내 바다는 다랑어들로 가득했다. 그 다랑어들은 이곳에서 코닐Conil과 카디스Cadiz 공작이 소유하고 있는 어장으로 가고 있음이 분명하다.

　군함새가 범선 주위를 날아다니다가 남남동 방향으로 사라졌다. 그 방향으로 섬들이 몇 개 있을 것 같다. 카리브 섬과 마티니노 섬을 비롯해 많은 섬들이 에스파뇰라 섬의 동남동 방향에 위치해 있다.

1월 19일 〉 토요일

지난밤 북미동 방향으로 45마일, 북동미북 방향으로 51마일을 각각 달렸다. 일출 후 강한 동남동풍이 불어와서 북동과 북동미북 방향으로 약 67마일, 즉 22리그 이상을 항해했다. 바다는 작은 다랑어들로

아스텍 신들의 어머니이자 뱀의 여신 코아틀리쿠에이다. '뱀치마를 입은 여자'라는 뜻으로, 꿈틀거리는 뱀으로 된 치마를 입고 사람들의 심장과 손을 이어서 만든 줄에 두개골 펜던트를 매단 목걸이를 걸고 있다. 손과 발에는 갈퀴 같은 발톱이 나 있다.

가득했다. 우리는 부비와 열대새와 군함새를 보았다.

1월 20일 〉일요일

지난밤에는 바람이 잠잠했다. 이따금씩 부는 바람을 타고 북동쪽으로 16마일 정도를 항해했다. 동이 튼 후에 남동쪽으로 8~9마일 정도 항해하다 북북동 방향으로 28마일, 즉 9.5리그 정도를 항해했다. 작은 다랑어들이 주변을 돌아다니고 있었다. 상쾌하고 부드러운 바람이 마치 세비야의 4, 5월처럼 불어오고 있다. 파도가 매우 잔잔하여 주님께 감사한 마음이 들었다. 군함새와 바다제비를 비롯해 많은 새들이 날아다니고 있었다.

에스파냐의 왕 카를 5세에게 아메리카 대륙에 대해 보고하기 위해 1542년 경 그려진 그림이다.

1월 21일 〉월요일

어제 일몰 후에 동풍 혹은 북동풍을 타고 북미동 방향으로 한밤중까지 6.5노트로 항해하여, 45마일을 나아갔다. 그 후 북북동 방향으로 6.5노트의 속도로 항해했는데, 밤새 나아간 거리는 북미동 방향으로 83마일, 즉 27.5리그였다. 일출 후 줄곧 동풍을 타고 북북동 방향으로 항해했다. 가끔씩 동미북풍을 타기도 했다. 11시간 동안 약 70마일, 즉 23리그 정도를 나아갔다. 핀타호와 나란히 가면서 1시간 동안 그들과 이야기를 나누었다.

바람이 점차 차가워지고 있다. 우리가 북쪽으로 항해해 갈수록 날마다 조금씩 추워질 것이다. 천체 사이가 좁아짐에 따라 밤이 점차 길어지고 있다. 열대새를 비롯해 많은 새들은 여전히 보였지만, 날씨가 추워지면서 물고기들은 점차 사라졌다. 엄청난 양의 해초가 보였다.

1월 22일 〉 화요일

어제 일몰 후, 동미남풍을 타
고 북북동 방향으로 항해
했다. 모래시계 기준으
로 당직을 서는 처음 5
시간 동안과 이후의 3시
간 동안(모두 합해서 모래
시계 기준으로 8시간 동안) 6노트
로 나아갔다. 이렇게 해서 57마일,
즉 19리그를 항해했다. 모래시계 기준
으로 6시간 동안 북동쪽으로 항해하여
16마일 가량 나아갔다. 이어서 모래시계 기
준으로 두 번째 당직시간 중 4시간의 동안 북동쪽
으로 4.5노트로 달려서 3리그 이상을 항해했다. 그때부터
일출 때까지 모래시계 기준으로 11시간 동안, 동북동 방향으로 4.5노트
로 달려서 8리그를 나아갔고, 그 후에 오전 11시까지 동북동 방향으로
나아가서 25.5마일을 항해했다. 바람이 잠잠해져서 낮부터 계속 배를
멈추고 있었다. 인디오들은 바다에서 수영을 했다. 열대새와 많은 해초
가 보였다.

1월 23일 〉 수요일

밤에는 변화무쌍한 바람이 불었으나 항해수칙을 지키며 조심스럽게 항
해해서, 북동미북 방향으로 67마일 정도, 즉 22리그 이상을 항해했다.
나는 계속해서 핀타호를 기다려야 했다. 핀타호의 뒤 돛대가 고장 나서

번영했던 아스텍의 도시 테노치티틀란.
호수 가운데 작은 섬에 건설되었던 이
도시는 1521년 파괴되었다.

돛을 활짝 펼쳐도 항해에 별 도움이 되지 못했기 때문에 항해 속도가 형편없었다. 그 배의 선장인 마르틴 알론소가 인디아스에서 좋은 돛으로 교체하려 했다면, 충분히 그것을 바로 잡을 수 있었을 것이다. 그러나 그는 황금에 눈이 멀어서 돛대로 쓰기에 적합한 목재들이 무수하게 널려 있었음에도 그렇게 하지 않았다.

열대새와 해초가 많이 보였다. 하늘에는 며칠 동안 먹구름이 잔뜩 끼어 있었다. 하지만 다행히도 비가 내리지 않아 바다는 강처럼 잔잔했다. 주님께 감사드리고 싶은 마음이었다. 일출 후, 정동 방향으로 약 24마일, 다시 말해 8리그 정도를 항해했다. 그 후 북동북 방향으로 24마일 정도를 더 나아갔다.

1월 24일 〉 목요일
밤새 풍향이 자주 바뀌었다. 그 사이 약 35마일, 즉 11.5리그 남짓 북동쪽으로 항해했다. 또한 일출부터 일몰까지 동북동 방향으로 15리그 정도를 항해했다.

1월 25일 〉 금요일
어젯밤 모래시계 기준으로 13시간 동안 동북동 방향으로 10리그를 항해했다. 그 후 북북동 방향으로 4.5마일을 나아갔다. 일출 후 동북동 방향으로 불과 22마일, 즉 7.5리그쯤을 나아갔는데 이내 바람이 사라졌다. 선원들이 돌고래와 큰 상어를 잡았다. 우리는 그것들이 아주 절실했다. 우리에게는 식량이 빵과 포도주, 그리고 인디아스에서 실은 아헤밖에 없었기 때문이다.

1월 26일 〉 토요일
지난밤, 동미남 방향으로 44.5마일, 즉 15리그 남짓을 나아갔다. 일출

아스텍 여인이 향연을 위해 음식을 준비하고 있다.

후 때론 동남동 방향으로, 때론 남동 방향으로 항해했다. 오전 11시까지 32마일 가량 나아갔다. 그 후 항로를 바꾸고서 돛을 활짝 펼쳐 북쪽으로 19마일, 즉 6.5리그를 나아갔다.

1월 27일 › 일요일

어제 일몰 이후로 13시간 동안에 4노트로 북동 방향, 정북 방향, 북미동 방향으로 뱃머리를 돌려가며 항해했다. 약 52마일 그러니까 17.5리그쯤 나아갔다. 일출부터 정오까지 북동 방향으로 항로를 잡아 19마일, 즉 6.5리그쯤 항해했고, 그 후부터 일몰 때까지는 동북동 방향으로 3리그 정도 나아갔다.

1월 28일 › 월요일

지난밤 내내 동북동 방향으로 29마일, 즉 9.5리그쯤 항해했다. 일출 때부터 일몰 때까지 같은 방향으로 16마일, 대략 5.5리그를 나아갔다. 상쾌하고 부드러운 바람이 불어왔다. 근처에 열대새와 바다제비가 날아다녔고, 해초가 엄청나게 많았다.

1월 29일 › 화요일

지난밤 동안 남풍과 남서풍을 타고서 동북동 방향으로 약 31마일, 즉 10.5리그 정도를 항해했다. 낮에는 8.5리그 정도를 나아갔다. 카스티야의 4월처럼 부드러운 산들바람이 불어왔고, 파도는 잔잔했다. 황새치 떼가 뱃전으로 몰려들었다.

그림을 통해 아이들을 교육하는 아스텍 인들의 문화를 엿볼 수 있다.

1519년에 그려진 지도로 인디오들의
생활이 상세하게 나타나 있다.

1월 30일 〉 **수요일**

밤새 동북동 방향으로 7.5리그 정도를 항해했다. 낮 동안에는 남미동
방향으로 14.5리그를 항해했다. 열대새와 해초들도 많이 보였다. 또 돌
고래들도 많이 나타났다.

1월 31일 〉 **목요일**

지난밤 북미동 방향으로 24마일, 북동 방향으로 28마일을 각각 항해했
다. 모두 합해서 17.5리그를 나아간 셈이다. 일출 때부터 일몰 때까지
동북동 방향으로 14.5리그를 항해했다. 열대새 한 마리와 바다제비 몇

마리를 보았다.

2월 1일 〉 금요일
지난밤에는 동북동 방향으로 10.5리그를 항해했다. 낮 동안에 같은 방향으로 31리그를 나아갔다. 주님의 은총으로 바다가 잠잠했다.

2월 2일 〉 토요일
지난밤 동북동 방향으로 32마일 다시 말해 10.5리그 정도를 항해했다. 날이 밝은 후에도 같은 방향의 순풍을 타고서 5.5노트로 나아갔다. 11시간 동안 61마일, 즉 20.5리그 정도를 항해했다. 다행히 파도도 잠잠하고 바람도 부드러웠다. 여울이 있다고 오해할 정도로 해초가 **빽빽하**게 바다를 뒤덮고 있었다. 바다제비들이 보였다.

2월 3일 〉 일요일
지난밤 내내 파도가 잠잠하고 순풍이 불어와서 31리그를 항해했다. 북극성이 성 빈센트 곶에서처럼 매우 높아 보였다. 큰 파도 때문에 혼천의渾天儀나 사분의를 이용해서 북극성을 관측할 수가 없었다. 하루 종일 동북동 방향으로 항로를 유지하고 8노트로 항해하여, 11시간 동안에 29리그 정도를 나아갔다.

2월 4일 〉 월요일
지난밤 내내 동미북 방향으로 처음에는 9.5노트로, 나중에는 8노트로 항해했다. 약 103마일, 즉 34.5리그 정도를 나아갔다. 하늘에 먹구름이 잔

1533년에 만들어진 혼천의이다. 이는 천체의 운행과 그 위치를 측정하여 천문시계의 구실을 하던 기구이다.

뜩 끼어 있어 금세 비라도 내릴 것 같았다. 날씨도 제법 쌀쌀했다. 우리가 아직 아조레스 제도에 도착하지 못했다는 증거이다. 일출 후 항로를 동쪽으로 바꾸었다. 낮 동안에 61마일, 즉 20.5리그를 항해했다.

2월 5일 〉 화요일

지난밤 동쪽으로 항로를 유지한 채 약 43마일, 즉 14.5리그를 항해했다. 낮 동안에는 11시간 내내 약 8노트로 달렸다. 그동안 약 88마일, 대략 29리그 이상을 나아갔다. 몇 마리의 바다제비를 보았다. 육지가 가까이 있음을 보여 주는 작은 막대기가 떠 다녔다.

2월 6일 〉 수요일

지난밤에는 동쪽으로 9노트 정도의 속도로 항해했다. 13시간 동안에 113마일 정도, 즉 38리그쯤을 나아갔다. 바다제비를 비롯해 여러 종류의 새들이 많이 날아다녔다. 오늘은 11노트로 달렸는데 122마일, 다시 말해 40.5리그를 항해했다. 24시간 동안 항해한 거리가 약 78리그였다.

오늘 아침에 비센테 야녜스가 우리가 위치한 곳의 북쪽에는 플로레스Flores 섬이, 동쪽에는 마데이라 섬이 있을 것이라고 추측했다. 한편 롤단Roldán은 북북동 방향에는 파얄Fayal 섬이나 산 그레고리오San Gregorio 섬이, 동쪽에는 포르토 산토Porto Santo 섬이 있을 것 같다고 했다. 해초가 많이 보였다.

《인디아스의 역사》에 있는 여자 포로를 그린 삽화이다. 인디오 부족 간의 전쟁에서 승리한 자는 여인을 전리품으로 삼아 과시하길 좋아했다. 그들은 여자 포로들을 마음대로 취할 권리가 있었다.

2월 7일 〉 목요일

지난밤 내내 동쪽을 향해 거의 8노트로 항해하여 103마일, 즉 34.5리그 정도를 나아갔다. 오늘은 6.5노트의 속도로 8시간 동안에 70마일, 대략 23.5리그 정도를 항해했다.

내 계산에 의하면, 오늘 아침 우리가 항해하고 있는 이곳은 플로레스 섬으로부터 남쪽으로 69리그 정도 떨어져 있는 지점이다. 조타수 페랄론소 니뇨Peralonso Niño는 우리가 정북 방향으로 갈 경우에 테르세이라Terceira 섬과 산타 마리아 섬 사이를 지나게 될 것이고, 정동 방향으로 갈 경우에는 마데이라 섬의 북쪽 끝자락에서 13리그 떨어진 지점을 지나게 될 것이라고 했다.

선원들이 이전의 것과는 다른 종류의 해초를 발견했는데, 그것은 아조레스 제도에서 많이 자라는 종류였다. 나중에는 그 해초가 훨씬 많아졌다.

2월 8일 〉 금요일

지난밤에는 잠시 동안 동쪽을 향해 2노트의 속도로 항해하다가, 동미남 방향으로 항로를 바꾸어서 13리그를 나아갔다. 일출 때부터 정오까지 21.5마일을 항해했고, 그 후부터 일몰 때까지 또 21.5마일을 나아갔다. 낮 동안 항해한 거리는 남남동 방향으로 14.5리그 정도였다.

2월 9일 〉 토요일

지난밤 잠시 동안 남남동 방향으로 3리그를 항해한 후, 남미동으로 방향을 바꾸

무장 선원이 항해의 무료함을 달래기 위해 장난삼아 원숭이를 괴롭히고 있다.

었다. 그리고 다시 북동쪽으로 항로를 바꿔 오전 10시까지 5리그를 나아갔다. 또한 해 질 무렵까지 동쪽으로 9.5리그를 항해했다.

2월 10일 〉일요일

어제 해가 진 후에는 동쪽으로 계속 항해하여 103마일, 즉 34.5리그를 나아갔다. 오늘은 일출부터 일몰까지 11시간 동안 7노트로 항해하여 79마일, 즉 26.5리그 정도를 나아갔다.

내가 타고 있는 범선에서, 비센테 야녜스와 조타수 두 명, 즉 페랄론소 니뇨와 산초 루이스Sancho Ruiz, 그리고 롤단이 모여서 해도를 펴놓고 우리의 항로를 검토했다. 그들은 우리가 이미 아조레스 제도를 지나서 훨씬 동쪽에 와 있다고 결론을 내렸다. 때문에 북쪽으로 항로를 잡더라도 아조레스 제도의 끝자락에 위치해 있는 산타 마리아 섬에 닿지 못하고, 오히려 동쪽으로 5리그쯤 벗어나 마데이라 섬이나 포르토 산토 섬이 있는 지역에 이를 것이라고 했다.

그러나 내 생각은 다르다. 그들이 말하는 지점보다 우리는 훨씬 서쪽 편에 위치해 있다. 즉 정북 방향으로는 플로레스 섬이 있고, 정동 방향으로는 아프리카의 나페Nafe가 있으므로, 마데이라 섬의 북쪽 끝자락의 바람맞이 쪽으로 [……]리그를 통과하도록 뱃머리를 돌려야 한다고 본다. 결국 그들은 우리가 실제보다 160리그나 에스파냐에 더 접근한 것으로 보았던 셈이다. 주님의 은총으로 우리가 무사히 육지에 상륙하면, 누가 옳았는지는 밝혀질 것이다. 우리가 고

1500년 10월, 에스파냐 국왕의 시종이 에스파뇰라에서 콜럼버스와 그의 형제를 잡아 손발을 묶어서 에스파냐로 후송하는 모습. 콜럼버스는 이즈음 국왕의 총애를 잃게 되었다. 이 위대한 항해가도 총독의 직책을 온전히 감당해 내지는 못했다.

국을 떠나 인디아스로 항해해 갔던 때를 기억해 보면, 이에로 섬에서 279리그 떨어진 지점에서 처음으로 해초를 보았다.

에스파냐로 귀항하는 선원들이 뱃전으로 나와 소리 지르고 있다. 이것은 외롭고 적막한 해상에서 시간을 보내는 한 방법이다.

2월 11일 〉 월요일
밤새 예정된 방향으로 항로를 유지하면서, 9.5노트로 41리그를 항해했다. 오늘은 17.5리그를 항해했다. 새들이 많이 날아다녔다. 육지가 가까워지고 있음이 틀림없다.

2월 12일 〉 화요일
지난밤, 동쪽을 향해 6.5노트로 항해하여 58마일 정도, 즉 19리그쯤 나아갔다. 폭풍이 불고 파도가 거칠어졌다. 아주 튼튼하고 정비가 잘 되어 있지 않은 배라면, 침몰할 만큼 위험한 정도였다. 오늘은 온갖 고초와 어려움을 겪으면서, 11~12리그 정도를 항해했다.

2월 13일 〉**수요일**

어제 일몰부터 오늘 일출까지 폭풍 때문에 일어난 아주 거친 파도와 폭우에 시달렸다. 북북동 방향에서 번개가 세 번이나 쳤다. 그쪽 혹은 그 반대편에서 거대한 폭풍이 휘몰아쳐 올 징후였다. 밤새 모든 돛을 내린 채로 항해하다가 작은 돛을 올렸다. 약 41마일, 즉 14리그 정도를 항해했다. 잠시 바람이 좀 잦아들었다가, 다시 거세어졌다. 파도도 거칠어지기 시작했다. 파도가 서로 부딪치며 배를 덮쳐 배가 심하게 요동쳤다. 우리는 44마일, 즉 14.5리그 정도밖에 항해하지 못했다.

2월 14일 〉**목요일**

지난밤에 바람이 훨씬 더 거세어져 파도가 무서운 기세로 배를 양쪽에서 덮쳤다. 배가 나아갈 방향을 잡을 수 없어서 파도에서 빠져나오지 못했다. 파도가 계속해서 뱃전을 때렸다. 큰 돛대의 돛을 바짝 아래로 낮춘 덕분에 파도에서 다소 벗어날 수 있었다. 3시간 동안에 약 16마일을 나아갔다.

바람과 파도가 점점 강해지고 있었다. 너무 위험한 상황이라서 바람이 부는 대로 배를 내맡길 수밖에 없었다. 어찌 할 도리가 없었다. 핀타호의 마르틴 알론소도 마찬가지였다. 서로 어디 있는지조차 알 수 없었다. 밤새 불빛으로 신호를 보내면서 서로를 확인했지만, 악천후 때문에 서로 멀리 떨어질 수밖에 없었다. 이때 핀타호와 따로 떨어지게 되었다 밤새 북동미동 방향으로 43마일, 즉 14리그 정도를 항해했다.

에스파냐 여왕 이사벨의 초상화와 그녀가 콜럼버스에게 보낸 편지이다.

일출 후, 바람이 강해져 넘실대는 파도가 더욱더 심해졌다. 그래서 큰 돛대의 돛 하나만 낮게 달고서 소용돌이치는 파도를 빠져나왔다. 잘못하면 침몰할 수밖에 없을 지경이었다. 항로를 동북동 방향으로 잡아 항해하다가 북동미동 방향으로 바꾸었고, 다시 정북동 방향으로 항해했다. 이처럼 6시간을 항해하여 약 8리그를 나아갔다.

무게가 5파운드나 나가는 양초를 들고 산타 마리아 데 과달루페Santa María de Guadalupe로 갈 순례자를 제비뽑기하도록 지시했다. 모든 선원으로 하여금 누가 뽑히든지 간에 그 순례 여행을 완수하겠다는 서약을 하도록 지시했다. 승선한 선원 숫자만큼의 병아리콩을 가져오게 한 다음, 콩알 하나에다 십자가를 그어서 모자 안에 집어넣고 잘 흔들게 했다. 내가 맨 먼저 손을 넣어 콩을 꺼냈는데 십자가가 표시된 콩알이 나왔다. 내가 뽑힌 것이다. 지금부터 나에게는 순례자로서의 서원을 실천할 의무가 있다고 생각한다.

교황령에 속하는 안코나 마치Ancona March에 있는 산타 마리아 데 로레토Santa María de Loreto로 보낼 순례자를 다시 뽑았다. 푸에르토 데 산타 마리아Puerto de Santa María 출신의 선원인 페드로 데 빌랴Pedro de Villa가 제비로 뽑혔다. 필요한 비용을 주겠다고 약속했다. 산타 클라라 데 모게르Santa Clara de Moguer에서 밤을 새며 미사를 올릴 또 다른 순례자를 보내기로 했다. 다시 제비뽑기를 했는데, 이번에도 내가 뽑혔다. 그 후 우리가 어느 곳이든 무사히 도착하기만 하면 셔츠 차림으로 행렬을 지어 성모 마리아를 모신 성당으로 가서 기도를 드리자고 선원 모두가 서약했다.

이러한 집단 서약뿐만 아니라 각자 개별적인 서약도 했다. 우리 중 어느 누구도 살아남을 수 없다고 생각했기 때문이다. 즉, 폭풍우가 너무나 위협적이어서 우리는 죽은 것이나 다름없다는 심정이었다. 물이나 포도주 등 저장품을 소비하여 짐

이 줄어들었기 때문에 배가 가벼워져 위험이 증폭되었다. 날씨가 좋은 탓에 우리가 돌아다닌 여러 섬들에서는 바닥짐을 싣지 않았다. 왜냐하면 마지막에 들르려고 했던 여자들만 사는 섬에서 바닥짐을 좀더 실을 생각이었기 때문이다. 빈 포도주통과 물통에다 바닷물을 가득 채워 배를 무겁게 했다. 상황이 다소 나아졌다.

　나 혼자 위험에 처한 것이라면 보다 쉽게 이 폭풍우를 견뎌냈을 것이다. 내 목숨을 주신 분이 바로 위대한 창조주이기 때문이다. 나는 죽음의 문턱에 서거나 죽음에 가까이 다가간 적이 있었다. 주님께서 이 사업에 대한 믿음과 신념의 빛으로 나를 채워 주어서 나에게 승리를 안겨 주시리라는 생각이 들었으나 한편으로는 대단히 고통스럽고 슬펐다. 왜냐하면 나의 노력으로 두 분 폐하의 영지를 획득하고 확장했음에도 불구하고, 여전히 자신들이 옳다고 믿고 있는 반대자들이 있기 때문이다. 또한 내가 죽게 되면 내가 가지고 가는 이 소식을 영원히 두 분 폐하께 전하지 못할지도 모른다. 이 소식을 전할 수 있다면, 그리고 내가 데려간 이 사람들의 죽음을 막을 수 있다면 나는 내 자신의 죽음을 감내할 수 있을 것이다. 겁에 질린 자신들의 모습을 보면서, 선원들은 이 항해에 참가한 사실뿐만 아니라 그 공포까지도 저주했다. 심지어는 고향으로 돌아가고 싶은 마음이 들었을 때 나에게 설득 당했던 일마저도 저주했다.

　나 또한 두 아들에 대한 기억이 눈에 선하게 다가와서 슬픔이 배가 되었다. 나는 그 두 녀석을 코르도바에 있는 학교에 맡겨 두었는데, 낯선 곳에서 따뜻한 도움도 받지 못한 채 외로워하고 있을 것이다. 두 분 폐하께서 그들을 배려해 주실 거라고 기대할 수 있는 조치를 취하지도 못했고, 그들에 대해 언급조차도 하지 않았다는 사실을 깨닫게 되자 나는 더욱더 슬펐다.

　주님의 도움으로 내가 온갖 고초를 이겨내, 교회를 위한 이 중요한

콜럼버스의 아들 디에고이다. 그는 《콜럼버스 항해록》의 필사본을 간직하고 있다가 라스카사스 신부에게 전해 주었다.

일이 잘 마무리될 것이라고 생각했다. 또한 주님이 계시기 때문에 나는 실패하지 않을 것이라는 믿음이 생기자 안도감이 들었다. 다른 한편으로는 주님께서 내 죄에 대한 대가로 나에게 이런 시련을 주어, 내가 이 세상에서 영광을 누리지 못하게 하려 하신다는 생각도 들었다.

이렇게 마음이 어지러운 상태에서도 나는 두 분 폐하를 잊지 않았다. 설사 내가 죽거나 배가 사라진다고 해도, 두 분 폐하께서는 항해를 계속할 방도를 강구하실 것이다. 나의 항해가 성공했다는 사실을 어떻게 해서든지 두 분 폐하께 알려야 한다. 따라서 폭풍이 휘몰아치는 날씨 탓으로 간결하게 쓸 수밖에 없었지만, 내가 두 분 폐하께 약속한 땅들을 어떻게 발견했는지, 며칠이 걸렸는지, 어떤 항로를 통해 갔는지

콜럼버스의 모습을 그린 채색 판화로 17세기 초의 작품이다. 그림 속의 콜럼버스는 귀항 중에 선박의 갑판 위에서 몰아치는 푸른 파도를 바라보고 있다. 이 그림은 지친 선원들, 완전히 알아내지 못한 항해도, 그리고 심상치 않은 날씨로 인한 그의 불안한 심경을 표현하고 있다.

등에 관해 양피지에 기록했다. 또한 원주민들의 특징과 그들의 착한 심성, 그리고 두 분 폐하의 신민들이 내가 발견한 모든 것들을 어떻게 소유하고 있는지 등에 관해 기술했다.

양피지를 봉인한 후, 봉인을 뜯지 않은 채로 그것을 전달하는 사람에게는 500카스텔랴노의 보상금을 주겠다는 제명題名을 붙였다. 외국인들이 발견하더라도 제명을 보고 혹하여 봉인을 뜯어 편지를 읽지 못할

폭풍우를 만난 콜럼버스는 자신이 발견한 아메리카 대륙에 관한 소식을 에스파냐의 두왕에게 전하기 위해 고심한다. 그림은 페르난도 왕과 이사벨 여왕을 만난 콜럼버스의 모습이다.

것이다. 큰 통을 가져오게 해서 밀랍을 입힌 천에 그 보고서를 감싼 후에, 통에다 넣고 단단하게 봉인하여 바다에 던졌다. 모두들 그것을 신에게 바치는 일종의 제물로 생각했다. 그것은 제대로 전달되지 못할 수도 있다. 처음에 만든 것과 똑같은 통을 하나 더 만들어 선미 망루에 높이 매달아 놓았다. 배가 침몰할 경우 그 통이 육지로 떠밀려갈 것이다. 이렇게 한 이유는 우리가 에스파냐를 향해 항해하고 있으므로 통이 사람들에게 발견될 가능성이 점점 커지기 때문이다.

　잠시 후, 폭우와 돌풍을 동반한 바람이 서풍으로 바뀌었다. 파도가 높아 앞 돛대의 돛만 올린 채, 배 뒤쪽에서 불어오는 바람을 타고 5시간 정도를 항해하여, 북동 방향으로 2.5리그쯤 나아갔다. 파도가 배를 삼켜 버릴 것 같아서 큰 돛대의 돛을 접었다.

2월 15일 〉 금요일

어제 일몰 후 서쪽 하늘이 맑아지기 시작했다. 바야흐로 그쪽에서 바람이 불어오려 하는 것 같았다. 그래서 큰 돛대의 돛에 달린 덮개를 접었다. 파도가 다소 누그러들기는 했지만 여전히 매우 높게 일고 있었다. 동북동 방향으로 약 3노트로 항해하여, 밤새 13시간 동안에 13리그 정도를 나아갔다. 일출 후, 동북동 방향으로 육지가 보였다. 산토냐Santoña 항 출신의 루이 가르시아Ruy García가 선원 휴게실에서 가장 먼저 발견했는데, 몇몇 선원들은 그곳이 마데이라 섬이라고 했고, 나머지 선원들은 포르투갈의 리스본Lisbon 근처에 있는 신트라Sintra의 암벽이라고 말했다.

　그때 바람이 동북동풍으로 바뀌면서 정면에서 불어왔고 서쪽에서 상당히 높은 파도가 밀려왔다. 범선은 육지로부터 약 5리그 정도 떨어져 있었는데, 내 추측으로는 우리가 아조레스 제도 근처에 있는 것 같다. 이 섬은 그 제도의 섬들 중 하나인 듯하다. 조타수들과 선원들은 우리가 이미 에스파냐 해안의 앞바다에 와 있다고 생각하고 있다.

2월 16일 〉 토요일

어젯밤 내내 섬이라고 생각한 육지에 상륙하기 위해서, 우리는 때론 북동 방향으로, 때론 북북동 방향으로 뱃머리를 돌려가며 갈지자로 나아갔다. 일출 후에는 그 섬에 상륙하려고 남쪽으로 방향을 바꾸었다. 그

러나 시야가 좋지 않아서 그 섬이 더 이상 보이지 않았다. 그 후 배 뒤편으로 9리그 정도 떨어진 지점에 또 다른 섬이 보였다. 상륙하려고 시도했지만, 일출부터 일몰까지 강풍과 거친 파도 속에서 여기저기로 떠돌아다니기만 했다.

해 질 녘 성모찬가를 부르고 있을 때, 선원들 몇 명이 바람이 불어가는 쪽에서 불빛을 발견했다. 우리가 맨 처음에 발견했던 육지인 것 같았다. 밤새 섬 쪽으로 거슬러 나아갔다. 가능한 한 가까이 다가가 일출 때에 그 섬을 볼 수 있기를 바랐다. 나는 잠시 잠을 잤다. 수요일 이후로는 잠을 잘 틈이 없어서 전혀 자지 못했다. 게다가 다리가 거의 말을 듣지 않았다. 비에 젖어 추위에 떨면서 지낸 데다가 제대로 먹지 못했기 때문이다.

일출 즈음 남남서 방향으로 항로를 바꾸었다. 해 질 녘에 그 섬에 도착했지만 구름이 잔뜩 끼어 있어서 그 모습을 알아볼 수 없었다.

콜럼버스가 도착한 아조레스 제도이다. 오른쪽 맨 아래에 있는 섬이 바로 산타 마리아 섬이다.

2월 18일 〉 월요일

어젯밤 일몰 후, 정박지를 찾기 위해 그 섬의 해안을 따라 항해했다. 섬 주민과 이야기를 나누고 싶었다. 닻을 하나 내렸지만, 금방 잃어버렸다. 다시 돛을 올린 우리는 밤새 바람이 불어오는 방향으로 거슬러 나아가 일출 후에 다시 그 섬의 북쪽에 도착했다. 또한 적당한 정박지를 찾았다. 닻을 하나 내린 후, 보트를 육지로 보냈다. 선원들이 섬 주민들과 이야기를 나눈 결과, 이 섬이 아조레스 제도에 속하는 산타 마리아 섬이라는 사실을 알게 되었다. 항구가 보여서 범선을 정박했다.

섬 주민들은 지난 2주일 동안 있었던 폭풍우가 예전에는 한 번도 본 적이 없는 대단한 것이었다고 했다. 그러면서 우리가 살아 있다는 사실이 놀랍다고 했다. 내가 인디아스를 탐험한 사실을 이야기하자, 그들은 대단히 기뻐하면서 신께 감사를 드렸다.

나의 항해는 훌륭했고, 내 판단도 정확했다. 약간 차이가 있기는 했지만, 우리는 아조레스 제도의 한 섬에 도착한 것이다. 항로를 측정하는 조타수들이나 선원들의 판단을 흔들리게 하기 위해 훨씬 더 항해한 것처럼 속였다. 오직 나 한 사람만이 인디아스로 가는 이 항로에 정통한 사람이 되기 위해서였다. 실제로 그렇게 되었다. 선원들 중 어느 누구도 진짜 항로를 알지 못한다. 인디아스로 가는 항로를 확실히 아는 사람은 아무도 없다.

서인도제도의 발견이
리스본을 뒤흔들다

2월 19일 〉 화요일

어제 일몰 후에 세 명의 섬 주민들이 해안으로 내려와 나를 불렀다. 그들을 배로 데려오기 위해 보트를 보냈다. 그들은 닭고기와 금방 만든 빵을 비롯해 여러 가지 물건들을 가져왔다. 오늘이 성회聖灰수요일^{사순절이} ^{시작되는 첫날} 전날이라서 이 섬의 총독, 후안 데 카스타녜다Juan de Castañeda

항해의 마지막에 아조레스 제도에서 위험에 처하자, 콜럼버스는 산 미겔 섬의 폰타델가다 만으로 가려 했다.

가 그것들을 보낸 것이다. 총독은 나를 잘 알고 있다. 그는 밤이라서 나를 만나러 올 수 없다면서 날이 새면 음식물을 좀더 가지고 그곳에 가 있는 우리 선원 세 명과 함께 오겠다는 전갈을 보내왔다. 또한 그 선원들에게 항해에 관한 이야기를 듣는 것이 너무나 즐거운 나머지 그들을 보다 일찍 보내지 못했다고 했다.

그 심부름꾼을 정중하게 대접하라고 지시했다. 또한 밤이 너무 깊고 마을이 멀리 떨어져 있으므로 잠자리를 마련해 주도록 했다. 지난주 목요일, 폭풍우에 시달리면서 우리가 했던 서약들을 회상했다. 특히 맨 처음 도착한 육지에서 셔츠 차림으로 성모 마리아를 모신 성당으로 가 미사를 올리기로 한 서약이 떠올랐다. 먼저 일행 중 절반이 서약을 이행하러 해안 근처에 있는 작은 건물로 가고, 나는 나머지 일행들과 함께 잠시 후에 가기로 했다. 총독의 약속을 믿었기 때문에 육지에

AMERICUS VESPUTIUS

위험이 없다고 생각했다. 또 포르투갈과 카스티야 간의 우호관계를 믿고 있었기 때문이다. 선원 세 명을 마을로 보내 미사를 주관할 성직자 한 명을 데려오게 했다. 그런데 선원들이 순례 서약을 이행하기 위해 셔츠 차림으로 기도를 올리고 있는 중에, 총독과 마을 주민들이 말을

아메리고 베스푸치의 초상화이다. 모든 사람들이 콜럼버스가 발견한 것이 아시아의 가장자리라고 여길 때, 아메리고는 예리한 관찰력으로 이것이 알려지지 않은 새로운 대륙임을 알아냈다.

인디오 여인과 이야기를 나누는 아메리고 베스푸치의 모습이다. '아메리카'라는 이름은 아메리고의 이름에서 따온 것으로, 1507년 독일의 지도제작자 마르틴이 아메리카 대륙의 지도를 제작할 때 처음으로 사용했다.

타고 혹은 도보로 달려와서 갑자기 선원들을 습격하여 체포했다.

나는 아무런 의심도 없이 나머지 일행들과 함께 순례 서약을 이행하기 위해서 보트가 돌아오기를 기다리고 있었다. 그러나 11시가 되어도 그들은 돌아오지 않았다. 서서히 그들이 체포되었거나 보트가 침몰했을지 모른다는 걱정이 들기 시작했다. 이 섬은 가파른 바위들로 둘러싸여 있기 때문이다. 그 건물이 곶 뒤편에 위치해 있었기 때문에 상황을 정확히 파악할 수 없었다. 닻을 끌어올리고서 돛을 편 다음, 그 건물이 바로 보이는 앞바다로 항해해 갔다. 많은 사람들이 말에서 내리더니 무기를 든 채 보트에 옮겨 타는 모습이 보였다. 나를 잡으려고 범선으로 오고 있었다. 범선에 다가온 총독은 일어서서 나에게 안전통행권을 요청했다. 나는 그에게 알았다고 대답한 후, 보트에 우리 선원들이 아무도 보이지 않는데 어찌 된 일이냐고 물었다. 또 그가 원하는 대로 무엇이든 해 줄 테니 범선으로 올라오라고 말했다. 나는 친근한 말로 그를 범선으로 유인하여 사로잡은 후에 우리 선원들이 되돌아올 수 있도록 하려 했다. 그러한 조치는 안전통행권의 위반이라고 보지 않는다. 그가 우리에게 평화와 안전을 제공하기로 했던 믿음을 이미 저버렸기 때문이다.

그러나 그는 범선으로 올라오려 하지 않았다. 자신이 저지른 잘못을 잘 알고 있었기 때문이다. 총독이 더 이상 범선으로 접근하지 않았기 때문에 나는 무슨 이유로 우리 선원들을 억류하고 있는지 대답하라고 했다. 또 이 같은 일은 포르투갈 국왕주앙 2세이다도 좋아하지 않을 일이라고 말했다. 카스티야의 두 분 폐하의 영토에서는 포르투갈 사람들이 리스본에서처럼 정중하게 대우받으며 자유롭게 입국하고 안전하게 머물 수 있다고 말했다. 또한 두 분 폐하께서 세계의 모든 국왕과 고관들과 평민에게 보내는 소개장을 언급하며 보고 싶으면 가까이 다가오라고 했다. 더구나 나는 대양의 제독이며, 이제 두 분 폐하의 영토에 속하는 인디아스의 부왕이기도 했다. 두 분 폐하의 서명과 인장이 찍힌 관련 문서를 보여 주겠다고 했다. 멀리서나마 그에게 그것들을 들어 보여 주었다. 나는 또 두 분 폐하께서는 포르투갈 국왕과 각별한 애정과 우정이 넘치는 관계를 고려해 포르투갈의 배들을 만나면 호의를 베풀라고 나에게 지시하셨다고 말했다. 나는 우리 선원들이 그의 손아귀에 억류되어 있지 않기를 바라지만, 설사 억류되어 있더라도 에스파냐로 항해할 것이라고 말했다. 세비야로 항해해 갈 수 있을 만큼 선원들이 충분히 있기 때문이라고 말했다. 그리고 총독과 그의 부하들은 자신들이 저지른 만행 때문에 엄히 처벌받게 될 것이라고 말했다.

그들이 대답했다. 그들은 자신들이 카스티야의 국왕 및 여왕은 물론 그 소개장도 모르므로 나를 전혀 두려워하지 않는다고 말했다. 우리에게 포르투갈이 어떤 나라인지 본때를 보여 주겠다고 으름장을 놓았다. 나는 그 말을 듣고 분노가 치밀었다. 한편으로는 내가 항해를 시작한 이후에 혹시 양국 사이에 어떤 분쟁이 있었는지 궁금했다. 나는 도저히 참을 수 없었다. 여전히 범선과 상당히 떨어져 있던 총독이 벌떡 일어서더니, 나에게 범선을 항구로 끌고 오라고 했다. 또한 그가 이미 한 말과 지금 하고 있는 말 모두는 포르투갈 국왕의 명령에 근거하고 있다고 말했다. 나는 범선에 있는 모든 사람들에게 증인이 되어 달라고 말한 다음, 그와 그의 부하들에게 이 섬을 쑥대밭으로 만들어 버린 후 포르투갈인 100명을 카스티야로 데려가기 전까지는 이 배에서 내리지 않겠다고 내 결의를 전달했다.

전처럼 동일한 장소에 닻을 내렸다. 다른 일을 하기에 바람이나 날씨가 적당하지 않았다.

2월 20일 〉 수요일

항해할 수 있도록 배를 정비하

마젤란의 세계 일주 이후인 1530년에 제작된 세계 지도

라고 지시했다. 바닥의 무게를 유지하기 위해 물통에다 바닷물을 채우게 했다. 배를 정박하기에 여건이 좋은 항구가 아니었기 때문에 배를 묶어 놓은 밧줄이 끊길까 염려스러웠다. 그런데 정말 그런 일이 발생했다. 결국 나는 산 미겔San Miguel 섬을 향해 항해했다. 날씨가 좋지 않았지만 아조레스 제도에는 안전한 피난처가 없기 때문이다. 지금 필요한 것은 배를 조종하기에 충분한 해역을 확보하는 일이었다.

최초로 세계 일주에 성공한 마젤란의 초상화이다. 태평양과 대서양을 잇는 마젤란 해협은 그의 이름을 따 지은 것이다.

2월 21일 〉 목요일

악천후에 대비하여 안전한 항구를 찾으려고 어제 산타 마리아 섬을 출발해서 산 미겔 섬으로 향했다. 바람과 파도의 영향을 받아 구름이 짙게 끼고 시야가 나빠서, 해 질 녘까지 항해했음에도 불구하고 육지가 전혀 보이지 않았다. 바람도 강하게 불고 파도도 매우 거셌다. 진짜 선원은 세 명뿐이었고, 나머지는 모두 바다를 모르는 사람들이라서 나는 내심 걱정스러웠다. 우리는 밤새 심한 폭풍우 속에서 큰 위기와 고초를 겪으면서 바다를 떠돌아다녔다. 다행히도 파도가 한 방향에서만 밀려왔다. 예전에 겪었던 것처럼 서로 맞부딪치는 파도를 만났더라면 훨씬 더 극심한 곤경에 빠졌을 것이다.

일출 후에도 산 미겔 섬을 발견할 수 없었다. 산타 마리아 섬에 남겨 두고 온 선원들을 비롯해서 보트, 닻, 밧줄 등을 되찾을 수 있는지 상황을 확인해 보고자 그 섬으로 돌아가기로 결정했다.

나는 이 제도 부근 해역의 악천후에 매우 놀랐다. 인디아스에서는 겨울 내내 한 번도 닻을 내리지 않고 항해할 수 있을 정도로 항상 날씨가 좋았다. 바다도 항상 잠잠해서 자유롭게 항해할 수 있었다. 반면에 여기는 매우 위협적인 폭풍우가 몰아쳤다. 이와 같은 일이 인디아스로 항해해 가는 도중에도 있었는데 카나리 제도에 도착할 즈음까지 계속되었다. 그러나 일단 그곳을 통과하자 미풍과 잔잔한 파도로 바뀌었다.

신학자들이나 현자들은 지상낙원이 저 멀리 동양에 있다고 했다. 기후가 가장 적당한 지역이기 때문이다. 내가 발견한 땅이야말로 그들이 얘기하는 진짜 동양이다.

2월 22일 〉금요일

어제, 예전처럼 산타 마리아 섬의 앞바다에 있는 항구에 닻을 내렸다. 한 사람이 바위 위에서 지켜보고 있다가 자신의 옷을 흔들면서 떠나지 말라고 말했다. 그때 선원 다섯 명과 성직자 두 명, 서기 한 명을 태운 보트가 도착했다. 그들이 안전통행권을 요청해서 수락했다. 밤이 늦었기 때문에 그들은 범선에서 잠을 잤고, 나는 그들을 가능한 한 성심껏 대접했다.

콜럼버스가 에스파냐에 도착하는 장면이다. 수많은 사람들이 앞 다투어 그가 데려온 인디오들을 보려 한다. 당시 유럽 인들의 아메리카에 대한 관심이 지대했음을 보여 준다.

오늘 아침, 그들은 두 분 폐하께서 나의 항해를 인정한다고 수여한 위임장을 보고 싶다고 했다. 그들이 나를 억류하지 못하게 되었으므로, 자신들의 잘못된 행동을 감추는 한편 자신들의 정당성을 입증하려는 행위로 여겨졌다. 그들이 무장한 보트를 타고 온 사실에 비춰 보면, 나를 무력으로 사로잡으려는 의도를 갖고 있었음에 틀림없다. 하지만 나의 위협에 놀란 데다가 형세가 불리하다고 판단한 것이다.

우리 선원이 무사히 돌아올 수 있도록, 마침내 두 분 폐하께서 내게 주신 소개장을 비롯한 여러 문서를 그들에게 보여 주었다. 또 그들에게 선물도 주었다. 그들은 기분 좋게 육지로 돌아간 후, 우리 선원들과 보트를 풀어 주었다. 선원들의 말에 따르면, 만약 내가 사로잡혔더라면 자신들은 풀려나지 못했을 것이라고 했다. 그들이 들은 바에 따르면 총독의 행동은 모두 포르투갈 국왕의 명령에 따른 것이었기 때문이다.

2월 23일 〉 토요일

어제, 날씨가 좋아질 기미를 보였다. 닻을 올린 후, 땔감과 바닥의 무게를 유지하기 위한 돌을 싣기에 적당한 정박지를 찾으러 섬 주위를 항해했다. 저녁 기도시간이 되어서야 정박지를 찾았다.

2월 24일 〉 일요일

어제 저녁, 땔감과 돌을 싣기 위해 닻을 내렸다. 거친 파도 때문에 보트를 타고 육지 쪽으로 다가갈 수 없었다. 첫 번째 당직시간이 끝날 무렵에 서풍과 남서풍이 불어오기 시작했다. 이 제도에 배가 정박하고 있을 때 남풍이 불어오면 매우 위험하기 때문에, 돛을 올리도록 지시했다. 이곳에서는 남서풍이 곧 남풍으로 바뀌곤 한다. 에스파냐로 항해하기에 적당한 순풍이 불었기 때문에 땔감과 돌을 실으려던 계획을 포기하고, 동쪽으로 뱃머리를 돌리라고 지시했다. 일출까지 5.5노트로 약 6시간 반 동안

프랑스 낭만주의 미술가 들라크루아가 후세에 남긴 명작이다. 콜럼버스가 에스파냐의 국왕과 왕비를 접견하는 그때, 사람들은 모험정신의 찬란한 결과를 볼 수 있었다.

결박당한 콜럼버스의 모습이다.
그는 3차 항해 도중 에스파냐로 호송되었는데, 행운은 이때부터 그에게서 멀어져 갔다.
콜럼버스는 이때 총독의 권한을 잃었으며 끝내 회복하지 못했다.

항해하여, 36마일을 나아갔다. 일출부터 일몰까지 11시간 동안, 5노트 이하로 달려서 52.5마일을 나아갔다. 밤에 항해한 36마일을 더하면, 하루 종일 항해한 전체 거리는 88.5마일, 즉 29.5리그였다.

2월 25일 〉 월요일

어젯밤 일몰 후부터 13시간 동안 동쪽을 향해 4노트로 52마일, 대략 17리그 정도를 항해했다. 다행히도 바다가 잠잠해 일출부터 일몰까지 17.5리그를 나아갔다. 독수리처럼 커다란 새가 범선으로 날아왔다.

2월 26일 〉 화요일

다행히 바다가 잠잠해서 어제 일몰 후 내내 동쪽으로 항로를 유지했다. 거의 밤새 6.5노트로 달려서 80마일, 즉 26.5리그를 나아갔다. 일출 이후 가벼운 바람이 불더니 폭우가 쏟아졌다. 동북동 방향으로 8.5리그 정도를 나아갔다.

2월 27일 〉 수요일

지난밤과 오늘, 역풍과 높은 파도로 인해서 항로를 벗어났다. 현재의 좌표를 확인한 결과, 성 빈센트 곶에서 132리그, 마데이라 섬에서 85리그, 산타 마리아 섬에서 112리그 떨어져 있는 지점에 있었다. 고국에 거의 다 왔을 무렵, 좋지 않은 날씨가 우리를 괴롭혔다.

제비 한 마리가 배에 내려앉았다. 폭풍우가 바다로 내몬 것 같았다.

2월 28일 〉 목요일

지난밤에도 바람이 반복적으로 바뀌었다. 우리는 뱃머리를 남쪽과 남동쪽으로 번갈아 바꿔 가면서 항해하다가, 나중에는 뱃머리를 북동쪽과 동북동쪽으로 상황에 따라 바꾸며 항해했다. 이런 방식으로 항해할 수밖에 없었다.

많은 제비를 비롯한 여러 종류의 육지 새들이 배로 날아왔다. 또한 고래도 한 마리 보였다.

포르투갈 리스본 항구에 세워진 발견의 탑이다. 가장 앞에서 탐험가들을 이끄는 인물이 해양왕 엔리케이고, 그 뒤를 마젤란, 바스코 다 가마 등이 따르고 있다.

3월 1일 〉 금요일
어젯밤 동미북 방향으로 12.5리그를 항해했고 오늘은 같은 방향으로 25리그를 나아갔다.

3월 2일 〉 토요일
동미북 방향으로 지난밤에 29.5리그를, 오늘은 21리그를 항해했다.

3월 3일 〉 일요일
일몰 후부터 동쪽으로 항해했다. 돌풍이 불어와서 모든 돛이 찢어졌다. 큰 위험에 빠진 우리는 주님의 도움만 바랐다. 나는 우엘바Huelva에 있는 산타 마리아 데 라 신타Santa María de la Cinta로 셔츠 차림으로 순례를 떠날 제비를 뽑았다. 이번에도 내가 뽑혔다. 우리는 모두 입항하는 주간의 첫 번째 토요일에 물과 빵만 먹기로 서약했다.

48마일을 항해한 후 돛들이 뜯겨나갔다. 그 이후에는 바람과 파도가 매우 거칠었지만 돛이 없는 상태로 항해했다. 바람과 파도가 배의 양쪽에서 덮쳐왔다. 육지에 가까이 다가가고 있음을 보여 주는 여러 징조가 보였다. 우리가 리스본의 앞바다에 이르렀다고 생각했다.

3월 4일 〉 월요일
지난밤, 아주 무서운 폭풍우를 겪었다. 조난당할 것이라고 생각했다. 부서지는 파도가 거세게 넘쳐들었고, 바람이 범선을 날려버릴 듯이 휘몰아쳤다. 사방에서 번개가 치면서 폭우가 쏟아졌다. 첫 번째 당직시간까지 그런 날씨가 계속되었다. 주님의 도움으로 내가 맨 먼저 육지를 보았다. 나에게 힘을 주신 주님께 감사의 기도를 드렸다. 선원들도 보았다.

그곳이 어딘지 확인할 수 없었으므로 섣불리 육지로 다가가지는 않았다. 항구나 피난처가 있는지 찾기 위해, 위험을 무릅쓰고 돛을 올린 채 배를 조종할 수 있는 해역을 찾아보았다. 밤새 끊임없이 계속되는 심한 요동과 공포 속에서도 우리는 주님의 가호로 안전했다.

새벽녘에 그 육지가 리스본 강 근처에 있는 신트라 암벽임을 알았다. 별 다른 방안이 없어서 입항하기로 결정했다. 폭풍우가 매우 심했기 때문에 강어귀에 있는 마을 주민들이 아침 내내 우리를 위해 기도를 올렸다고 한다. 우리가 입항하자, 그들은 모두 몰려 와서 우리의 무사함에 감탄했다.

그 후, 제삼시과에 리스본 강에 있는 레스텔로Restelo에 도착했다. 그곳의 뱃사람들로부터 들은 이야기에 따르면, 이전에는 겨울에 폭풍우가 불어온 적이 없었다고 했다. 또한 이번 폭풍우로 플란데르스Flanders에서는 25척의 배가 조난당했고, 이곳에도 배들이 4개월 동안 출항하지 못한 채 묶여 있다고 했다.

나는 포르투갈 국왕에게 편지를 썼다. 그 국왕은 이곳에서 9리그 떨어진 곳에 머물고 있었다. 나는 편지에서 무엇이든지 필요한 것이 있으면 포르투갈의 항구들에 들어가서 대가를 지불하고서 요청할 수 있도록 에스파냐의 국왕과 여왕께서 허락했다고 언급했다. 그러면서 못된 사람들이 우리가 인디아스에서 금을 싣고 온 사실을 알고서 황량한 곳에서 우리에게 위해를 가할 수도 있으므로 만일의 경

포르투갈 국왕 주앙 2세의 초상화이다. 그는 콜럼버스의 제안을 거절함으로써, 아메리카 대륙의 발견을 에스파냐에게 빼앗기고 말았다.

우에 대비할 수 있도록 범선을 이끌고 리스본 시로 들어갈 수 있게 해 달라고 포르투갈 국왕에게 요청했다.

3월 5일 〉화요일

포르투갈 국왕의 큰 배가 여기 레스텔로에 정박하고 있었다. 예전에 본 어떤 배보다도 성능이 훨씬 우수한 대포를 비롯해 여러 무기들을 갖추고 있었다. 그 배의 보호자인 리스본 출신의 바톨로메 디아스 Bartolomé Días바르톨로뮤 디아스이다가 무장한 보트를 타고 범선으로 왔다. 그는 포르투갈 국왕의 관리들과 그 배의 선장에게 나 자신을 소개하라면서 그 보트에 탈 것을 요구했다. 나는 카스티야의 국왕과 여왕이 임명한 제독이라고 답변하고, 그 사람들에게 직접 나 자신을 소개할 이유가 없을 뿐만 아니라 무력으로 강요하지 않는 한 어느 배에도 가지 않겠다고 했다.

그러자 그는 범선의 선장을 대신 보내라고 요구했다. 누구를 보내든지 간에 내가 가는 것과 다를 바 없기 때문에, 무력으로 강요받지 않는 한 선장이든 누구든 보낼 수 없다고 했다. 카스티야의 국왕과 여왕을 모시는 제독으로서 굴복하거나 부하를 내어 주기보다는 차라리 죽음을 택하겠다고 답변했다. 그러자 그는 태도를 다소 누그러뜨리며 내 결의가 그러하다면 그렇게 해도 좋다고 했다. 그리고는 내가 두 분 폐하로부터 받은 위임장들을 보여 달라고 요구했다. 나는 기꺼이 그것들을 보여 주었고, 그는 배로 돌아가서 그 배의 선장, 알폰소 다만Alfonso Damán에게 보고했다. 그 선장은 사람들과 함께 범선으로 다가와 나팔과 트럼펫과 케틀드럼을 연주하면서 성대한 환영식을 열어 주었다. 나는 선장과 대화를 나누었다. 그는 내가 원하는 것은 무

포르투갈의 항해자 바르톨로뮤 디아스의 초상화이다. 그는 희망봉을 발견해 아프리카에서 아시아로 가는 지름길을 터놓았다.

엇이든 들어 주겠다고 제안했다.

3월 6일 〉 **수요일**

내가 인디아스에 다녀왔다는 소문이 퍼지자, 리스본 시에서 엄청나게 많은 사람들이 나를 만나려고, 혹은 인디오들을 보려고 왔다. 모두들 감탄하면서 주님을 찬양했다. 주님을 믿고 섬기는 두 분 폐하가 계시기 때문에, 주님의 도움으로 이 모든 일이 이루어진 것이다.

3월 7일 〉 **목요일**

오늘도 엄청나게 많은 사람들이 범선을 보러 왔다. 그들의 대부분은 포르투갈 국왕의 관리를 비롯한 귀족 출신들이었다. 그들은 두 분 폐하께서 이처럼 그리스도 세계의 영광과 번영을 이룩할 수 있도록 도와주신 주님께 무한한 감사를 드렸다. 이 모든 것은 두 분 폐하께서 그리스도교를 널리 전파하기 위해 많은 애를 쓰신 결과이다.

3월 8일 〉 **금요일**

오늘 돈 마르틴 데 노로냐Don Martín de Noroña를 통해서 포르투갈의 국왕이 보낸 편지를 받았다. 국왕은 이 서한을 통해 범선을 타고 떠나기에는 날씨가 좋지 않으니 사신을 만나러 오라고 했다. 내 뜻과는 달랐지만, 오해를 살 여지를 주지 않으려고 국왕을 만나러 가기로 했다. 사칸벤Sacanben에서 밤을 보냈다. 국왕은 나를 비롯해서 선원들이 필요한 것은 무엇이든지 대가 없이 제공하도록 그의 관리에게 지시해 주었다. 또한 내가 무엇을 원하든지 모두 다 들어 주라고 했다.

3월 9일 〉 **토요일**

국왕을 만나러 가기 위해 사칸벤을 출발했다. 국왕은 리스본에서 9리

카를로스 1세의 초상화이다. 그는 페르난도의 아들로, 에스파냐, 나폴리, 그리고 아메리카 대륙의 에스파냐 식민지를 상속받아 에스파냐의 왕이 되었다. 1519년에 신성로마제국의 황제 카를 5세가 되었다.

그 떨어져 있는 발레 델 파라이소Valle del Paraíso에 있었다. 비가 내려서 일몰 전에 도착할 수 없었다. 국왕은 주요 관리에게 지시하여 나를 아주 성대하게 맞으라고 했다. 또한 국왕 스스로도 매우 정중하게 나를 맞이했다. 그는 큰 호의를 베풀면서 의자에 앉기를 권했다. 화기애애한 분위기에서 그와 대화를 나누었다.

국왕은 이해관계를 떠나서 두 분 폐하를 위한 일이라면 무엇이든지 하겠다고 망설임없이 말했다. 또한 항해가 만족할 만한 성과를 거두어서 매우 기쁘다고 했다. 그는 두 분 폐하와 그 자신 사이에 맺은 협정에 따라 이번 항해의 결과는 자신에게도 귀속된다고 이해하고 있었다. 그러나 나는 그런 협정의 내용을 본 적이 없었다. 그래서 나는 두 분 폐하께서 나에게 라 미나La Mina 또는 기니의 땅 어느 곳에도 가지 말라고 지시했고, 이번 항해를 떠나기 전에 안달루시아의 모든 항구에 그 내용이 공표되었다는 사실을 알고 있을 따름이라고 답변했다. 국왕은 이 사안에 제삼자가 개입할 필요는 없는 것으로 확신한다고 답변했다.

그는 이곳에서 가장 저명한 사람인 크라토Crato 수도원장에게 나를 대접하라고 지시했다. 그 수도원장으로부터 매우 극진한 대접을 받았다.

3월 10일 〉 일요일

미사가 끝난 후, 국왕은 나에게 필요한 것이 있으면 뭐든 주겠다고 재차 확인했다. 우리는 나의 항해에 관해 오랫동안 대화를 나누었다. 시종일관 내가 편히 앉을 수 있도록 배려하면서 매우 극진하게 예우해 주었다.

3월 11일 〉 월요일

오늘 포르투갈 국왕에게 작별인사를 했다. 그는 나에게 커다란 호의를 베풀면서, 두 분 폐하께 전달할 서한을 주었다. 함께 식사를 한 후 나는

콜럼버스의 유골단지로 추측되는 이 상자는 최근에 콜럼버스의 무덤에서 발견되었다.

출발했다. 국왕은 돈 마르틴 데 노로냐를 나와 동행하게 했다. 고관들이 나와서 나를 정중하게 전송했다.

그 후, 빌랴프란카Villafranca라는 곳에 자리 잡고 있는 산 안토니오San Antonio 수도원으로 갔다. 그곳에 머물고 있던 여왕포르투갈의 여왕이다이 반드시 자신을 만나고 떠나라는 전갈을 보내왔기 때문이다. 여왕에게 경의를 표하면서 손에 입을 맞추었다. 공작과 후작이 함께 있었는데, 그들은 나를 매우 정중하게 맞이했다. 해가 지고 나서 그곳을 출발하여 알랸드라Allandra로 가서 잠을 잤다.

3월 12일 〉 화요일

범선으로 돌아가려고 알랸드라를 막 떠나려고 할 즈음에, 국왕이 보낸 시종이 찾아왔다. 내가 원한다면 그가 동행하면서 육로를 통해 카스티야로 갈 수 있도록 편의를 제공하겠다고 했다. 물론 숙소와 말을 비롯해서 여러 가지 필요한 모든 것을 제공해 주겠다고 했다. 나와 헤어질 때, 그는 나뿐만 아니라 나와 동행했던 조타수들에게도 각각 노새 한

콜럼버스의 임종이다. 그림 속 콜럼버스는 임종의 순간 갑자기 벌떡 일어나 앉아 그림 밖을 바라본다. 그는 자신이 죽은 후 아메리카 대륙에 피비린내 나는 어둠의 역사가 시작될 것이라고 예견했다. 1854년 루이스 샤리의 작품이다.

에스파냐의 세비야 대성당에 있는 콜럼
버스의 무덤

마리씩을 제공했었다. 내가 아는 바로는 그가 조타수에게 20에스파디네 espadine 이상의 값어치가 나가는 선물을 주었던 것 같다. 국왕은 이 모든 일을 두 분 폐하께서 알 수 있기를 바랐다.

밤이 되어서야 범선으로 돌아왔다.

3월 13일 〉 수요일
오늘 8시에 닻을 끌어올린 후, 밀물을 타고 북북서풍을 받으면서 세비야로 가는 항로를 따라 항해했다.

3월 14일 〉 목요일
어제 일몰 후 남쪽으로 계속 항해했다. 일출 전에 포르투갈의 성 빈센트 곶의 앞바다에 도착했다. 그 후 살테스를 향해 동쪽으로 뱃머리를 돌렸다. 하루 종일 미풍이 불었다. 이제 파로 Faro의 앞바다에 도착했다.

3월 15일 〉 금요일
어제, 일몰 후 미풍을 타고 예정된 항로를 계속 항해했다. 일출 때 살테스의 앞바다에 도착했다. 정오 무렵에 밀물을 타고 모래톱을 넘어 살테스 항으로 들어갔다. 우리는 이곳을 지난해 8월 3일에 출발했다.

후기

모든 것이 하느님의 뜻이다

　이제 나는 이 기록을 끝내려고 한다. 해로를 이용해 바르셀로나 Barcelona로 갈 생각이다. 그곳에 두 분 폐하께서 계신다고 들었다. 주님께서 나를 이끌어 주시고 나의 빛이 되어 주신 이번 항해에 관한 모든 사실들을 두 분 폐하께 알려 드리고 싶다. 물론 주님은 모든 선한 것 (즉, 죄를 제외한 모든 것)의 근원이시며, 주님의 뜻이 아니라면 아무것도 보장받을 수 없다는 사실을 확실히 알고 있다.

　이번 항해를 통해 내가 이것들을 알 수 있도록 주님께서 보여 주신 뚜렷한 다수의 기적들에 관해 나의 기록을 보면 알 수 있다. 또한 나는 오랫동안 두 분 폐하의 왕실에서 지내오면서, 왕실의 많은 주요 인사들의 공공연한 반대 의견과 비난을 몸소 겪어 왔다. 그들 모두는 나의 의견에 반대하면서 나의 계획을 조롱했다. 이제 나는 이번 항해가 그리스도교 세계에 최고의 영예가 되리라고 주님의 이름으로 믿는다.

콜럼버스의 아메리카 대륙 발견은 – 그가 원했든 원치 않았든 – 평화롭던 인디오 세계에 피비린내 나는 역사가 시작되는 계기가 되었다.
잉카를 멸망시킨 코르테스 이후 50년 만에 아메리카 인구는 10분의 1로 줄어들었다.
그것은 유럽 인들의 이유 없는 폭력과 그들이 가져온 전염병의 결과였다.
콜럼버스는 이 책의 마지막에도 이번 항해가 하느님의 뜻이라고 했다. 과연 그런 걸까?

·· 콜럼버스 연보 ··

1451   8월 25일과 10월 31일 사이에 5남매의 맏이로 제노바에서 태어남.

1477   연안선박을 이용한 상업 여행을 시작하여 상인으로 리스본에 정착함.

1479   펠리파 페레스트렐로 에 모니즈와 혼인하여 귀족 계급이 됨.

1480   아들 디에고가 태어남.

1479~1484   기니와 영국으로 항해하면서 서쪽으로 항해할 계획을 수립함.

1484   포르투갈의 위원회에서 그의 계획이 기각됨.

1485   에스파냐에 도착함.

1486   왕이 신료들과 머물고 있는 코르도바로 가 에스파냐 국왕 부부를 만남.

1488   아들 페르난도가 태어남.

1490   에스파냐의 위원회가 그의 계획을 거부함.

1491   이사벨 여왕의 주선으로 위원회가 다시 구성됨.

1492   서쪽으로의 항해를 허락한다는 왕의 칙령에 따라 8월에 산타마리아호, 핀타호, 니냐호를 이끌고 팔로스 항에서 출범함. 바하마 제도의 과나하니(산 살바도르) 섬에 상륙하여 쿠바 섬과 에스파뇰라 섬을 발견함. 12월에 산타마리아호가 좌초된 뒤 정착촌 나비다드를 건설함.

1493   심한 폭풍을 이겨내고 리스본에 상륙하여 포르투갈 왕 주앙 2세를 만난 후 팔로스 항으로 귀환함. 에스파냐 국왕 부부의 성대한 환영을 받고 9월에 배 17척으로 구성된 선단을 이끌고 두 번째 항해를 떠남. 12월에 에스파뇰라 섬에 이사벨라 시를 건설함.

1494   배 3척을 거느리고 탐험하여 자메이카를 발견했으나 건강이 나빠져 이사벨라로 귀환함.

1496   에스파냐로 돌아옴.

1498   세 번째 항해를 떠나 트리니다드, 마르가리타를 발견함. 새로 건설된 도시 산토 도밍고에 도착하여 통치권을 행사하려 함. 에스파뇰라에서 프란시스코 롤단이 반란을 일으킴.

1500   쇠사슬에 묶인 채 에스파냐로 호송됨.

1502   네 번째 항해를 떠나 중앙 아메리카를 발견하고 서쪽으로 항해할 수 있는 뱃길을 찾음.

1503   자메이카 근해에서 마지막 남은 배 두 척을 모두 잃음.

1504   1년에 걸친 불가피한 자메이카 체류가 끝나 에스파냐로 귀환함.

1505   특권을 확인받기 위해 왕궁에 출두했으나 소득을 거두지 못함.

1506   5월 20일 세인의 무관심 속에서 눈을 감음.